O guia não oficial de
MADMEN
OS REIS DA MADISON AVENUE

CB032705

Jesse McLean

O guia não oficial de MAD MEN
OS REIS DA MADISON AVENUE

Tradução
Patrícia Azeredo

CIP-BRASIL. CATALOGAÇÃO-NA-FONTE
SINDICATO NACIONAL DOS EDITORES DE LIVROS, RJ.

McLean, Jesse

M429g   O guia não oficial de Mad Men / Jesse McLean; tradução: Patrícia
Azeredo. — Rio de Janeiro: Best*Seller*, 2011.

Tradução de: Kings of Madison Avenue: the unofficial guide to Mad Men
Apêndice
ISBN 978-85-7684-497-6

1. Mad Men (Programa de televisão). I. Título.

10-5969.   CDD: 791.4572
                                     CDU: 791.44:654.19

Texto revisado segundo o novo Acordo Ortográfico da Língua Portuguesa.

Título original norte-americano
KINGS OF MADISON AVENUE — THE UNOFFICIAL GUIDE TO MAD MEN
Copyright © 2009 Jesse McLean
Copyright da tradução © 2010 by Editora Best Seller Ltda.

Publicado por ECW Press, 2120 Queen Street East, Suite 200,
Toronto, Ontário, Canadá M4E 1E2

Capa: Mari Taboada
Editoração eletrônica: FA Editoração

Todos os direitos reservados. Proibida a reprodução,
no todo ou em parte, sem autorização prévia por escrito da editora,
sejam quais forem os meios empregados.

Direitos exclusivos de publicação em língua portuguesa para o Brasil
adquiridos pela
EDITORA BEST SELLER LTDA.
Rua Argentina, 171, parte, São Cristóvão
Rio de Janeiro, RJ — 20921-380
que se reserva a propriedade literária desta tradução

Impresso no Brasil

ISBN 978-85-7684-497-6

Seja um leitor preferencial Record.
Cadastre-se e receba informações sobre nossos lançamentos
e nossas promoções.

Atendimento e venda direta ao leitor:
mdireto@record.com.br ou (21) 2585-2002

Para Darlene, que me mantém louco
da melhor forma possível

SUMÁRIO

COMO OS REIS AGEM: O QUE ESPERAR   13

BEBER, FUMAR, VENDER: BEM-VINDO AO MUNDO DE DON DRAPER   17

BIOGRAFIAS DO ELENCO

JON HAMM — "DON DRAPER"   29

ELISABETH MOSS — "PEGGY OLSON"   32

JOHN SLATTERY — "ROGER STERLING"   35

VINCENT KARTHEISER — "PETE CAMPBELL"   38

CHRISTINA HENDRICKS — "JOAN HOLLOWAY"   41

JANUARY JONES — "BETTY DRAPER"   44

ROBERT MORSE — "BERTRAM COOPER"   46

GUIA DE EPISÓDIOS - PRIMEIRA TEMPORADA

1.01 SMOKE GETS IN YOUR EYES [É PERMITIDO FUMAR]   51

A POLÍTICA DE GÊNERO E O LIVRO *SOLTEIRA E SEXY*, DE HELEN GURLEY BROWN   56

1.02 LADIES ROOM [ENTRE MULHERES]   64

1.03 MARRIAGE OF FIGARO [O CASAMENTO DE FÍGARO]   69

A CAMPANHA "THINK SMALL" [PENSE PEQUENO], DA DOYLE DANE BERNBACH, PARA A VOLKSWAGEN   74

1.04 NEW AMSTERDAM   82

DINHEIRO PARTE UM — A INFLAÇÃO DE 1960 AOS DIAS ATUAIS   87

1.05 5G [O PASSADO]   88

1.06 BABYLON [BABILÔNIA]   93

1.07 RED IN THE FACE [ROSTO CORADO] 98

O QUE ELES ESTÃO FUMANDO? 104

1.08 THE HOBO CODE [O CÓDIGO DE SOBREVIVÊNCIA] 105

ANTES DA STERLING COOPER — FILME RECOMENDADO: *VOLTA, MEU AMOR,* DE DELBERT MANN 110

1.09 SHOOT [SESSÃO DE FOTOS] 115

QUAL É A ALTURA DO PREFEITO? 120
ANTES DA STERLING COOPER — LEITURA RECOMENDADA: *MÍSTICA FEMININA*, DE BETTY FRIEDAN 121

1.10 LONG WEEKEND [FIM DE SEMANA PROLONGADO] 126

ANTES DA STERLING COOPER — FILME RECOMENDADO: *SE MEU APARTAMENTO FALASSE*, DE BILLY WILDER 130

1.11 INDIAN SUMMER [MUDANÇA DE CLIMA] 133

1.12 NIXON VS. KENNEDY 139

NIXON, KENNEDY E A NOVA FACE DA POLÍTICA NORTE-AMERICANA 145

1.13 THE WHEEL [INVENTANDO A RODA] 154

REGISTRO DE PREVISÃO DAS ELEIÇÕES PRESIDENCIAIS NOS EUA PELAS REDSKINS 158

GUIA DE EPISÓDIOS – SEGUNDA TEMPORADA

2.01 FOR THOSE WHO THINK YOUNG [MENTE JOVEM] 163

2.02 FLIGHT 1 [VOO 1] 169

ANTES DA STERLING COOPER — FILME RECOMENDADO: *COMO VENCER NA VIDA SEM FAZER FORÇA*, DE DAVID SWIFT 174

2.03 THE BENEFACTOR [O BENFEITOR] 178

DINHEIRO PARTE DOIS — QUANTO ELES GANHAVAM NA ÉPOCA E QUANTO GANHAM AGORA 183

2.04 THREE SUNDAYS [TRÊS DOMINGOS] 184

2.05 THE NEW GIRL [A NOVA GAROTA] 189

2.06 MAIDENFORM [PARA ENTRAR NO CLUBE] 195

2.07 THE GOLD VIOLIN [O VIOLINO DE OURO]   202

2.08 A NIGHT TO REMEMBER [UMA NOITE MEMORÁVEL]   208

ANTES DA STERLING COOPER — LIVROS RECOMENDADOS: *FOI APENAS UM SONHO* E *DISTURBING THE PEACE*, DE RICHARD YATES   213

2.09 SIX MONTH LEAVE [SEIS MESES DE AVISO PRÉVIO]   219

2.10 THE INHERITANCE [A HERANÇA]   224

O MOVIMENTO PELOS DIREITOS CIVIS NOS ESTADOS UNIDOS — O LIVRO *JESUS AND THE DISINHERITED*, DE DR. HOWARD THURMAN, E SUA INFLUÊNCIA SOBRE MARTIN LUTHER KING   229

2.11 THE JET SET [ALTA SOCIEDADE]   235

ATORES CONVIDADOS — CONHEÇO ESSA PESSOA DE ALGUM LUGAR. . .   240

2.12 THE MOUNTAIN KING [O REI DA MONTANHA]   241

ROTEIRISTAS E DIRETORES FAMOSOS DE *MAD MEN*   247

2.13 MEDITATIONS IN AN EMERGENCY [MEDITAÇÕES NUMA EMERGÊNCIA]   248

ANTES DA STERLING COOPER — LIVRO RECOMENDADO: *MEDITATIONS IN AN EMERGENCY*, DE FRANK O'HARA   253

APÊNDICES

COMO FESTEJAR AO ESTILO DE *MAD MEN*   261

O PONTO DE ENCONTRO PERFEITO EM MANHATTAN: ROTEIRO TURÍSTICO DOS LOCAIS MOSTRADOS EM *MAD MEN*   272

FONTES   277

AGRADECIMENTOS

Escrever um livro, de qualquer tipo, é uma experiência solitária, mas prepará-lo para a publicação é algo totalmente diferente. Gostaria de fazer uma pausa para agradecer a todos da ECW Press que me ajudaram, entre eles: a copidesque Emily Schultz e a revisora Crissy Boylan, que apararam as arestas de minha prosa; Tania Craan, responsável pelo design da parte interna do livro; Jen Knoch, por descobrir as fontes das fotografias usadas aqui; a tipógrafa Mary Bowness; a dupla de editores Sarah Dunn e Simon Ware; os coeditores Jack David e David Caron; e minha editora, Jan Hale, que defendeu o projeto desde o início e me deu apoio incessante. Sem ela, este livro não teria sido possível e muito menos divertido de escrever.

Também sou grato a meu bom amigo Keith Berry, por ter feito o design da capa e me deixado elegante, e a James Salisko, por seus conselhos perspicazes e torcida incansável.

Por último, mas definitivamente não menos importante, meu muito obrigado a quem ficou ao meu lado do primeiro ao último dia enquanto trabalhei neste livro — meu cachorro Bear. Você estava certo sobre Frank O'Hara. Ainda bem que o ouvi.

Como os Reis Agem: O Que Esperar

Para mim, assistir a um episódio de *Mad Men* significa o prazer de ver uma série bem escrita que se passa numa época fascinante (perto o bastante para ter relevância hoje em dia, longe o suficiente para ser exótica) e inspira uma confiança não muito diferente da mostrada pelo próprio Don Draper: fria, paciente, metódica e sempre com a visão geral do problema. Não importa o rumo da história, não importa o quanto a trama pareça tortuosa ou se desvie do foco principal. Como espectador, sempre me senti seguro. Assim como Don descreve a publicidade no episódio-piloto, sempre acreditei que tudo ficaria bem.

Só havia me sentido assim uma vez, quando me rendi à série de TV *História do crime*, produzida por Michael Mann e criada por Chuck Adamson e Gustave Reininger. Ao ver *Mad Men*, eu não conseguia evitar a comparação entre as duas séries. Ambas se passam no mesmo universo glamouroso e estilizado, ambas abordam os problemas de um protagonista em conflito e dos personagens ao redor dele. E, embora as duas sejam queridinhas da crítica norte-americana, *Mad Men* conquistou os prêmios (e a longevidade) que a outra não conseguiu, pois teve apenas duas temporadas.

História do Crime cavou um lugar único no horário nobre de 1986. Elegante, violenta e historicamente inteligente, esta saga épica sobre a batalha de um policial de Chicago para levar um mafioso em ascensão à justiça sempre pareceu fora do lugar na mentalidade de cortes rápidos inerente à televisão na década de 1980. Mas os espectadores dispostos a investir tempo na série apreciaram um exemplo satisfatório do gênero procedural policial* e ainda viram o desenrolar de dramas mais sutis, como o preço de só pensar na carreira, o abuso do álcool e o surgimento de um romance inter-racial tendo como cenário a luta pelos direitos civis nos Estados Unidos.

Uma similaridade ainda maior entre os dois seriados seria o fato de exigir paciência infinita do espectador quanto a seu ritmo. Ambos revelam sua narrativa aos poucos e permitem que momentos delicados tenham espaço para respirar. Assim, os dois parecem mais filmes de uma hora de duração do que episódios de TV, e mostram uma confiança a ponto de permitir desvios na trama que aproximam o espectador da série em vez de afastá-lo.

Porém, as semelhanças param por aí. *História do crime* recebeu muitos elogios pela abordagem brilhante e corajosa (e críticas por mostrar uma violência generalizada que, para muitos, beirava o sensacionalismo). A série lutava por espaço na atmosfera hostil das grandes redes de TV, perdendo num ritmo constante a audiência conquistada na estreia após *Miami Vice*. A vantagem de ser exibida nos Estados Unidos em um canal a cabo pequeno como o AMC é que *Mad Men* jamais precisou se preocupar com a audiência, indulgência concedida sob a condição de que a série continue acumulando prêmios. Enquanto *História do crime* teve apenas três indicações ao Emmy, uma por fotografia e as outras por "melhor penteado", a lista de láureas concedidas a *Mad Men* é extensa. E, embora a história tenha sido generosa com *História do crime* (citada pela revista *Time* como uma das melhores séries dos anos 1980), o impacto cultural de *Mad Men* foi imediato e profundo.

Creio que este é o motivo que me levou a escrever este livro. Uma série tão bem escrita e repleta de detalhes históricos minuciosos como *Mad Men* exige uma discussão mais aprofundada. A investigação das mudanças pelas quais passava a moral da sociedade na época é mais do que cenário

---

* Série que retrata a investigação policial, com seus métodos e equipamentos específicos, e repete a mesma fórmula (procedimento, daí o "procedural") a cada episódio, tendo histórias com início, meio e fim. (*N. do T.*)

para a trama; na verdade, impregna cada episódio da mesma forma que eventos atuais habitam nossa vida diária. Quando se assiste a um programa que insere eventos históricos em sua trama de forma confiante e inteligente — como a campanha publicitária da Volkswagen ou a queda do avião da American Airlines em Jamaica Bay, Nova York —, o espectador só ganha se o contexto for explorado de forma mais completa. *Mad Men* é um programa que faz perguntas sérias — relacionadas, por exemplo, à natureza da identidade ou à importância do gênero para alcançar status e sucesso — e beneficia os fãs que pensam nessas questões não apenas no que diz respeito aos personagens e à época em que se passa a série, mas também ao contexto contemporâneo.

Como fã de *Mad Men*, busquei criar uma obra que unisse todas essas perguntas e preocupações, mas que também celebrasse o seriado e melhorasse a experiência de acompanhá-lo; abordasse os bastidores, as forças que conspiraram para criar a série e as pessoas que a trouxeram à vida, bem como avaliasse os antecedentes literários e cinematográficos responsáveis por inspirá-la. Procurei por toda a parte e não consegui encontrar o livro que desejava.

Por isso, eu o escrevi.

Após descobrir informações curiosas na biografia dos integrantes do elenco de *Mad Men* (por exemplo: quem começou a carreira artística numa versão teatral da história do Ursinho Pooh e quem era uma gótica nada popular no colégio), passamos para o guia de episódios, no qual examino o eixo temático de cada episódio, discuto o que vi e reflito sobre os comentários dos fãs na hora do cafezinho no trabalho (ou na internet, versão deste século para a hora do cafezinho). Cada avaliação de episódio contém observações paralelas e históricas, contando também com um "Fatos da época" (breve olhada nos diversos acontecimentos culturais que permeiam os episódios), "Vendendo o peixe" (análise das campanhas criadas pela agência Sterling Cooper que mostra o quanto elas estão próximas da publicidade feita na época), "Imóveis de Manhattan" (história dos marcos geográficos da cidade e quais ainda existem na Nova York contemporânea), "A Filosofia de *Mad Men*" (diálogos que revelam os personagens, suas filosofias e, frequentemente, dão conselhos úteis para a vida) e "Drinque da vez" (um guia de bebidas perfeito e completo, com receitas e sugestões de como servir os coquetéis mostrados na série).

Os aficionados por História — praticamente todo fã de *Mad Men* que conheço — vão gostar dos capítulos dedicados ao contexto histórico. Espalhadas pelo guia, estão análises mais detalhadas dos fatos e movimentos que vão além do mero cenário para a trama. Entre as avaliações presentes, estão as de Helen Gurley Brown e seu best-seller *Solteira e sexy*, a da disputada campanha presidencial de John Kennedy e Richard Nixon, a da chamada "Nova Publicidade", criada pela agência Doyle Dane Bernbach, e a de suma influência geralmente despercebida na luta pelos direitos civis nos Estados Unidos: o Dr. Howard Thurman.

Também são encontrados no livro comentários sobre as influências e relações diretas e indiretas com o mundo de *Mad Men*. Sejam literárias (*Meditations in an Emergency*, de Frank O'Hara, a obra ficcional da chamada "Era da ansiedade", feita por Richard Yates, e *Mística feminina*, de Betty Friedan) ou cinematográficas (*Como vencer na vida sem fazer força, Se meu apartamento falasse, Volta meu amor*), esclarecemos e debatemos o impacto dessas fontes na série de Matthew Weiner.

E para você não pensar que esta é apenas uma aula chata de História, o Apêndice contém divertidos guias que detalham como fazer para celebrar ao estilo de *Mad Men* e planejar o fim de semana perfeito em Manhattan inspirado na série.

O que não se encontra aqui é um substituto para o seriado. Meu objetivo consiste em informar e suplementar a já agradável experiência de assistir a *Mad Men*. O guia de episódios não se resume a destrinchar as tramas, que os fãs já sabem de cor. Além disso, também não abordaremos pequenos erros, anacronismos tipográficos e similares (por exemplo, a fonte do nome da agência "Sterling Cooper" foi usada na série um ano antes de ser inventada na vida real — o horror!). Quando um seriado como este acerta tanto, tal lapso ocasional é totalmente perdoável.

O que você vai encontrar é um acréscimo divertido e informativo a uma das melhores séries de televisão deste novo século. Por isso sente-se, pegue o seu drinque e aproveite. Seja bem-vindo ao mundo de Don Draper.

MAD MEN*
Termo criado no fim da década de 1950 para descrever os executivos de publicidade da Madison Avenue. Criado por eles mesmos.
Episódio-piloto de *Mad Men*, "Smoke Gets in Your Eyes"
[É Permitido Fumar]

Beber, Fumar, Vender:
Bem-Vindo ao Mundo de Don Draper

Em 19 de julho de 2007, às 22 horas, o canal AMC exibiu o episódio de estreia do primeiro drama produzido por eles, *Mad Men*, atingindo um índice de 1,4, segundo o instituto Nielsen** (aproximadamente 1,5 milhão de espectadores), um aumento de 75% na audiência no horário para o canal. O público aumentou a cada episódio e houve uma enxurrada de críticas positivas, um impacto cultural diferente de qualquer programa de TV na história recente, incluindo dois Globos de Ouro (de Melhor Série Dramática e Melhor Ator para o protagonista Jon Hamm), o conceituado Peabody Award e seis Emmy para a primeira temporada.

Inspirada em muitos predecessores cinematográficos (*Diário de um homem casado*, *Se meu apartamento falasse*) e literários (as obras de John Cheever, J.D. Salinger, *Mística feminina*, de Betty Freidan, e *Solteira e sexy*, de Helen Gurley Brown), o criador de *Mad Men*, Matthew Weiner, criou

---

* Além de "Mad Men" querer dizer "homens loucos", há um trocadilho com "Ad Men" (homens da publicidade), termo comum para definir os profissionais da área nos Estados Unidos. (*N. da T.*)

** Instituto que mede a audiência televisiva nos EUA, semelhante ao Ibope no Brasil. (*N. da T.*)

uma série que atende à expectativa do público de um drama inteligente sobre personagens complexos, tudo isso temperado com uma camada irresistivelmente bela de ironia dramática.

Teoricamente, o seriado deveria ter sido filmado quando Weiner digitou o último *fade out* no roteiro do episódio-piloto. Então, por que se passaram cinco anos desde o fim do roteiro inicial para que *Mad Men* fosse exibida a um público tão receptivo? Como uma série de tamanha qualidade não conseguiu encontrar um lar no canal outrora conhecido pela excelente programação, o Home Box Office (HBO), especialmente tendo sido criada por um dos roteiristas e produtores de seu principal sucesso, *Família Soprano*?

Seja por miopia ou preguiça, esse tropeço no caminho, há muito pensado para ser o lar do drama televisivo inigualável, fez com que o canal perdesse a chance de emplacar um dos primeiros sucessos deste século. E quando se trata de programação de qualidade na TV a cabo, eles deveriam ter plena consciência disso.

Afinal, o HBO inventou esse padrão de qualidade.

MATTHEW WEINER
RETRATO DO ROTEIRISTA E PRODUTOR QUANDO JOVEM

A reverência pela Nova York no auge dos anos 1960 é um elemento importante para o sucesso de *Mad Men*. Interessante, porém, é o fato de Matthew Weiner ser nascido e criado em Baltimore, Maryland.

O amor por tudo relacionado a Manhattan veio, indiretamente, da família do roteirista, cuja mãe cresceu no Bronx e o pai viveu a infância e juventude na própria Manhattan. Julia Weiner estudou Direito, mas nunca exerceu a profissão, enquanto Leslie Weiner teve uma carreira de sucesso como neurocientista. Porém, quando o casal tomou a decisão de formar uma família, trocou as moças e os rapazes da 42nd Street pela segurança de Maryland.

"Quando meus pais saíram de Nova York, não tinham nada de bom a dizer sobre a cidade", confessou Weiner numa entrevista ao *New York Times*. "Mas eu adorava visitar meus avós, passar pelo Empire State Building e esticar o pescoço para tentar alcançar uma das janelas."

Terceiro de quatro filhos, Weiner cresceu num lar que valorizava o debate. "Minha família adora trocar ideias. Em caso de argumentação, discussão, era melhor saber como defender seus pontos de vista. Uma de minhas irmãs é jornalista, a outra, médica — como meu irmão caçula — e minha mãe é advogada. Há um diálogo direto entre nós, dos mais profundos e intensos níveis intelectuais."

Esse apetite pelo discurso intelectual foi bastante útil a Weiner. Depois que a família mudou-se para o sul da Califórnia, ele começou o caminho educacional que o levou a um curso que misturava cadeiras de filosofia, história e literatura na Wesleyan University. Foi uma educação valiosa, responsável por afetar diretamente as influências em *Mad Men*, tanto literárias quanto cinematográficas.

Weiner não apenas cresceu sob a hábil batuta da chefe do departamento de cinema e TV da Wesleyan University, Jeanine Basinger, como encontrou alguém com os mesmos interesses no colega e acólito de Basinger chamado Joss Whedon (*Buffy, a caça-vampiros; Firefly; Dollhouse: programados para o perigo*). Reza a lenda que, nos tempos de universidade, Weiner e Whedon tinham uma amigável rivalidade acadêmica, em que o projeto altamente elogiado de um era rebatido por um feito ainda maior do outro. E mesmo que suas vidas profissionais jamais tenham se cruzado, há uma inegável relação entre suas histórias: ambos são roteiristas de talento que trabalharam em séries alheias antes de lançarem as próprias obras que mudaram a televisão.

Embora a Wesleyan seja uma das melhores universidades dos Estados Unidos, o sucesso no curso feito por Weiner não era medido por um sistema tradicional de avaliação. Como resultado disso, ele só conseguiu obter sua graduação em Estudos Cinematográficos na University of Southern California (USC) pela forte influência do pai — pois o Dr. Weiner era altamente respeitado na comunidade acadêmica (tendo até um centro de pesquisa neurológica na universidade batizado em sua homenagem).

Se Weiner progrediu academicamente no curso de Estudos Cinematográficos, a vida pessoal também decolou ao se casar com a arquiteta Linda Brettler depois de ter se formado na USC. Essa união com uma profissional já estabelecida deu o apoio financeiro necessário em suas primeiras tentativas de encontrar emprego como roteirista — além dos proventos de um trabalho feito para o *game show* televisivo *Jeopardy!*, Weiner deu poucas contribuições financeiras para o casamento nos primeiros anos.

Durante esse período, Matthew fez um filme independente com o apoio da esposa e, embora o produto final não tenha sido lançado comercialmente, exibições privadas lhe renderam um emprego como autor não creditado de piadas para a sitcom *Party Girl* (1996), vinculada por pouco tempo ao canal Fox. Isso, por sua vez, resultou no trabalho como roteirista e produtor nas sitcoms *The Naked Truth* e *Andy Richter Controls the Universe*. Embora nenhuma dessas séries tenha alcançado vida longa, Weiner aproveitou a experiência num cargo fixo na sitcom *Becker*, que acabou tendo longa duração mesmo sendo desprezada pelos críticos.

Finalmente conseguindo ganhar a vida como roteirista, ele teve uma crise profissional quando percebeu que criar tramas repetitivas cheias de piadas e bordões em ritmo de linha de montagem não atendia a seus anseios artísticos. E, embora a perspectiva lúgubre de tal carreira possa ter deixado os dias do roteirista mais sombrios, acabou lhe rendendo inspiração. Weiner tentava afastar o tédio criando, nas horas vagas, histórias e personagens situados numa época que sempre o intrigara.

"Há muita gente fumando", foi a resposta que Matthew recebeu quando explicou a ideia de sua série a alguns privilegiados. Os que ouviram o roteirista detalhar suas intenções para o que seria *Mad Men* acharam a época muito distante, o protagonista inescrutável, o ambiente nocivo e destituído de empatia. Sem medo de arriscar, Weiner começou a escrever o episódio-piloto. Já veterano do meio televisivo, ele percebeu que uma audiência faminta por um drama inteligente estaria disposta a deixar de lado a antipatia a qualquer profissão. Ninguém gostava de advogados, mas quantas séries de sucesso não se baseavam neles?

David Chase, criador do rolo-compressor da HBO *Família Soprano*, leu o roteiro do piloto escrito por Weiner e respondeu de imediato. O ponto de vista, a voz narrativa distante e o respeito pelo público se encaixavam no estilo dele. Chase ofereceu a Weiner a oportunidade de se juntar à série como roteirista e produtor.

Matthew escreveu ou coescreveu 12 episódios da série de mafiosos ao longo dos cinco anos seguintes, ganhou um prêmio da Writer's Guild of America (Sindicato dos Roteiristas Norte-Americanos) e dois Emmys pelo trabalho como produtor. Enquanto isso, o roteiro do piloto de *Mad Men* descansava no fundo de uma gaveta.

Quando *Família Soprano* terminou, deixando vago um lugar no imaginário crítico e cultural norte-americano, Weiner tirou a poeira do seu querido roteiro. Depois de anos na HBO, ele compreensivelmente imaginou que o canal acolheria sua visão aguçada de um momento crucial na história dos Estados Unidos.

Esse também seria um momento crucial na história de Matthew Weiner.

De Homem Feito a Mad Men

Em 1965, um homem chamado Charles Dolan comprou os direitos para criar um sistema de canais a cabo na região sul de Manhattan. Ele sabia que o segredo do sucesso nesse mercado competitivo era tanto uma questão de geografia quanto de programação. Embora o horizonte de Manhattan impressionasse com seus vários arranha-céus, os prédios altos prejudicavam a recepção de TV. E o Sr. Dolan superou esse obstáculo com um novo método que escondia quilômetros de cabos por baixo das ruas de Nova York, formando o primeiro sistema de cabos subterrâneos dos Estados Unidos, batizado de Sterling Manhattan Cable.

Dolan recebeu investimentos da Time Life Inc. e, em 1972, lançou o canal a cabo Home Box Office. Pensado inicialmente como um serviço de TV paga que oferecia filmes sem cortes e eventos esportivos de primeira linha, o HBO logo expandiu seus negócios e passou a produzir os próprios programas em 1977. Filmes e séries criados sob a marca HBO aproveitaram-se da censura menos rígida dos canais a cabo com programas repletos de temas adultos, violência e palavrões que jamais teriam lugar na TV aberta. Por vários anos nos Estados Unidos, HBO era sinônimo de programas proibidos para menores, em vez de ser conhecido como padrão de qualidade.

Tudo isso mudou em 10 de janeiro de 1999, quando o HBO exibiu o primeiro episódio de *Família Soprano*, improvável sucesso de crítica e público sobre um chefão mafioso de Nova Jersey que luta contra rivais violentos, a mãe controladora e ataques de ansiedade. *Família Soprano* tornou-se o parâmetro para avaliar todos os dramas televisivos. O projeto de estimação de David Chase tornou-se a primeira série de TV a cabo a ganhar o prêmio Emmy de Melhor Série Dramática e conquistou muitos outros por atuação, tendo sido laureada por todas as principais associações e sindicatos do ramo de entretenimento dos Estados Unidos, além de conseguir o renomado George Foster Peabody Award.

Quando *Família Soprano* chegou ao fim em 10 de junho de 2007, o HBO se viu numa posição curiosa. Após criar um império produzindo as próprias séries capazes de conquistar tanto o público quanto a crítica, eles estavam diante de uma programação que era apenas uma sombra do seu passado poderoso. Não só *Família Soprano* acabara, como a queridinha do público *Sex and the City* havia chegado ao fim em 2004, a papa-prêmios *Six Feet Under* [no Brasil, *A sete palmos*] terminara em 2005 e a odisseia épica em forma de faroeste chamada *Deadwood* chegava, claudicante, ao seu fim em 2006. Outras séries elogiadas, como *The Wire: a escuta* e *Roma*, apresentavam uma complexidade e um escopo narrativo impressionante, comparáveis à série *Família Soprano*, mas jamais atraíram uma audiência digna de nota, apesar da abundância de críticas favoráveis. Além disso, embora a comédia *Entourage* tivesse boa audiência e mantivesse um bom ritmo a ponto de conquistar os inicialmente céticos, *John from Cincinatti*, o novo trabalho de David Milch após *Deadwood,* não durou muito. *Big love* [no Brasil, *Amor imenso*] foi eleita sucessora ao trono de Tony Soprano no HBO (marcada pelo fato de o primeiro episódio da série ter ido ao ar após a estreia da sexta temporada de *Família Soprano*, em março de 2006) e, apesar de ter se transformado em favorita de crítica e público, começou devagar e deixou muitos duvidando se o polígamo patriarcal tinha o porte necessário para sentar-se no trono de Tony como chefe da programação do HBO.

Ainda saboreando o sucesso como roteirista/produtor de *Família Soprano*, Matthew Weiner viu uma excelente oportunidade de vender seu episódio-piloto de *Mad Men*. David Chase, seu colega na série dos mafiosos, entregou o roteiro de Weiner aos executivos do HBO com entusiasmo e aprovação: "Era o que vocês estavam esperando. É vigoroso e tem algo de novo a dizer. Aqui está alguém que escreveu uma história sobre a publicidade na década de 1960 e viu a história recente dos Estados Unidos por esse prisma."

Que lugar seria melhor para explorar os meandros da agência de publicidade Sterling Cooper do que o canal a cabo fundado pelo sistema Sterling Manhattan Cable?

Infelizmente, os executivos do HBO não gostaram da semelhança de nomes. Na verdade, é difícil saber exatamente *o que* lhes passou pela cabeça. Apesar dos boatos de rejeição por parte do canal, eles não chegaram a recusar o projeto. Apenas não responderam.

Em 10 de outubro de 2007, o crítico de TV da *Variety*, Brian Lowry, moderou um painel de perguntas e respostas no Paley Center for Media com o elenco de *Mad Men* e o criador da série, Matthew Weiner. Durante a discussão, Weiner confirmou que o HBO não respondeu ao roteiro do episódio-piloto ou às suas ligações. Tal recusa foi marcante, considerando que ele era um dos responsáveis por inventar a programação televisiva de alta qualidade que se tornou marca da emissora.

Ainda mais estranha foi a falta de consideração em termos de relacionamento pessoal. "Tudo o que posso dizer é que foi muito decepcionante para mim", desabafou o roteirista. "Porque eu fazia parte daquela família."

Quando Charlie Collier assumiu o comando da rede AMC (sigla para American Movie Classics [Filmes Clássicos Norte-Americanos]) em 2006, sua intenção era mudar drasticamente o rumo do canal, conhecido principalmente por exibir filmes dos anos 1950 para trás. O executivo queria mudar a imagem conservadora da empresa oferecendo uma programação audaciosa e original. Após o sucesso da minissérie *Broken Trail*, com Robert Duvall, Charlie sabia que era hora de lançar um seriado. Ele leu o roteiro de um episódio-piloto feito por um ex-roteirista de *Família Soprano*, gostou e aproveitou a oportunidade de ousar na primeira série produzida pelo canal.

"Quando a comunidade artística assistir a *Mad Men*", afirmou Collier depois, "eles vão saber que estamos dispostos a correr riscos."

Perfeccionista notório, Matthew Weiner encontrou o lar perfeito para seu projeto de estimação. "Eles confiaram totalmente em mim... Com exceção de três falas, o piloto produzido era o mesmo roteiro que eu escrevera cinco anos antes."

Embora o HBO parecesse o *habitat* perfeito para *Mad Men*, uma análise mais profunda indica o contrário. A programação original do HBO não só se aproveita totalmente da liberdade criativa presente nos canais a cabo, como explora a independência da censura rígida vigente nos canais abertos. O marketing para *Família Soprano* se baseava tanto na violência e nos palavrões quanto na qualidade do seriado. *Mad Men*, por sua vez, embora fosse uma série totalmente adulta, não apresenta violência, e sua linguagem está no nível permitido para maiores de 13 anos (do tipo que se ouve em séries do canal a cabo norte-americano FX, como *The Shield* ou *Nip/Tuck*). Claro, o HBO tem um longo histórico de programação original de qualidade, mas não é o mesmo tipo de relação histórica existente entre *Mad Men* e o canal AMC. Afinal, quer lugar melhor para uma série que alude aos filmes *A luz é para todos* (1947), *O homem do terno cinzento* (1960), *Se meu apartamento falasse* (1960) e *Como vencer na vida sem fazer força* (1967) do que a rede criada para exibir esse tipo de filme?

E, embora o HBO seja o queridinho dos críticos, *Mad Men* já superou todas as expectativas como sucessor da *Família Soprano*. Em sua curta existência, o seriado já conquistou mais indicações ao Emmy do que qualquer temporada de *Família Soprano* — e de qualquer outro drama na história da televisão.

O impacto cultural da série criada por Weiner já é mais profundo do que a trama sobre mafiosos na qual ele trabalhou. Agências de publicidade passaram a evocar os dias de glória retratados em *Mad Men*: a agência Red Tettemer, da Filadélfia, chegou a mudar o design do site em homenagem à série e pediu a todos os funcionários que se vestissem ao estilo da época: com cabelo emplastrado de laquê e sutiãs em forma de cone.

E, por falar em moda, a mania de perfeição de Weiner quanto aos detalhes de época dos anos 1960 afetou as passarelas em 2008. O célebre designer Michael Kors lançou uma coleção de roupas inspiradas em *Mad Men* em fevereiro daquele ano, com direito a cardigãs de lã e chapéus fedora de aba curta. Embora *Família Soprano* possa alegar influência forte no *zeitgeist* cultural de seu tempo, ninguém usava agasalhos esportivos de nylon ou camisas berrantes de manga curta da marca Burma Bibas em homenagem à série.

Os mafiosos de *Família Soprano* podem ter deixado sua marca ao longo de seis temporadas, mas Don Draper e os homens e as mulheres da Sterling Cooper tiveram sucesso antes do fim da primeira temporada. Alguns podem dizer que essa marca é ainda mais forte que a de sua antecessora.

A ESTRADA PERCORRIDA E A ESTRADA POR VIR

Matthew Weiner atravessou uma longa e sinuosa estrada até alcançar o sucesso com seu projeto de estimação. Através do prisma das aventuras do independente e solitário Don Draper no mundo da publicidade dos anos 1960 em Nova York, o roteirista permite à audiência enxergar as várias facetas da cultura norte-americana, que vivenciou uma transformação devastadora naquela época excitante, das políticas de gênero e primeiras fendas no chamado "teto de vidro" à política presidencial durante as campanhas de Kennedy e Nixon. Nessa mesma época, a psicanálise era aceita pelo grande público e o movimento pelos direitos civis alterava as noções de raça de modo revolucionário. Além disso, uma crescente consciência social mudou o papel da juventude americana na sociedade, e a própria publicidade passou por uma alteração cataclísmica, assim como a cultura como um todo.

Mad Men fornece um coquetel espumante de roteiros formidáveis, com figurino e cenografia inebriantes, polvilhado com uma doce ironia que ajuda a compreender tanto o passado distante quanto o mundo atual.

> Fui forçado a crescer muito cedo... isso tende a descartar boa parte da infância e você acaba amadurecendo muito cedo.
> JON HAMM

Jon Hamm – "Don Draper"

Nascido em St. Louis, Missouri, em 10 de março de 1971, Jon Hamm conheceu a solidão de ser filho único e enfrentou a dor de ver os pais se divorciarem quando tinha apenas 2 anos. Com isso, Jon passou a morar com a mãe, vendo o pai apenas nos fins de semana. Ele lutou para encontrar a felicidade nessa existência solitária e dividida e, de alguma forma, conseguiu.

"Tenho ótimas lembranças de ser uma criança que corria por aí, mas tudo isso acabou se perdendo."

Quando ele tinha 10 anos, sua mãe teve uma dor de estômago que não passava. O que parecia ser uma enfermidade inconveniente acabou se revelando um câncer em estágio avançado que evoluiu rapidamente para outros órgãos. Num procedimento cirúrgico radical, dois terços do cólon foram retirados e os médicos esperavam, assim, derrotar o câncer que lhe destruía o corpo. Ela não sobreviveu à cirurgia.

Hamm passou a morar na casa do pai, também em St. Louis, e, embora isso tenha poupado o jovem de uma mudança geográfica, ainda foi preciso lidar com a mudança emocional.

"Eu amava meu pai e [até então] o via nos fins de semana", recordou Hamm numa entrevista ao jornal britânico *The Observer*. "Ele não era exatamente um estranho para mim."

O pai de Jon tinha mais dois filhos de um casamento anterior, e um deles morava com ele na época. Na casa também vivia a avó de Hamm, de 80 anos. Apesar de ter a família por perto, pode-se imaginar o tamanho do isolamento enfrentado pela criança de 10 anos naquela situação.

O tempo em que viveu com o pai ajudou a formar o caráter que levaria Hamm ao estrelato. Empresário bem-sucedido nos anos 1960, seu pai se parece bastante, pelo menos em termos superficiais, com certo publicitário da Madison Avenue.

"Meu pai tinha 27, 28 anos em 1960... Ele tinha, sim, um jeito meio Don Draper de encarar a vida."

Uma iniciação precoce ao mundo artístico (Hamm interpretou o Ursinho Pooh numa produção teatral das aventuras do bichinho na escola primária) gerou interesse vitalício em atuar, o que o levou a escolher o curso de teatro na University of Missouri, com bolsa integral. O desejo de Hamm de mergulhar em outra pessoa pode muito bem ter surgido de sua infância bruscamente abreviada.

"Atuar é uma espécie de extensão da infância", comparou o intérprete de Don Draper. "Você consegue interpretar vários papéis e se divertir bastante... Eu não abriria mão disso, de jeito nenhum."

Já graduado em teatro, Hamm expandiu seu escopo para áreas não relacionadas à profissão, como tantos colegas já fizeram. Em vez de ganhar a vida exclusivamente como garçom ou barman, ele optou por ser educador. Imerso nos estudos, trabalhou numa creche em que era responsável pelas "atividades extraclasse". E num breve período após a faculdade, Hamm voltou à escola de ensino médio onde se formou, a John Burroughs School, em Ladue, Missouri, para dar aulas de teatro. Mas o canto da sereia para ser ator profissional falou mais alto e atraiu Jon para Los Angeles em 1995.

Trabalhar na profissão que escolheu não foi fácil. Mais uma vez forçado a viver em dificuldades financeiras, Jon aceitava qualquer emprego, chegando até mesmo a trabalhar como cenotécnico num filme pornô *soft-core* por cerca de US$150 por dia.

Uma ligação de Nova York providenciou a boia de salvação pela qual Hamm procurava desesperadamente. Ele fora apresentado à roteirista e atriz Jennifer Westfeldt por amigos em comum numa festa de aniversário. Os dois não se deram bem de imediato ("Ela achou que eu era um babaca arrogante", revela Hamm sobre o encontro) mas, ao trabalhar numa ideia para um esquete, Jennifer pensou em Jon para um papel. Ansioso para se distanciar do rumo nada glamouroso de sua vida profissional, ele abandonou o set do filme pornô, juntou as economias para pagar a passagem de avião e rumou para o leste.

O esquete acabou virando um filme independente no qual Hamm fez papel coadjuvante. *Beijando Jessica Stein* foi uma comédia romântica homossexual, aclamada pela crítica, que ficou famosa pelos diálogos ágeis e por injetar um ponto de vista novo nas antigas questões de relacionamento, num contexto de exploração da bissexualidade entre Jessica (Jennifer Westfeldt) e Helen (Helen Juergensen).

Jon Hamm não estava nem aí para a aclamação da crítica, pois estava feliz por transformar seu relacionamento profissional com Jennifer num romance que dura até hoje.

Os trabalhos como ator se materializaram lentamente, começando com pequenos papéis em filmes como *Cowboys do Espaço* e *Fomos Heróis*, além de participações em séries de TV como *The Hughleys*, *Charmed*, *The Sarah Silverman Program* e *Numb3rs*. Ele também conquistou papéis fixos em séries como *Providence*, *The Division*, *Gilmore Girls*, *What About Brian* e *The Unit*, que aumentaram a visibilidade de Hamm em Hollywood. Mas apesar do profissionalismo, humildade e aparência de astro de cinema, Hamm não conseguia perder o estigma de "ator de papéis pequenos".

Quando recebeu o roteiro do piloto de uma série sobre executivos de publicidade nos anos 1960, Hamm sentiu que era a oportunidade de obter mais sucesso e realização artística, mas o canal por trás da produção tinha outros planos. O AMC queria uma grande estrela para protagonizar sua primeira investida numa produção original. O criador da série, Matthew Weiner, estava inclinado a dar o papel a Hamm, mas enfrentou resistência do canal. O ator enfrentou um total de sete testes para o papel de Don Draper até, enfim, vencer.

Conforme Hamm declarou numa entrevista: "As pessoas realmente precisaram se convencer de que me queriam."

Depois de uma indicação ao Emmy e um Globo de Ouro conquistado como Melhor Ator em Série Dramática, está claro que o público não precisou ser convencido.

Não foi tão absurdo assim eu ter virado atriz. Se
tivesse sido médica, aí sim seria surpreendente!
ELISABETH MOSS

ELISABETH MOSS – "PEGGY OLSON"

Para alguns, o chamado para a vida artística representa a fuga de um estilo de vida previsto — seja trabalhar numa fábrica ou tomar conta da empresa da família. Para outros, é o único rumo sensato. Elisabeth Moss não teve escolha a não ser seguir este caminho.

Sua casa era dominada pela música — o pai, britânico, empresariava músicos de jazz, enquanto a mãe, de Chicago, era gaitista profissional e tocou com alguns dos maiores nomes do blues, inclusive o ícone B. B. King.

"Cresci indo a shows, vendo ensaios, vivia na estrada em turnês", contou a atriz numa entrevista ao jornal *Toronto Star*.

Nascida em 1982 em Los Angeles, Moss começou a carreira cedo. Sua primeira atuação profissional foi aos 8 anos. Ela fez um piloto chamado *Bar Girls* em 1999 e não parou mais de atuar.

Entre um trabalho e outro, Elisabeth frequentou uma pequena escola particular e se formou cedo, aos 13 anos. O caminho usual de fazer cursos de treinamento e aprendizado geralmente vale tanto para os atores quanto para o resto dos trabalhadores, mas ela preferiu trocar mais anos de estudos na área pela experiência real de trabalho.

"Simplesmente continuei a trabalhar, a atuar. Fiz de tudo. Grandes papéis em filmes independentes, pequenos papéis em filmes grandes, filmes para a TV, um ou dois comerciais. Atuo há vinte anos."

A falta de um curso formal jamais foi obstáculo para Elizabeth construir uma carreira no cinema e na TV. "Jamais tive um dia de treinamento profissional", diz a atriz sobre seu currículo. "E não tenho nada contra isso, mas minha escola de atuação foi trabalhar com alguns dos melhores atores, roteiristas e diretores do mercado."

Juntamente com o tradicional trabalho em televisão para engrossar o currículo, ela encontrou um nicho na dublagem para animação — de

Animaniacs a *Frosty Returns*, passando por *Batman* e *Vamos treinar, Charlie Brown!*, Moss também deu voz a um personagem na aventura ecológica para o cinema chamada *Era uma vez na floresta*.

Elisabeth poderia ter continuado sua carreira tranquila e bem-sucedida se não fossem dois acontecimentos ocorridos em 1999. Naquele ano, atuou no cinema com uma das maiores estrelas de Hollywood e conseguiu um papel fixo numa das séries mais inteligentes da TV.

Em *Garota, interrompida*, Moss interpretou Polly, uma garota problemática que tinha uma cicatriz causada por uma queimadura no rosto. Elisabeth dividiu a cena com a ganhadora do Oscar, Angelina Jolie, nessa adaptação da biografia de Susanna Kaysen.

Sobre o papel, Moss disse: "É raro para uma atriz da minha idade receber um papel com tanta substância... Eu tinha de enfrentar três horas de maquiagem todos os dias. Quando a maquiagem estava pronta, nem precisava fazer muita coisa, pois imediatamente passava a andar e falar de modo diferente."

Moss também foi Zoey Bartlet, filha do presidente no seriado *The West Wing*, de Aaron Sorkin. No que seria sua marca registrada, a mistura de inocência e inteligência funcionou muito bem para interpretar uma jovem forçada a amadurecer ao enfrentar um atentado à vida do pai, um romance inter-racial amplamente divulgado pela mídia e o sequestro por um grupo de terroristas norte-americanos.

"Trabalhar em *The West Wing* me preparou para tudo que poderia enfrentar nesse mercado. Era preciso trabalhar rápido e bem e estar preparada para mudanças de última hora", contou Elisabeth sobre a experiência. "Claro que o trabalho fica muito mais fácil graças ao Aaron, pois o roteiro é bom demais."

Quando seu período nesta série marcante terminou, Moss voltou a atuar em filmes independentes (*Marco zero*) e fez aparições na TV (*Invasion, Ghost Whisperer, Medium, Grey's Anatomy*). Porém, ela logo pôs as mãos no roteiro de um piloto que estava gerando interesse no mercado e decidiu se candidatar.

"Fui lá e fiz o teste porque achei que era um ótimo roteiro e um ótimo papel. Eu estava meio: 'Nossa... Uma agência de publicidade nos anos 1960... Em *qual* canal? Mas eles não passam só filmes?'"

Moss teve de fazer dois testes, mas sua visão de Peggy Olson como uma garota comum, com quem toda mulher poderia se identificar, foi tão certeira que é difícil imaginar o criador da série Matthew Weiner tendo alguma dúvida quanto a escalar Elisabeth para o papel.

"Ela é o Jack Lemmon, é o Ernest Borgnine no filme *Marty*. Você quer que ela vença na vida e seja bem-sucedida. É uma personagem realmente ambiciosa, mas a última coisa que Peggy faria é pisar em alguém para chegar ao topo."

O fato de a personagem Peggy Olson estar sempre em desenvolvimento costuma ser atribuído ao roteiro de alto nível, mas a energia infindável da atriz e sua vivacidade para investigar os meandros (às vezes elogiáveis, outras nem tanto) da personagem são contagiantes. A exploração artística de Elisabeth não se limita à interpretação da primeira redatora da Sterling Cooper, e também se estende à própria carreira. Em 2008, Moss agarrou-se à oportunidade de atuar em sua primeira produção na Broadway: uma remontagem de *Speed-the-Plow*, de David Mamet. Ela recebeu críticas brilhantes, e não foi apenas por ter conseguido sobreviver à montanha-russa da mídia gerada pelo fato de seu colega de elenco Jeremy Piven (*Entourage*) ter abandonado a peça.

"A Srta. Moss [traz] uma clareza pura à sua Karen, cuja voz metálica e sem retoques dá unidade inédita à peça", escreveu Ben Brantley no *New York Times*.

Suas atuações mais conhecidas mostram que há algo em comum nos trabalhos de Elisabeth Moss. *Mad Men*, *The West Wing* e *Speed-the-Plow* a destacam como uma jovem inteligente e de princípios num mundo dominado por homens. Interpretar personagens que conseguem crescer e aparecer em tal cenário hostil sem sacrificar a feminilidade é uma coisa; o fato de interpretá-las com tanta convicção e verossimilhança é outra bem diferente: um tributo ao seu talento.

> As pessoas sempre me perguntam como era viver naquela época.
> Fico pensando: "Quantos anos você acha que eu tenho, porra?"
> JOHN SLATTERY

John Slattery – "Roger Sterling"

Vamos deixar bem claro: o intérprete do coroa charmoso de plantão da Sterling Cooper, John Slattery, não vivenciou a época da campanha presidencial de Kennedy ou do famoso anúncio do Fusca intitulado "Limão". Na verdade, ele veio ao mundo no ano em que se passa a segunda temporada de *Mad Men*. Ou seja, John não se lembra muito bem das revoluções culturais de 1962.

Nascido em Boston como segundo de seis irmãos, Slattery foi um estudante mediano em todos os quesitos na escola Saint Sebastian, em Newton, pequeno subúrbio situado 16Km a leste de Boston. Mesmo sendo bom nas matérias de que gostava, seu boletim sofria pelo desejo constante de sair com os amigos.

A salvação veio quando ele demonstrou interesse em atuar. "Eu ficava acordado a noite toda vendo filmes e não conseguia acordar para ir à escola no dia seguinte." John se matriculou na Catholic University of America em Northeast Washington, D.C., e se formou em artes cênicas em 1984.

Os Slattery não eram uma família com tendências artísticas, por isso a decisão de John em seguir carreira artística não estava de acordo com a visão que os familiares tinham dele.

"Ele não era o típico cara de teatro", conta a irmã mais velha Julie. "Não era um garoto que encenava peças em casa ou algo assim."

E, como ocorre com a maioria das pessoas sem tradição teatral, a ideia de conseguir se sustentar com uma carreira de ator desafiava o que se considerava aceitável ou mesmo possível para a família e os amigos de John.

"Quando entrei na faculdade, as pessoas sempre me falavam que seria impossível. Sem dúvida, é difícil, e a competição fica maior a cada dia, mas não é impossível."

O primeiro trabalho profissional de Slattery nas telas foi como o soldado Dylan Leeds, na fracassada série inspirada pelo filme *Os doze condenados*.

Seu cabelo encaracolado e perfil atraente fizeram dele o ator perfeito para as aventuras passadas na Segunda Guerra Mundial e se tornou a escolha padrão em histórias dessa época.

Mais uma vez, a aparência atemporal e o estilo sem papas na língua lhe garantiram um papel numa série passada numa época bem além de sua vivência. Slattery interpretou Al Kahn em *Homefront*, de 1991, drama pós-Segunda Guerra adorado por críticos e com fãs ardorosos, mas incapaz de atrair um público mais amplo em duas temporadas. Ele causou boa impressão na série, que foi indicada ao Golden Globe e ao Emmy, e seu trabalho como o perspicaz e equilibrado sindicalista Kahn ajudou o programa a ganhar o People's Choice Award de Nova Série Dramática Favorita. Apesar disso, cabe perguntar se, nesse momento, John teve receio de ficar preso em papéis de época pelo resto de seus dias como ator.

Embora ficar marcado por um tipo de papel possa ser prejudicial ao crescimento artístico, também pode ser bom para a carreira. Além das séries de guerra, o ator conseguiu criar um segundo estereótipo na cabeça dos diretores de elenco de Hollywood: o coadjuvante cáustico e indiferente, perfeito para emplacar o papel de antagonista num triângulo amoroso.

Slattery cavou seu espaço na consciência do público fazendo exatamente esse papel em duas séries de sucesso na TV. Ele interpretou o diretor indiferente e sarcástico que forma um triângulo amoroso com o protagonista Ed na série de mesmo nome (estrelada por Thomas Cavanagh e Julie Bowen) e o irmão mais velho indiferente e sarcástico que, pode-se dizer, forma um triângulo amoroso não convencional com os protagonistas *Will & Grace* (estrelada por Eric McCormack e Debra Messing). Ambos os papéis caíram como luvas nas características de atuação de Slattery: facilidade para dar de ombros e proferir palavras de desaprovação de forma arrasadora.

Se a televisão o limitou a dois arquétipos por boa parte de sua carreira, no teatro John mostrou-se hábil na caracterização. Ele causou ótima impressão em *Laughter on the 23rd Floor*, de Neil Simon; destacou-se pela atuação sutil na remontagem de *Traição*, de Harold Pinter, e ainda mais no papel de pai enlutado na peça ganhadora do Prêmio Pulitzer *Rabbit Hole*, de David Lindsay-Abaire. No *New York Times*, Ben Brantley elogiou a "sabedoria impressionante numa atuação contida" de Slattery, e a *Variety* chamou sua "explosão emocional" em determinado ponto da peça de "lancinante".

Ainda assim, é fácil não prestar atenção no trabalho de John Slattery. Geralmente seus colegas de elenco costumam receber prêmios (Juliette

Binoche e Liev Schreiber por *Traição*; Tyne Daly e Cynthia Nixon por *Rabbit Hole*) e não sobra uma indicação sequer para ele. Muitos "especialistas" cometem o erro de confundir a aparente falta de esforço na atuação de John com falta de talento ou apenas considerá-la um golpe de sorte.

Na verdade, Slattery não corresponde à verdadeira natureza do ator. Os colegas geralmente se referem a ele com carinho e o consideram "absurdamente inteligente e engraçado", mas tal lealdade não seria direcionada a alguém distante como Slattery costuma parecer na tela. Por isso, John divide um fardo similar com outro ator marcante e prematuramente grisalho: Steve Martin, que provou ter inteligência, sagacidade abstrata e uma queda para a comédia pastelão em seus shows de stand-up comedy, mas conseguiu tornar-se a primeira escolha de Hollywood quando se buscava alguém para o papel de pai amoroso (*O tiro que não saiu pela culatra, Doze é demais, O pai da noiva*).

Além do visual elegante e do cabelo grisalho que fazem John parecer alguém de outra época, há ainda uma serenidade taciturna na forma como ele aborda a profissão de ator que lhe cairia bem como protagonista num suspense de Alfred Hitchcock. E Matthew Weiner aproveitou-se desta *persona* em favor de *Mad Men*. Roger Sterling é bem esse tipo de cara, que se sente tão confortável falando uma tirada esperta quanto bebendo um copo de vodca com leite. Porém, a base do caráter de Roger Sterling trai essa afabilidade. Quando atingido por uma doença, ele se torna um homem vulnerável e atormentado, e o que parecia ser puro *joie de vivre* escondia um homem ferido que vivia em fuga constante. Quem melhor para interpretar esse personagem de um ângulo fora do comum do que um ator conhecido exatamente por esse tipo de aparência enganosa?

Ninguém, de acordo com Matthew Weiner, que escalou o ator assim que ele começou a ter um papel fixo em *Desperate Housewives*. "Filmamos os episódios de *Mad Men* fora de ordem para conseguirmos tê-lo no elenco, porque eu não queria fazer a série sem ele. Ele preenche o personagem", elogiou Weiner.

Com isso, os "especialistas" começaram a acordar. Em 2008, John Slattery foi indicado ao Emmy de Ator Coadjuvante pelo trabalho como Roger Sterling. Mesmo sem ter vencido (dividiu um prêmio de Elenco com os colegas de *Mad Men*), a indicação é um estímulo. E ainda há tempo para outros elogios; afinal, ele não é velho o bastante para ter votado em Nixon.

> Acho que o Pete tem menos caráter que eu. A diferença é
> que ele estudou em um colégio de elite e eu sou ator,
> então parte do meu trabalho consiste em parecer um mendigo.
> VINCENT KARTHEISER

VINCENT KARTHEISER – "PETE CAMPBELL"

O estilo de se vestir não é o único fator que separa Vincent Kartheiser de Pete Campbell. Porém, mesmo tendo tomado um rumo completamente diferente de seu personagem, pode-se dizer que a vida do ator, artista experiente com apenas 30 anos, foi o treinamento perfeito para interpretar um homem tão cheio de conflitos quanto Pete, um descendente privilegiado da elite de Manhattan que ainda quer desesperadamente mostrar seu valor.

Vincent Kartheiser nasceu em 5 de maio de 1979, em Minneapolis, Minnesota, e é o caçula dos seis filhos de Marie e James. O último integrante do clã dos Kartheiser foi batizado em homenagem a Vincent Van Gogh e cresceu cercado por pinturas do mestre pós-impressionista.

Será mesmo? "Não é verdade." Kartheiser plantou o boato numa entrevista dada ao site *Backstage.com*. "Gosto de jogar fatos como esses no ar para ver se colam. A maioria das pessoas nunca sabe quem eu sou."

Essa atitude zombeteira quanto à verdade em relação à sua biografia pode agradar o artista que há nele e confundir os fãs, além de revelar outra diferença marcante entre ator e personagem. Afinal, mentir sobre dados históricos é o tipo de comportamento que se espera de Don Draper, não de Pete Campbell.

Embora seja recomendável desconfiar de qualquer relato sobre a vida de Kartheiser, há alguns dados sobre sua formação que podem ser considerados verdadeiros. Ele foi educado em casa, mas entrou na University of California para estudar história. Filho de um vendedor de ferramentas, desde pequeno Vincent imaginava uma profissão diferente para si.

A carreira profissional dele começou cedo, aos 6 anos. Já na adolescência, Kartheiser trabalhou como ator no Guthrie Theater, em Minneapolis, e estreou no cinema em *Coração indomável*, de 1993, estrelado por Christian Slater e Marisa Tomei. Em seguida, vieram papéis em filmes infantis como *Um jogo divertido* (1994) e *A chave mágica* (1995), que o levaram a coprotagonizar a aventura para a família *Alaska* (1996), do diretor Fraser Heston, junto com Thora Birch e Charlton Heston.

A próxima etapa foi o papel principal num filme de Hollywood: Kartheiser atuou ao lado de Patrick Stewart em *Marcação cerrada* (1997). Um exemplo divertido de bobagem no estilo ação e aventura voltado para pré-adolescentes, o filme mostra Vincent como Oswald "Ozzie" Paxton, estudante rebelde de uma escola de elite que se vê envolvido numa situação totalmente *Duro de matar*. A trama ridícula é ressaltada pelo fato de Kartheiser ter falas como: "Essa é uma situação totalmente *Duro de matar*."

Há um dilema enfrentado pela maioria dos jovens atores: como levar a carreira a um novo rumo quando a voz muda? Isso não foi problema para Kartheiser, que explica: "Muitos atores conseguem fugir do padrão. Isso acaba sendo uma desculpa esfarrapada para os que não conseguem." Aos 19 anos, ele conseguiu uma mudança de posição impressionante, deixando a seara dos filmes de censura livre pelos quais estava se tornando conhecido e conseguindo um papel em *Kids e os profissionais*, do diretor Larry Clark, filme independente sobre uma "família" unida por pequenos crimes e pelo vício em drogas, cujo elenco também tinha James Woods e Melanie Griffith, e serviu de base para outras explorações das entranhas sujas dos Estados Unidos (*Kids, Bully, Ken Park*). O desempenho de Vincent como Bobbie, um jovem destruído pelas drogas, despertou interesse sobre o ator (o famoso crítico de cinema Roger Ebert chegou a comparar seu desempenho ao de Martin Sheen em *Terra de ninguém*) e pode se dizer com certeza que o espírito livre do filme, que dava espaço para improvisações, agradou ao artista. Consta que uma cena improvisada entre Kartheiser e James Woods levou o veterano ator a inesperadamente dar um tapa no jovem, cuja surpresa, bem real, é visível na tela. Depois de filmar, Vincent chegou para o diretor e disse: "Eu não sabia que aquele desgraçado ia me bater."

O ator também apareceu em outros filmes queridinhos do festival de Sundance, *Crime and Punishment in Suburbia* e *Dandelion*, criando uma reputação ligada aos filmes independentes. Em pouco tempo, ele deu outra guinada na carreira, dessa vez rumo à cultura pop, como um jovem em conflito que luta com segredos e tem uma impressionante antipatia em relação ao pai.

Em 2002, Kartheiser juntou-se ao elenco de *Angel* interpretando Connor, o filho adolescente do vampiro que dá nome a série. Como se crescer sabendo que foi gerado por duas pessoas mortas não fosse o suficiente, a raiva de Connor em relação ao pai, que foi aumentando aos poucos, também poderia ser atribuída à separação precoce de Angel ou ao fato de ter passado boa parte da infância numa dimensão alternativa que era um verdadeiro inferno. Olhando por esse lado, o pai de Pete Campbell, emocionalmente distante, parece até simpático.

Outro papel de destaque, em *Alpha Dog,* dirigido por Nick Cassavetes, pode ter contribuído para a ascensão de Vincent na indústria cinematográfica, mas pouco fez em relação a chamar a atenção do público para ele, visto que seus colegas de elenco Bruce Willis e Sharon Stone já eram conhecidos, e Vincent ainda dividia a cena com outros jovens atores em ascensão como Ben Foster (*X-Men: O confronto final, Os indomáveis*), Anton Yelchin (da série *Huff* e dos filmes *Charlie, um grande garoto* e *O exterminador do futuro — A salvação*) e o ator e cantor Justin Timberlake.

Tudo mudou ao conquistar o papel de Pete Campbell na primeira série dramática original da AMC. E, embora Kartheiser tenha feito testes para vários pilotos bem cotados naquele mesmo ano (como *Jericho* e *Heroes*), esperava conseguir o papel em certa agência de publicidade da Madison Avenue.

"*Mad Men* é um daqueles pilotos que li e tive vontade de reler assim que terminei. Havia certa insolência no roteiro, era diferente de tudo o que eu tinha lido nos últimos dez anos. Sabia que seria capaz de fazer aquilo."

Embora Vincent Kartheiser aprecie o alto nível dos roteiros e dos colegas que encontra todos os dias no set de filmagens, esse operário incansável da atuação é bem pragmático ao enxergar o lado bom de seu papel.

"Ele é o Ari Gold [personagem de Jeremy Piven em *Entourage*] da série: tem todas as falas, mas não preciso me matar trabalhando 15 horas por dia como o Jon Hamm."

Mas, dada a tendência de Kartheiser a florear a verdade, quem pode saber se isso é o que ele realmente pensa?

> Tive a pior experiência do mundo no ensino médio. As pessoas literalmente cuspiam em mim. Eu era gótica e, na esnobe cidade de Fairfax, isso não deu muito certo.
> CHRISTINA HENDRICKS

Christina Hendricks – "Joan Holloway"

Poucos devem ter imaginado Christina Hendricks como uma gótica taciturna de cabelo roxo e batom preto, e muitos devem ter ficado ainda mais surpresos ao descobrir que a voz normal dela é muito mais aguda do que a de sua personagem na TV. Ou terem ficado surpresos ao descobrir que o cabelo ruivo "cheguei" é de farmácia. Isso mesmo, a ruiva mais vibrante da televisão é loura natural.

"Quando me encontram, as pessoas dizem: 'Meu Deus, você parece tão jovem e nem um pouco malvada.'"

Apesar de todas essas diferenças, Hendricks e Joan têm algo em comum: a preocupação com o próprio corpo. Isso não é novidade para mulher alguma e, de certa forma, é compreensível, dada a natureza da personagem. Hendricks recebeu muitos elogios por sua influência na mídia, pois em um mundo povoado por mulheres magras como palitos, muitas se alegram ao ver uma atriz de sucesso ser celebrada por suas curvas, em vez de ser criticada. "Você tem o visual que uma mulher de verdade deve ter", elogiou um jornalista que a entrevistou no tapete vermelho. E, embora o sentimento seja nobre, pode ser apenas um consolo temporário saber que as mulheres agora podem escolher entre dois tipos de corpos mostrados pela mídia: anorexia chique ou elegância ao estilo violão.

Satisfeita com os elogios, Christina ainda se incomoda com a obsessão sobre seu corpo. "Sinto como se todo mundo falasse sobre o meu busto em público", reclama.

Não é a primeira vez que ela precisa lidar com estranhos de olho em suas medidas, pois trabalhou como modelo em Nova York e Londres quando era adolescente. Aos 19 anos, Hendricks tinha 1,79m e pesava 52Kg e, ainda assim, ouviu da agência em que trabalhava que precisava perder 4Kg, pois seus tornozelos eram grandes demais. Mesmo assim, Christina gostou da vida de modelo e das vantagens que vinham com as longas horas de trabalho árduo. "Eu aproveitava as viagens para aprender sobre diferentes culturas", conta.

A vida itinerante de modelo era natural para Hendricks. Nascida em 3 de maio de 1975, cresceu rodando o país graças à carreira do pai no Serviço Florestal dos EUA, com paradas em Portland, Oregon; Twin Falls, Idaho e Fairfax, Virginia. Fazer novas amizades a cada mudança era cada vez mais difícil para ela e o irmão mais velho; então a mãe, que era psicóloga, sugeriu a entrada num curso de teatro para conhecer gente nova e se enturmar. A segunda parte não deu muito certo para Christina ("Eu e meus amigos éramos o típico pessoal esquisito de teatro... todo mundo nos odiava."), mas lhe forneceu um rumo na vida.

Ela se refere à época de modelo como "atuação parada" e "bom campo de treinamento" para a carreira de atriz. Enquanto estava em Londres, Hendricks recebeu uma ligação telefônica da mãe, que acabara de se separar, perguntando se ela toparia mudar-se para um local de clima mais ameno: Los Angeles. Duas semanas após chegar à nova cidade, a experiência de atuar parada rendeu um comercial da Visa com Pierce Brosnan, seguido por uma longa lista de comerciais, culminando no papel principal no piloto de John Wells chamado *The Big Time*, que, embora jamais tenha se transformado em série, fez com que Wells notasse o inegável talento de Hendricks para ser protagonista e lhe oferecesse um contrato de três anos. Com isso, ela conquistou mais visibilidade, fazendo participações na outra série de Wells, *Presidio Med* (2002), e em um arco de quatro episódios em *Plantão Médico*.

"Tenho uma carreira graças a ele", reconhece Hendricks. "Ele é meu 'fado-padrinho'."

Depois desses trabalhos, ela entrou para o elenco fixo na série de curta duração *Kevin Hill* e atuou em *Firefly*, adorado seriado *cult* de ficção científica. Os rigores da produção televisiva e a camaradagem de longo prazo inspirada pelo fato de trabalhar 16 horas por dia foram uma ótima experiência, mas a frustração de tanto trabalho não se traduzir em vasto sucesso comercial pode ter deixado Christina com medo de trabalhar em séries dramáticas para sempre.

Até o dia em que uma mulher chamada Joan Holloway entrou em sua vida.

A visão original que Matthew Weiner tinha da gerente administrativa da Sterling Cooper era bem diferente. No roteiro inicial, Joan Holloway era baixa, *mignon* e tinha a língua muito mais afiada — estava mais para pão-doce com ameixas do que para a "gota de geleia de morango num copo de leite" descrita por Roger Sterling.

Mas é preciso dar o crédito a quem é de direito: quando Hendricks mostrou sua visão da personagem, Weiner manteve a mente aberta. Ela revirou o guarda-roupa em busca do traje adequado ("Nunca se deve ir a um teste vestida como a personagem, mas é preciso buscar a essência dela.") e, aparentemente, o suéter preto justo, com um laço grande na frente, sem falar da saia preta realmente justa, fizeram o criador da série pensar duas vezes.

No set de filmagem, Christina soltou o devastador balanço de seus quadris. Marca registrada da *persona* pública criada por Joan Holloway, a interpretação física da personagem por parte de Hendricks não se deve à atuação pelo Método*, e sim ao Método do figurino. Bastou vestir-se com as roupas de época para o famoso modo de andar simplesmente acontecer.

Talvez mais surpreendente que a verdadeira cor dos cabelos da atriz e sua adolescência gótica é que ela foi cogitada para três personagens em *Mad Men*, chegando a receber diálogos de Peggy Olson e fazer testes para interpretar Midge Daniels, a amante de Don Draper na primeira temporada. Em retrospecto, é difícil imaginá-la como qualquer outra pessoa diferente de Joan Holloway. E ainda mais espantoso é saber que Joan apareceria apenas como participação especial, de acordo com a vontade do criador da série Matthew Weiner. Mas, quando ele viu Hendricks andar pelo escritório da Sterling Cooper, mudou de ideia rapidamente. Não é sempre que alguém encontra tamanho furacão... Ou violão.

---

* Técnica de atuação que busca a emoção do personagem dentro do próprio ator, compreendendo as motivações do referido personagem, em vez de simplesmente simular tal sentimento. (*N. do T.*)

Gosto muito da Betty, mas não temos nada em comum...
Se algo não estiver do meu jeito ou se houver alguém
me reprimindo, vou reclamar.

JANUARY JONES

JANUARY JONES – "BETTY DRAPER"

January Jones pode não ter muito em comum com a personagem que lhe trouxe fama e prestígio, mas a independência mostrada pela atriz se assemelha à força explosiva e ao senso de identidade que Betty Draper desenvolve ao longo da série.

Conhecida por interpretar uma dona de casa angustiada dos subúrbios norte-americanos, Jones é igualmente notória por manter os detalhes de sua vida longe dos holofotes. "Não tenho um estilo de vida em que saio e fico bêbada o tempo todo."

January nasceu em Sioux Falls, Dakota do Sul, em 1978, e foi batizada em homenagem à protagonista do emocionante best-seller de Jacqueline Susann *Uma vez só é pouco*. Ela estudou na Roosevelt High School e trabalhou na lanchonete Dairy Queen até que, imagina-se, um belo dia decidiu que seu nome era sensacional demais para ganhar a vida servindo sorvete.

Aos 18 anos, Jones mudou-se para Nova York e começou a carreira de modelo, pelo menos um ponto em comum com a biografia de Betty Draper. Ela conseguiu trabalhos frequentes como modelo de provas da Abercrombie & Fitch, onde encontrou um então desconhecido modelo chamado Ashton Kutcher. Eles namoraram por alguns anos enquanto batalhavam pela carreira de atores, mas terminaram o relacionamento antes que ele se dedicasse a aplicar "pegadinhas" em astros e estrelas de Hollywood.

A aparência fria e chique, similar à de Grace Kelly, ajudou Jones a ser modelo e lhe rendeu papéis em comédias leves nas quais não era preciso fazer muito: bastava ser bonita e dar risinhos para o protagonista. Assim, January apareceu em filmes como *Tratamento de choque*, *American pie: o casamento* e *Simplesmente amor*. Ela obviamente queria longevidade na carreira e expandiu sua área de atuação para obras mais sérias como *Somos Marshall*, *Três enterros* (com direção do astro Tommy Lee Jones) e fez aparições notáveis em *Law & Order* (onde interpretou uma trambiqueira calculista) e *Huff*, série do Showtime estrelada por Hank Azaria.

O desejo de manter a vida pessoal longe do escrutínio público deve ter surgido dos relacionamentos que ela teve em Hollywood. Após Kutcher, January namorou homens como Seann William Scott (coprotagonista de *American Pie: o casamento*), Jim Carrey e, de forma mais notável, o cantor de ópera light Josh Groban.

O envolvimento de Jones com *Mad Men* começou com o teste para outro papel na série: a redatora cheia de potencial Peggy Olson. Depois de fazer o teste repetidas vezes, January soube pelo agente que a disputa estava entre ela "e outra garota". O criador da série, Matthew Weiner, acabou escolhendo Elisabeth Moss por achar que Jones não era suficientemente ingênua. Mas ele tinha outra personagem em mente para ela.

No início do desenvolvimento da série, Weiner planejou que o público tivesse apenas vislumbres da vida doméstica de Don Draper (uma ideia que, hoje em dia, parece impossível) e pensou em escalar uma desconhecida para o papel de Sra. Draper na cena final do episódio-piloto. Sentindo que estava diante de uma oportunidade, Weiner escreveu uma cena de teste para January em que Betty Draper passava por uma mudança de emoções, indo da "conversa casual a melancólica, até a abertamente lasciva". Weiner contou depois, impressionado: "Eu a fiz repetir a cena duas vezes e foi ótimo. Ela simplesmente sabia quem era aquela mulher."

O lado positivo de entender tão bem um personagem é óbvio: vários elogios e indicações ao Emmy e ao Globo de Ouro. A desvantagem é ser escalada constantemente para o mesmo tipo de personagem. Desde seu trabalho em *Mad Men*, ela vem recebendo propostas de "muitos papéis dramáticos de dona de casa triste e desprezada".

Jones espera encontrar trabalhos mais interessantes e desafiadores no futuro, mas não tem pressa. "Sempre fui muito exigente com o que faço", afirmou. "Posso estar recebendo mais ofertas de papéis, mas não são os que quero. Ainda."

> Acho que sou o mais velho do grupo — o único a
> ter vivido aquela época.
> ROBERT MORSE

Robert Morse - "Bertram Cooper"

A escalação de Robert Morse para o papel fixo do experiente e excêntrico chefe da agência funcionou não só por encontrar um personagem adequado ao talento do ator, como também pelo peso marcante que ele traz à obra. Afinal, há alguém melhor para comandar uma firma de publicidade na qual uma secretária ascende rapidamente pela hierarquia da empresa do que o homem que interpretou um limpador de janelas que sobe na hierarquia corporativa até o posto de vice-presidente de publicidade?

Mais conhecido pelos fãs de cinema como o J. Pierpont Finch de *Como vencer na vida sem fazer força* (1967), Morse marcou presença na Broadway doze anos antes em *The Matchmaker*, coestrelada pela lenda do teatro norte-americano Ruth Gordon. Ele conseguiu o papel depois de estudar arte dramática com G.I. Bill no renomado American Theatre Wing, em Nova York. Um ano depois, Robert chamou a atenção de um agente teatral quando tentava ganhar a vida substituindo participantes no game show televisivo *Name That Tune*, trabalho que o levou a seu primeiro papel no cinema em *O fruto do pecado* (1956).

Em 1958, o ator reviveu o papel de Barnaby Tucker na versão para o cinema da peça *The Matchmaker*, dirigida por Thornton Wilder com o nome de *A mercadora de felicidade* (dessa vez com Shirley Booth) e também voltou à Broadway em *Say, Darling*. Essa peça foi um conjunto de experiências inéditas para ele: trabalhar com o conceituado roteirista e diretor Abe Burrows (*Guys and Dolls*, *Can-Can*, *Cactus Flower*) e sua primeira das cinco indicações ao Tony Award, prêmio máximo do teatro norte-americano. Porém, a primeira impressão do diretor no teste não foi boa.

"Quando Jule Styne me viu sacudindo a cabeça negativamente, cochichou para mim: 'Vi esse garoto em *The Matchmaker*. Ele é muito bom'",

Burrows escreveu em sua autobiografia *Honest Abe*. "Então, dei outra boa olhada para o garoto. Morse acabou roubando a peça."

Em sua próxima aparição teatral, em *Take Me Along*, ele não só dividiu o palco com Jackie Gleason e Walter Pidgeon, como também dividiu a indicação a Melhor Ator com eles, sendo que Gleason ganhou o prêmio Tony de 1960.

Mas não houve compartilhamento de prêmio quando subiram as cortinas de *Como vencer na vida sem fazer força* em 14 de outubro de 1961. Como J. Pierpont Finch, Morse extraiu o máximo de sua irresponsabilidade e ganhou o Tony de Melhor Ator de Musical. Adaptação do guia satírico escrito por Shepherd Mead e sucesso de vendas quando publicado em 1952, a peça ganhou incríveis oito prêmios Tony e rendeu o prêmio Pulitzer de 1962 para Burrows e Frank Loesser, sendo um de apenas sete musicais a receber tal honraria.

Antes que pudesse perceber, Robert Morse se tornara uma revelação e começou a rechear seu currículo de filmes. No período entre a vitória no Tony e a repetição no cinema do papel que lhe deu o prêmio teatral em 1967, ele apareceu em cinco grandes filmes, variando entre sérios (*O cardeal*), leves (*Quick Before it Melts*), esquecíveis (*Honeymoon Hotel*, com Robert Goulet), incomuns (uma adaptação de *O ente querido*, de Evelyn Waugh) e desastrosos (a comédia de humor negro reconhecidamente fracassada *Oh Dad, Poor Dad, Mama's Hung You in the Closet and I'm Feelin' So Sad* — produzida em 1965 e engavetada pelo estúdio por dois anos, sendo lançada apenas depois que interstícios "cômicos" mais palatáveis foram filmados com Jonathan Winters e acrescentados à obra já finalizada).

Quando lhe foi oferecida a adaptação para o cinema do papel que foi sua marca registrada na Broadway, Morse pode ter achado que seria incapaz de repetir o papel de modo fiel. Se ele teve esse pensamento, errou feio, pois os críticos simplesmente adoraram a estreia de *Como vencer na vida sem fazer força* nas telas.

Uma crítica da *Variety* elogiava: "Divertido... Ágil ao traçar a ascensão de Robert Morse da pobreza à riqueza dentro do complexo corporativo de Rudy Vallée."

Nos anos seguintes, Robert manteve-se ocupado e pagou as contas com aparições em séries de televisão (*Galeria do terror; O jogo perigoso do amor; One Day at a Time; Duro na queda, Assassinato por escrito*) e fez dublagens ocasionais para especiais de animação (*Jack Frost*, *The Stingiest Man in Town*, *Pound Puppies*). Também atuou na Broadway durante os anos 1970 nos musicais *Sugar* (que lhe rendeu outra indicação ao Tony) e *So Long, 174th Street* (encerrado após 16 apresentações).

Outra atuação na Broadway lhe rendeu mais um papel marcante. No monólogo de 1989 *Tru*, ele interpretou Truman Capote com tamanha força que nenhuma crítica de seu desempenho se referia a ele como "duende" ou "esquilo". Robert ganhou o Tony de Melhor Ator de Peça, um prêmio Drama Desk por Melhor Desempenho em Monólogo e um Emmy pela versão para TV da peça, produzida pelo canal PBS em 1992.

Aos quase 60 anos, Morse poderia muito bem ter buscado uma carreira tranquila e confortável, dublando personagens de desenhos animados (*Superman*, *Os Thornberrys*) e fazendo participações esporádicas em comédias (*Suddenly Susan*).

Matthew Weiner, porém, pensava de outra forma. Ao mergulhar na cultura que refletia e comentava a época de *Mad Men*, o roteirista acabou assistindo a Morse algumas vezes. Não só no papel de Finch, que assume o controle da Worldwide Wicket Company, mas também como um marido infiel junto a Walter Matthau em *Diário de um homem casado*, de 1967. Embora seja notoriamente aberto a sugestões para seus personagens, Weiner estava decidido em relação ao papel do homem que odeia germes e ama design japonês: "Outros produtores disseram: 'Que ótima ideia ter o Robert Morse interpretando o chefe da empresa.' Eu respondia: 'Sim, é mesmo.'"

Morse não perdeu a oportunidade de fechar um ciclo ao aceitar o papel de Bertram Cooper e pareceu ver o personagem como uma forma de envelhecer como ator sem perder a classe.

"Fico muito feliz e tenho muita sorte por ser capaz de trabalhar e ter um emprego na minha idade. Pode-se dizer que é um papel de CEO no estilo do Rudy Vallée [do filme/peça *Como vencer na vida sem fazer força*]."

Por ora, Morse está feliz por ter um emprego e também um lugar para ir quando está de folga.

"Venho trabalhar mesmo quando não estou escalado para filmar, porque meu lugar não é no clube dos aposentados. Acho que esse é o meu clube, às vezes venho ao set só pelo almoço grátis e com a esperança de estar no episódio da próxima semana."

Trata-se de um ótimo trabalho, mas é para poucos.

Guia de Episódios

Primeira Temporada

PARTICIPAÇÕES ESPECIAIS NA PRIMEIRA TEMPORADA:

Rosemarie DeWitt (Midge Daniels), John Cullum (Lee Garner Sr.), Darren Pettie (Lee Garner Jr.), Darby Stanchfield (Helen Bishop), Anne Dudek (Francine Hanson), Maggie Siff (Rachel Menken), Marten Holden Weiner (Glen Bishop), Christopher Allport (Andrew Campbell), Alison Brie (Trudy "Tweety" Campbell), Jay Paulson (Adam Whitman), Joel Murray (Fred Rumsen), Talia Balsam (Mona Sterling), Ian Bohen (Roy Hazelitt), John Walcutt (Franklin Newcomb), Megan Stier (Eleanor Ames), Alexis Stier (Mirabelle Ames), Mark Moses (Herman "Duck" Phillips)

1.01 SMOKE GETS IN YOUR EYES [É PERMITIDO FUMAR]

DATA DE EXIBIÇÃO ORIGINAL NOS EUA: 19 de julho de 2007
ROTEIRO: Matthew Weiner
DIREÇÃO: Alan Taylor

> "Com a máquina de escrever IBM Correcting Selectric, erros de datilografia, correções, datilografar por cima da letra errada e correções rabiscadas farão parte do passado."
> Manual de Instruções da Máquina de Escrever IBM Correcting Selectric

Estamos em 1960 e somos apresentados a Don Draper, diretor de criação de uma conceituada agência de publicidade na Madison Avenue, em Nova York. Também conhecemos a voluptuosa gerente administrativa Joan Holloway quando ela apresenta Peggy Olson (a nova secretária de Draper) às águas turbulentas que correm por trás dos organizados corredores de mesas existentes na Sterling Cooper. O ambicioso executivo de contas Pete Campbell analisa os prós e contras de seu futuro casamento enquanto aguarda a despedida de solteiro.

O que faz você feliz? Muitos espectadores cosideraram a abertura de *Mad Men* suficiente para ficar extremamente contentes antes mesmo de o programa começar. O ousado design gráfico em animação não apenas destacou-se, como também definiu o clima publicitário que serve de ambiente para a série. Ainda mais importante é a ressonância temática com o seriado: o mundo organizado dessa misteriosa figura cai por terra antes que ele mergulhe numa queda vertiginosa do arranha-céu, homenageando a abertura de *Intriga internacional*, de Alfred Hitchcock (interessante, pois o filme é estrelado por Cary Grant no papel de um educado executivo de publicidade que se vê envolvido com forças fora de seu controle, e também porque a abertura da obra de Hitchcock foi criada pelo adorado artista Saul Bass, reconhecido pelo trabalho em publicidade e particularmente por criar o duradouro logotipo da AT&T).

Tão empolgante quanto a abertura é a música do DJ britânico RJD2. Sua composição é um tributo ao elegante swing orquestrado cuja popularidade se encerrou em 1960, mas que aqui aparece numa versão movida à moderna bateria eletrônica. Além de as correntes musicais visivelmente opostas se complementarem bem, a música ancora a ironia dramática de a série abordar um momento na história de um ponto de vista atual.

Todas essas informações e estilos são fornecidos em trinta segundos. Logo, não surpreende que o primeiro episódio tenha deixado tantos espectadores tão felizes.

Para Don Draper, porém, conquistar a felicidade não é muito fácil. Ainda mais desesperador é o dilema que vem a seguir: e se você tiver tudo que sempre quis e ainda se sentir vazio?

Para quem olha de fora, Draper venceu na vida, em todos os aspectos: trabalha na renomada agência Sterling Cooper, onde tem poder e influência. Apesar da preocupação na cena de abertura em relação ao bloqueio criativo na campanha do Lucky Strike em que está trabalhando, todos ao redor dele estão convencidos de que ele fará seu tradicional gol milagroso aos 44 minutos do segundo tempo e impressionará os clientes. Seja Midge, a artista sexy e moradora do Village que ele visita já tarde da noite; Roger Sterling, coproprietário da agência e também veterano de guerra, ou Pete Campbell, o jovem que deseja o cargo de Draper: todos estão convictos da genialidade do publicitário.

O próprio Don, por sua vez, já não tem tanta certeza. Embora ele pareça crescer no rastro da explosão de prosperidade pós-Segunda Guerra, claramente algo lhe falta. Ele tem certeza de que vai perder a conta do Lucky Strike, ser descoberto como fraude e se entregar ao ataque feroz dos cretinos que almejam seu lugar.

Mesmo lutando contra o vazio profundo causado pelo sucesso, Don não consegue deixar de usar esse conhecimento para colocar Pete Campbell em seu devido lugar. Um encontro no corredor em que Draper impiedosamente descreve o último ato da vida que Campbell incansavelmente luta para conquistar é um belo exemplo de guerra no ambiente de trabalho e uma demonstração impressionante de projeção. Quando Don Draper retrata Pete Campbell como um imbecil patético que vive num escritório isolado no fundo da empresa e só consegue levar para cama as "novas garotas do escritório" porque elas têm pena dele, é impossível não se perguntar o quanto dos próprios temores de Draper está vazando por sua aparência de concreto.

Há também uma diferença de gerações em jogo. Tanto Don Draper quanto Roger Sterling lutaram na guerra (Draper ganhou uma medalha Purple Heart, honraria que ele relega à última gaveta de sua mesa no escritório) e ficam perplexos com aqueles da geração de Campbell, rebentos cheirando a leite que são os primeiros em décadas a vencer no mundo dos negócios sem experiência no campo de batalha. Por mais que os velhos sempre desprezem os jovens pela ingenuidade e visão de mundo míope, essa falta de familiaridade com as trincheiras cria um desprezo por parte dos veteranos tão visível como a fumaça de cigarro que paira sobre as mesas do escritório.

Os Draper e os Sterling de 1960 correm grave risco ao alimentar esse desdém. Observado do presente, o passado é sempre perfeito, mas os que lutaram na Coreia, e não na Alemanha ou Itália, encontrariam um divisor de águas em 1960. Em pouco tempo, os valores defendidos por eles no estrangeiro e o respeito que isso lhes rendeu na pátria desapareceriam. Ao fim daquela década, o serviço militar seria uma vergonha digna de ser escondida. O movimento jovem ganhou força quando os estudantes perceberam o poder político, econômico e cultural que tinham, e logo questionariam o respeito automático exigido pelos pais. Pete Campbell pode até querer, acima de tudo, o escritório principal da Sterling Cooper, mas o mundo que ele e seus irmãos estão prestes a herdar terá passado por uma mudança fundamental, e outra geração será forçada a perguntar se os sinais característicos de uma vida perfeita realmente valem a pena.

Algo a se discutir é se Pete Campbell percebe essa mudança no mundo que ele busca usurpar, pois qualquer sensação de desconforto pode ser creditada ao casamento iminente. Mas nesse primeiro episódio vemos Pete como o filhinho de papai abusado que espera ter tudo o que quer na hora que desejar. E se ele não conseguir isso com charme, não se furta a usar o pouco poder que tem para fins de coerção. Poderia ser difícil gostar de Campbell se não fosse a vulnerabilidade mostrada em sua última cena, quando ele bate à porta da nova secretária de Don com o cabelo desalinhado, tal qual um colegial tímido, e fazendo um pedido melancólico ("Eu queria ver você hoje... Eu *precisava* ver você hoje"). Peggy Olson, a garota nova na empresa, não deve ter imaginado esse tipo de emoção em seu primeiro dia de trabalho em Manhattan, o que não significa que ela vá fugir disso.

O mundo de Peggy Olson muda rapidamente quando é apresentada aos funcionários da Sterling Cooper pela gerente administrativa e mulher fatal de plantão Joan Holloway. Essa mudança geográfica faz com que ela amadureça um pouco já nesse primeiro episódio: de moça ingênua que perdeu o fôlego e arregalou os olhos diante da cantilena incessante de Joan sobre o ambiente sexual e profissional do escritório, à garota esquisita brincando de ser adulta quando tenta pegar a mão do Don (e recebe uma reprimenda das boas) e, por fim, à jovem mais segura de si quando um rapaz do escritório aparece à sua porta, bêbado e frágil, vindo da própria despedida de solteiro. A essa altura, o público já se acostumou a personagens complexos e multifacetados. Além disso, podemos ver em Peggy uma alma semelhante à de Don, com talento para reinventar-se, apesar da revolução do mundo à sua volta.

Ao final desse primeiro episódio, Don retoma o controle de seu mundo: tira inspiração do nada e deixa os clientes do Lucky Strike boquiabertos. A já mencionada aprovação geral dele na empresa se mostra corretíssima.

Ainda assim, Draper sente pouco prazer em seu triunfo. Visivelmente atraente, ele não se esforça para obter a atenção feminina, mas seja com a amante no Village, flertando com uma cliente em potencial ou chegando em casa para encontrar a esposa e os filhos, não há alegria em seus atos, especialmente nos românticos. Ele só aparece feliz quando cria uma nova campanha publicitária, e sua vida pessoal é obscurecida pela sensação de estar constantemente atrás de algo... Ou, talvez, fugindo. Mesmo em seu momento de brilhante inspiração, quando a adrenalina baixa, Don mais uma vez parece cansado e atormentado. É como se a vitória o prendesse, pois, quanto maior o sucesso, maior o esforço necessário para mantê-lo.

A FILOSOFIA DE *MAD MEN* — DON DRAPER: "A felicidade é o cheiro de um carro novo, um outdoor na estrada dizendo em letras garrafais que tudo que você está fazendo é perfeito, que você vai ficar bem."

FATOS DA ÉPOCA: Joan mostra a Peggy a última aquisição em tecnologia para o escritório, a IBM Selectric, "tão simples que até uma mulher pode usar". Alguns disseram que se tratava de um erro, pois esse modelo de máquina de escrever elétrica só entrou no mercado em 1961, depois da época em que se passa o episódio. Outros alegaram que, embora isso seja verdade, é bem possível que uma conceituada agência de publicidade de Manhattan possa ter recebido um modelo de teste antes do lançamento no mercado.

VENDENDO O PEIXE: O truque que Don usa para a campanha dos cigarros Lucky Strike realmente existiu? Sim, mas bem antes de 1960. Desde 1917 o Lucky Strike usa o slogan "É tostado" junto com o acrônimo que é sua marca registrada: L.S./M.F.T. (Lucky Strike Means Fine Tobacco [Lucky Strike significa tabaco de qualidade]). Exemplos de publicidade da época para o Lucky Strike tinham slogans como "Sinta o verdadeiro sabor de um Lucky Strike" e "Lucky Strike separa o homem dos meninos... Mas não das garotas".

DRINQUE DA VEZ: Nesse episódio, Don pede um uísque puro. Ele também bebe um Old Fashioned, do qual existem várias receitas por aí, eis uma delas:

1 dose (60ml) de bourbon

1 cubo de açúcar no mínimo de água suficiente para dissolvê-lo

2 gotas de angostura

Ponha o açúcar, a água e a angostura num copo de estilo retrô.

Adicione 2-3 cubos de gelo e o bourbon. Enfeite com uma fatia de limão.

A Política de Gênero e o Livro "Solteira e Sexy", de Helen Gurley Brown

> "Em alguns anos, se você agir certo, vai morar aqui na cidade com a gente. Claro, se você agir realmente certo, vai morar no subúrbio e não vai precisar mais trabalhar."
> JOAN HOLLOWAY, "Smoke Gets in Your Eyes"

É amplamente divulgada a ideia de que a publicação de *Mística Feminina*, de Betty Friedan, lançou a "segunda onda" do feminismo nos Estados Unidos, depois de *Woman in the Nineteenth Century*, de Margaret Fuller, que originou a "primeira onda". Outra pessoa, porém, fica num lugar peculiar entre essas duas, atuando como divisora entre as duas ondas, uma mulher que fez campanha pela emancipação feminina no local de trabalho e na cama, aconselhando outras mulheres a usar esses dois locais com o objetivo de conquistar um homem. Essa ativista do colarinho cor-de-rosa considerava justo arrumar um homem casado para ter prazer sexual, mas, depois de casada, permanecia fiel ao longo dos cinquenta anos de casamento. Embora apoie abertamente a National Organization for Women (Organização Nacional para as Mulheres) e seja firmemente pró-aborto, Helen Brown era famosa por aceitar o assédio sexual, acreditando que "um pouco de tensão sexual no trabalho não faz mal a ninguém".

Embora seja fácil criticar a editora da *Cosmopolitan* por sua visão do feminismo no nível da virilha, fica muito difícil imaginar a moderna teoria feminista sem ela. No best-seller de 1962, *Solteira e Sexy*, em parte biografia não muito secreta, em parte guia de namoro para mulheres à caça de solteiros, Brown abriu o caminho das desigualdades sexuais e acendeu a fagulha responsável por gerar a revolução sexual ao valorizar a mulher que buscava uma carreira para ter sucesso e o sexo para ter prazer sem exigir que elas escolhessem entre os dois caminhos. As críticas (da época e de hoje) acreditam que a tese não passa de justificativa para transformar a mulher em objeto (uma espécie de *Protocolo dos Sábios de Sião* de saias), mas esse argumento não entende como a noção de satisfação sexual para a mulher era revolucionária em si. E, embora os detratores de *Solteira e Sexy* torçam o nariz com razão para sua superficialidade descarada ("Uma das principais razões para se manter atraente é ter alguém com quem ir para a cama") e para a domesticidade que se tornaria uma armadilha ("Deixe o apartamento um brinco. Ele vai notar, mesmo que apenas de forma subconsciente"), seu grito de guerra sobre realização pessoal ("Você não tem de afirmar sua identidade sendo anexo de alguém. Você tem personalidade, saia para o mundo e seja alguém na vida") nunca sai de moda.

O efeito cultural do guia de Brown para a solteira ecoa ao longo dos anos, da mulher ousada e bem-sucedida profissionalmente em busca do amor (*That Girl!, Mary Tyler Moore*) à sarcástica e bem-sucedida profissionalmente em busca do amor (*Sex and the City*). O fato de Matthew Weiner ter utilizado o livro de Brown na pesquisa para *Mad Men* indica algo além de estilo ou atitude, especialmente na voluptuosa gerente administrativa Joan Holloway, que não tem medo de usar a cabeça ou a sedução para conseguir o que quer. Nessa personagem, porém, não há espaço apenas para a celebração desse poder, também existem críticas.

Além de seus escritos, a biografia de Brown pode ter influenciado a série, especialmente na ascensão profissional da redatora Peggy Olson. Weiner parece ter inserido elementos da vida de Brown na trama de *Mad Men*, às vezes nos lugares mais estranhos. O papel de Helen como intermediária entre a primeira e a segunda onda do feminismo a coloca diretamente entre Joan Holloway e Peggy Olson, duas correntes em caminhos opostos rumando para o mesmo destino.

A futura salvadora da revista *Cosmopolitan* e ícone da sofisticação chique não poderia ter origem mais humilde. Nascida com poucos recursos em Green Forest, Arkansas, em 1922, a sorte da família mudou inesperadamente com a morte do patriarca num acidente de elevador quando Brown tinha apenas 10 anos. Ela foi oradora da turma no ensino médio e, após um ano na Texas State College for Women, entrou no mercado de trabalho e tornou-se arrimo de família (que contava ainda com Mary, a irmã que sofria de poliomielite). Esse excesso de responsabilidade aos 18 anos não só prejudicou sua infância, como também alimentou o desejo por uma vida melhor. Rejeitando a expectativa do mundo de que ela continuaria "comum, caipira e pobre", Helen saiu da cidade natal, mudou-se para a metrópole e se reinventou.

Parece familiar? A semelhança entre Brown e o mestre da reinvenção Don Draper é surpreendente, porém reveladora. Helen pode não ter chegado ao extremo de ocultar o passado em busca de um futuro melhor, mas o trabalho que teve para obter status, bem como a inabalável crença em seu talento, representam o espírito do Don em versão feminina.

Pode-se argumentar que a aquisição de outra identidade teria trazido mais benefícios a Brown do que a Don, mas ambos tiveram de superar o estigma da origem pobre numa sociedade que finge não ver as classes sociais, e, por ser mulher, Helen Brown sofreu duas vezes. Don aproveita totalmente a oportunidade para criar o homem que deseja ser e assume o lugar dele, mas após passar por essa transformação ela ainda precisa cavar um lugar para si num mundo dominado pelos homens. Apesar de suas melancólicas reflexões existenciais, Don acaba sendo um tipo inferior de pessoa que venceu pelos próprios méritos quando comparado a Helen.

A jovem Helen Gurley Brown teve 17 empregos como secretária antes de trabalhar com o executivo de publicidade Dan Belding. Uma carta escrita por ela chamou a atenção da Sra. Alice Belding, que sugeriu ao marido dar uma oportunidade para sua "garota nova" como redatora. Ele relutou (afinal, ela era apenas uma secretária) quando Brown foi uma das vencedoras do concurso de textos "Dez Garotas de Bom Gosto", realizado pela revista *Glamour* (no qual ela escreveu seu desejo de ser "redatora" quando crescesse), e só depois de ter recebido uma ligação do diretor de recursos humanos da editora Condé Nast ecoando os mesmos sentimentos da esposa, Belding cedeu.

De 1948 a 1958, Brown serviu com distinção à agência Foote, Cone & Belding (FCB), galgando degraus na escada corporativa com uma confiança que resultou em dois prêmios Francis Holmes Advertising e na segurança de ser uma das redatoras mais bem pagas dos Estados Unidos. Nesse período, ela trabalhou em campanhas para os maiores clientes da FCB, incluindo a pasta de dentes Pepsodent; o cigarro Pall Mall, da American Tobacco; o sabonete Dial Soap; a tintura para cabelo Clairol, a marca de eletrodomésticos Frigidaire e o a bebida em pó Kool-Aid.

Em 1958, Brown subiu de posto e passou a ser redatora e contato publicitário da Kenyon & Eckhardt, agência de publicidade de Hollywood. Talvez ela tenha percebido as dificuldades que estavam por vir quando a FCB perdeu duas de suas maiores contas ao início dos anos 1950: Pepsodent e American Tobacco. Muitos pensaram que tudo corria bem na FCB, pois a agência havia conquistado uma nova conta da Ford Motors Company, garantindo o "E" (de conta "experimental") após uma longa e exaustiva batalha com as maiores agências de publicidade dos Estados Unidos. A equipe da FCB trabalhou bastante para desenvolver uma campanha criativa para esse novo carro, mas apesar de todos os esforços o produto e a campanha acabaram sendo um dos maiores fracassos comerciais da época.

Eles ganharam a campanha do Ford Edsel.

Para quem não sabe, o Edsel foi um fracasso comercial de proporções épicas, uma verdadeira lenda. Não só a Ford lançou o carro no início de uma recessão em 1958, como a empresa esperava conquistar espaço no mercado de carros médios, que estava definhando mesmo antes do início da retração financeira. O carro também apresentava defeitos mecânicos, falhas visíveis de design (como a famosa grade dianteira em forma de "coleira de cavalo") e um nome cheio de conotações negativas (com alguns membros dos grupos de discussão dizendo que o nome "Edsel" lembrava-os de "weasel" [tolo, em inglês] ou "dead cell" [célula eletroquímica morta, em inglês], aludindo a uma pilha ou bateria usada). Porém, de uma perspectiva de marketing, ela serve de lição para qualquer interessado em lançar um novo produto. Estudantes da arte da persuasão aprenderam com os erros da FCB, que tentou criar interesse no carro antes mesmo do lançamento com uma abordagem estilo "esconde-esconde", com fotos borradas do produto e anúncios mostrando o carro coberto por um papel ou lona.

No fim das contas, ela foi esperta ao abandonar o barco da FCB antes que afundasse.

Esse senso de oportunidade foi ainda melhor no campo pessoal. Quando conheceu o homem de seus sonhos por meio dos contatos em Hollywood fornecidos por seu trabalho na Kenyon & Eckhardt, Helen Gurley partiu para agarrá-lo. Várias táticas foram usadas — bajulação, habilidades culinárias, prazer sexual, chantagem emocional. Valia tudo na campanha para levá-lo ao altar. O produtor de cinema David Brown (*Golpe de mestre, Tubarão, Questão de honra*) pode nem ter percebido o que o atingiu, mas era inteligente e se casou com essa revolucionária em setembro de 1959.

UM LIVRO

Num período em que Helen acreditava estar à beira do desemprego, o marido sugeriu que ela escrevesse um livro sobre seus tempos de solteira, quando trabalhava muito em busca de sucesso profissional e amoroso. Ele a achou diferente de todas as solteiras que conhecera, basicamente porque ela nunca estava em casa. Mal sabia David que a futura esposa estava em casa e trancava o telefone na geladeira para não ouvi-lo tocar e ficar tentada a atender. Ou seja, a jovem redatora não tinha a vida social tão intensa quanto ele imaginava.

Solteira e Sexy foi lançado em 1962 pela desconhecida editora de Bernard Geis. O argumento central da obra — que uma mulher solteira pode muito bem ter o melhor dos dois mundos, no escritório e na cama — teve repercussão surpreendente para muitos. Quando Helen foi ao programa de entrevistas matinal *Today*, não podia dizer a palavra "sexo" sem violar a rigidez moral da época e resolveu o problema simplesmente segurando o livro diante da câmera de TV.

Apesar da quantidade de mulheres que se inspiraram no livro (e escreviam toneladas de cartas, todas respondidas pessoalmente pela autora), Brown também se desgastou com as criticas daqueles que odiavam a ideia de mulheres fazerem sexo fora do enlace matrimonial, discordância que, volta e meia, se materializava em vaias e tomates atirados durante aparições públicas. Mas sua convicção de que elas ansiavam por esse tipo de afirmação de desejo foi comprovada quando a Hearst Industries a contratou como editora da então fracassada revista *Cosmopolitan*, que, antes de sua gestão, era mais uma revista feminina com receitas de carne assada e conselhos para ser a anfitriã perfeita de uma reunião em casa. Helen transformou a publicação, acrescentando matérias de conselhos sexuais, testes sobre relacionamento e imitações de roupas famosas. Brown fez a venda de anúncios aumentar de 250 páginas em 1964 para 2.500 páginas vinte anos depois, tudo sob o lema: "Conquiste aquele homem, tenha sucesso no trabalho e seja o mais sexy que puder!"

STERLING COOPER E AS SOLTEIRAS

Embora ela possa não concordar com a chamada pré-segunda onda do feminismo de Brown, Peggy Olson se encaixa no modelo de *Solteira e Sexy* e tem uma semelhança impressionante com a editora da *Cosmopolitan* em termos de história de vida. E, mesmo sem lidar com um produto fadado ao fracasso como o Edsel (embora o Relaxacisor chegue bem perto), sua ascensão nas fileiras da Sterling Cooper aborda os mesmos pontos que a de Brown na FCB.

Além de sair do grupo das secretárias graças às suas observações astutas e à sua prosa clara, Peggy vence devido a muito trabalho e ao comportamento ingênuo e confiante no escritório (algo percebido por Joan e que lhe causa um desconforto sem fim). Uma diferença marcante entre as duas mulheres está mais no lado pessoal do que no profissional: durante sua temporada na FCB, Brown teve um amante casado que, por sua vez, lhe deu um apartamento e a encheu de viagens e presentes. Peggy jamais pensaria em seguir tal caminho (na verdade, parece até disposta a abrir mão de uma vida amorosa séria em prol de sua profissão).

Não que ela suspenda a vida social por completo. Se considerarmos as ressacas que demonstrava na igreja, Peggy gosta de (ou é levada a) gastar suas energias bebendo e dançando em farras após o expediente. Nessa dicotomia, talvez a Srta. Olson demonstre o que Brown viveu: uma mulher não precisa escolher entre ser Marilyn ou Jackie (ou, no caso, Joan ou Peggy). Tanto no contexto social quanto profissional, é possível ser as duas. Enquanto Peggy é mais parecida com Brown, com sua pessoa, Joan Holloway representa de forma mais nítida e enfática a filosofia defendida pela autora em seu livro. É possível imaginar Joan recitando o mantra da *Cosmopolitan* no espelho do banheiro todas as manhãs antes de ir para o trabalho. Suas ideias sobre romance e fidelidade são distorcidas, mas bem definidas: Holloway não tem escrúpulos de se envolver num flerte de longo prazo com o casado Roger Sterling, nem vê hipocrisia em seu pedido de exclusividade enquanto eles estiverem juntos. Nesse contexto, ela é a perfeita *Solteira e Sexy*, que não se desculpa por seus desejos sexuais, como qualquer homem do escritório, e ainda consegue proteger ferozmente suas prerrogativas femininas. E, quando finalmente encontra o homem perfeito — espirituoso, bonito e médico —, a moça urbana independente dá risinhos contidos ao exibir sua aliança para as colegas.

Ela também é um exemplo da insistência de Brown de que as mulheres precisam deixar sua marca inigualável no mundo. Como gerente administrativa, Joan comanda as secretárias da Sterling Cooper com mão de ferro vestida com luva de pelica e corrige rapidamente qualquer um que a considere uma "secretária". Sua breve passagem analisando roteiros de TV em busca de conflitos que possam causar problemas aos clientes ("A Night To Remember" [Uma Noite Memorável]) fortalece as já excelentes relações dela com clientes, além de mostrar um talento inexplorado para o merchandising de produtos, o que aumenta ainda mais a dor por ter sido substituída.

Joan também sabe exatamente como parecer o mais sexy possível. No primeiro episódio, ela diz a Peggy para avaliar os pontos fortes do próprio corpo e não ter vergonha de exibi-los. A gerente administrativa faz isso muito bem, vestindo roupas escolhidas a dedo para deixar à mostra cada uma de suas generosas curvas, exibidas com um andar que parece aumentar a temperatura do escritório. E, ainda assim, consegue driblar o machismo grosseiro da época e transformá-lo numa arma poderosa. Joan reconhece a força de seu visual e, ao usá-la, evita virar objeto das fantasias masculinas, mas serve de inspiração para esse tipo de pensamento. Sem dúvida, ela tem personalidade forte, inteligência ágil e está pronta para respaldar suas palavras com argumentos sólidos. Isso é o bastante para manter os "garotos" rebeldes da Sterling Cooper na linha. Mas é a crença na possibilidade de ser ao mesmo tempo bonita e poderosa que lhe dá poder, pois, como disse Helen Gurley Brown: "Você não precisa ser horrorosa para ser executiva da General Motors."

Talvez a passividade do sentimento em questão seja o ponto fraco dessa filosofia, pois significa "ser" em vez de "tornar-se" uma pessoa de poder. E, embora Helen Brown queira dizer que uma mulher *pode* conquistar tal posto, a origem de sua atitude está numa postura derrotista. Homens são homens e mulheres são mulheres, ela parece dizer: não fizemos as regras, mas podemos usá-las a nosso favor.

Com isso, Brown marca sua posição entre as duas ondas do pensamento feminista. Não surpreende que seus sucessores tenham detectado uma nota desafinada em sua canção. Para as feministas que vieram a seguir, a ideia de aceitar um sistema patriarcal, com todas as suas falhas, era equivalente à rendição. Apesar disso, elas provavelmente não teriam conseguido avanço algum se Helen não tivesse aberto o caminho. Sim, ela escreveu sobre ser mulher de um jeito que confirmou os estereótipos estabelecidos, definindo o gênero feminino pelo trabalho doméstico e pela disposição em atender aos desejos masculinos, mas talvez ela tenha começado o diálogo sobre essas questões de modo a permitir discussões mais profundas. Seu trabalho tem importância sociológica (mais poderoso no impacto do que no conteúdo, com certeza) e jogou um balde de água fria na suposição coletiva de uma sociedade. Betty Friedan pode ter desprezado o trabalho de Brown na *Cosmopolitan* como "deveras obsceno e horrível", mas ela também não teria sido fã da revista antes de 1965. E Friedan não teria a oportunidade de derrubar a porta do patriarcado com sua obra-prima se *Solteira e Sexy* não tivesse dado o primeiro pontapé.

1.02 Ladies Room [Entre Mulheres]

DATA DE EXIBIÇÃO ORIGINAL NOS EUA: 26 de julho de 2007
ROTEIRO: Matthew Weiner
DIREÇÃO: Alan Taylor

> **DON DRAPER:** Deixe-me perguntar uma coisa: o que as mulheres querem?
> **ROGER STERLING:** Quem se importa?

Don desvia uma tentativa de Roger Sterling para fazê-lo revelar seu passado. Peggy sente saudades de Pete, que está em lua de mel. Ela rechaça as investidas dos outros homens da Sterling Cooper e esbarra o tempo todo em mulheres chorando no banheiro.

Embora a situação das mulheres em *Mad Men* e o machismo desrespeitoso enfrentado por elas apareçam com força total no episódio de estreia, "Ladies Room" parece calcular o custo real deles e busca os arautos da mudança.

O "problema" das mulheres norte-americanas no cenário pós-Segunda Guerra era sério. O movimento sufragista ocorrera bem antes de a marcha catastrófica de guerra varrer a Europa, mas sua doutrina nasceu de donas de casa sendo forçadas a assumir responsabilidades em esferas outrora exclusivas dos homens. Suas filhas as viam trabalhar em todo tipo de fábrica — de munição, veículos, armas — e, ao mesmo tempo, manter o lar funcionando. As jovens também viram os homens voltarem para casa esperando que elas reassumissem suas "tarefas femininas". Essas filhas levariam adiante os primeiros ataques reais na linha de frente da igualdade no ambiente profissional, pois entraram na idade de trabalhar mais ou menos na época em que se passa *Mad Men*.

Junto com os esforços iniciais das sufragistas para reequilibrar as desigualdades de gênero, também houve uma confusão generalizada entre os homens no que dizia respeito aos desejos femininos. Na famosa frase citada em *A vida e a obra de Sigmund Freud* (1955), de Ernest Jones, o pai da "cura pela fala" disse: "A grande pergunta, que jamais foi respondida e à qual ainda não sou capaz de responder, apesar dos meus trinta anos de pesquisa sobre a alma feminina é: 'O que quer uma mulher?'"

A própria natureza embasbacada da pergunta evidencia um imenso ponto cego no modo como Sigmund Freud via as mulheres, facilmente atribuído ao temperamento da época do pai da psicanálise. Esse reconhecimento de ignorância, porém, marcou uma mudança em seu modo de pensar e, por mais que seja difícil de acreditar, a mudança foi para melhor.

Em 1925, Freud publicou o artigo *Algumas consequências psíquicas da distinção anatômica entre os sexos* e escreveu longamente sobre a ideia de "inveja do pênis". Contrastando especificamente com sua crença-padrão, os meninos eram menos agressivos quanto à curiosidade e à investigação da genitália do sexo oposto. O estudioso austríaco declarou que os meninos mostravam "falta de interesse" nas partes íntimas das meninas. Porém, ao colocar os olhos no equipamento de um menino, "uma garotinha se comporta de modo diferente. Ela o viu, sabe que não o tem e quer tê-lo".

Não causa estranheza que suas teorias tenham gerado reações adversas nos anos seguintes, mas ele também enfrentou críticas em sua época. As objeções à teoria freudiana vieram especialmente da psicóloga alemã Karen Horney (cujo nome é um tremendo ato falho se não for pronunciado como Hor-NEY, [pois "horny", em inglês, significa "com tesão"]). Ela alegava que os homens sofriam de "inveja do útero", ainda mais grave do que a versão feminina do problema. Freud assumiu que a teoria de Horney era a própria definição de inveja do pênis.

Don Draper, por sua vez, sofre por ter conhecimento freudiano de sua inveja do sexo oposto. Encarregado de criar uma campanha publicitária para o desodorante Right Guard, da Gillette, ele não consegue encontrar a abordagem ideal. Integrantes da equipe de criação sugerem um conceito banal para a campanha — o redator Paul Kinsey está particularmente orgulhoso do design espacial para o desodorante. Don derruba a ideia e vaticina que as mulheres comprarão o produto para os maridos, então elas devem ser o foco da campanha.

Enquanto Don rumina sobre as necessidades e os desejos das mulheres, está claro que este também é projeto pessoal, pois a esposa, Betty, passou a sofrer ataques de ansiedade, cujo sintomas incluem mãos trêmulas, que levaram a um pequeno acidente de carro, gerando preocupações com sua saúde. Ela cita os diversos médicos que não encontraram nada de fisicamente errado nela e sugere a psiquiatria. Não surpreende que o marido descarte a ideia: um homem tão reservado quanto ao passado (vide o desvio das perguntas de Roger Sterling sobre sua infância com a desculpa de que assim terá algo para "a primeira metade" de seu romance, e o fato de manter segredos para a própria esposa) não encontraria mesmo muito valor na cura pela fala.

Enquanto isso, Peggy Olson lida com as excentricidades de ser uma mulher no ambiente corporativo. A primeira lição aprendida por ela é que não existe almoço grátis: quando três dos rapazes da Sterling Cooper levam Peggy e Joan para uma refeição, tudo acaba numa cantada explícita do contato publicitário Ken Cosgrove. Até mesmo Phil Kinsey, que se mostrou interessado em seu potencial e até mesmo a convidou para revisar alguns de seus textos, acredita que uma conversa durante um passeio pelo escritório da Sterling Cooper deveria render uma rapidinha mais tarde ("Podemos empurrar o sofá para frente da porta", sugere ele de modo romântico). Embora a jovem esteja ansiosa para fazer um bom trabalho num grande escritório de Manhattan e talvez guarde intenções nobres em seu íntimo, não sente necessidade de trilhar o caminho mais fácil, aparentemente defendido por Joan Holloway, a sedutora oficial da empresa.

A abordagem mais sutil para a mudança no lugar da mulher nesse episódio diz respeito à amante de Don, Midge, artista do Greenwich Village que tem ideias avançadas sobre a vida em família. Ela usa várias perucas durante o episódio, aparecendo a cada momento com uma diferente, experimentando-as, parece, como as mulheres experimentavam diversos papéis e ocupações nessa época inebriante.

Não surpreende que o insight para a campanha do Right Guard ocorra a Don quando ele está na companhia dela. Sua resposta à pergunta que assombrava Freud? Uma mulher quer um motivo para se aproximar.

Essa ideia de Don em nada ajuda Betty. Embora ele finalmente ceda e marque consulta com um psiquiatra para a esposa, qualquer alívio que o espectador possa sentir com essa solução não dura muito. Ao final do episódio, ele conversa com o psiquiatra, que tem um conceito muito peculiar sobre confidencialidade entre médico e paciente. A situação pode estar começando a mudar para as mulheres, mas ainda há um longo caminho a percorrer.

A FILOSOFIA DE *MAD MEN* **— DON DRAPER:** "Você acha que elas querem um caubói. Ele é quieto e forte e sempre traz o gado para casa em segurança. Mas e se elas quiserem algo mais? Algum desejo oculto e misterioso que estamos ignorando?"

FATOS DA ÉPOCA: Betty Draper e Francine fofocam sobre a nova vizinha divorciada, Helen Bishop. Embora expressem preocupação com os filhos, um bebê e outro de 9 anos que ela terá de criar sozinha, ou com o efeito que sua aparição na vizinhança terá no valor dos imóveis da área, está claro que as duas veem a novata como uma ameaça antes mesmo de conhecê-la. Betty e Francine reclamam dos maridos e do casamento, mas (como muitas mulheres da época) sentem-se presas naquela situação, enquanto a outra conseguiu escapar. E não vamos nem comentar o impacto que uma mulher recém-divorciada pode ter nos maridos da região.

Mais mulheres queriam se divorciar no início dos anos 1960, mas isso era bem difícil antes de a Califórnia lançar a ideia de divórcio "sem culpa", que poderia ser feito sem que nenhuma das partes tivesse violado o contrato matrimonial por meio da Lei do Direito de Família de 1960 (com a Dakota do Sul sendo o último estado a aceitar tal legislação, em 1985). Antes do surgimento de leis que permitiam usar "diferenças irreconciliáveis" como motivo para terminar um casamento, o cônjuge que pedisse o divórcio ao tribunal precisava apresentar evidências de que o réu era culpado por um "pecado" ou "crime", como adultério ou abandono de lar. A relativa facilidade de obter um acordo de divórcio (desde que ambas as partes concordassem) certamente aumentou a taxa de divórcios nas décadas seguintes, mas outros fatores citados eram os passos largos rumo à igualdade salarial para elas e o aumento da consciência social e política das mulheres, bem como os avanços na produção e disponibilidade dos métodos contraceptivos (diminuindo a necessidade de um homem transformar a companheira em "uma mulher honesta"). Em 1963, a taxa de divórcios no primeiro casamento nos Estados Unidos era de 9,6 por mil e, em 1974, subiu para 19,3 por mil, valor que alcançou seu nível mais alto durante a década de 1980, quando cerca de quinhentos em cada mil casamentos acabaram em divórcio.

VENDENDO O PEIXE: Nesse episódio, a Gillette é apresentada como "a única empresa do planeta que pode borrifar desodorante de uma lata", graças a uma patente da Precision Valve Corporation, de Robert Abplanalp. Ele patenteou a primeira válvula de aerossol produzida em massa em 1949, com certificado emitido pelo Escritório de Marcas e Patentes dos Estados Unidos (USPTO, na sigla em inglês) em 17 de março de 1953.

O slogan criado por Don para o Right Guard não parece ter muita relação com a realidade. Na época em que se passa o episódio, o Right Guard era mais conhecido por um comercial de televisão criado pela agência BBDO, cujo slogan era: "Um jato e sinto frescor o dia inteiro!"

IMÓVEIS DE MANHATTAN: O restaurante no qual os rapazes do escritório levam Joan e Peggy para a sessão dupla de almoço e assédio sexual tem forte semelhança com o lugar em que Don encontra o misterioso Adam Whitman num episódio posterior. Esse pé-sujo situado "três quarteirões a oeste" da Sterling Cooper poderia muito bem ser o D-Lite Coffee Shop (West 40th Street com Broadway, Nova York), de acordo com o blog de viagem Gridskipper.com.

DRINQUE DA VEZ: Na cena de abertura, Betty Draper relaxa num jantar com o chefe do marido e a esposa dele tomando Vodka Gimlets.

1 dose (60ml) de vodca
1 dose (60ml) de suco de limão não adoçado
½ dose (30ml) de xarope de açúcar

Mexa com cubos de gelo, sirva num copo de coquetel gelado e finalize com uma fatia de limão.

1.03 Marriage of Figaro [O Casamento de Fígaro]

DATA DE EXIBIÇÃO ORIGINAL NOS EUA: 2 de agosto de 2007
ROTEIRO: Tom Palmer
DIREÇÃO: Ed Bianchi

> "E agora começo a aprender a tola arte de ser um esposo."
> The Marriage of Figaro, Ato IV, Cena VII

Ao examinar o anúncio do Volkswagen intitulado "Lemon" (Limão) na revista Life, Don é cumprimentado por um antigo colega de exército no trem, que o chama de "Dick Whitman". Apesar do primeiro encontro problemático, Don e Rachel Menken se aproximam. Além disso, ele constrói uma casinha de brinquedo para o aniversário da filha, mas desaparece no meio da festa, para a consternação da esposa. Pete volta da lua de mel determinado a ser um bom marido.

Um episódio dedicado à natureza do caráter faz bem ao evocar a famosa continuação feita por Mozart para o *Barbeiro de Sevilha*, sobre infidelidade, amantes que não conseguem ficar juntos e trocas de identidade. Com base na peça de Pierre Beaumarchais (com libreto de Lorenzo da Ponte), a ação se passa em um dia no castelo do Conde de Almaviva em Sevilha, no fim do século XVIII. Os flertes do conde azedaram seu casamento com a Condessa Rosina e ele espera deitar-se com a ama da esposa, Suzana. O criado do conde, Fígaro, pretende se casar com Suzana, apesar dos planos do nobre. O conde, porém, descobre que o jovem criado Querubim tem interesse na condessa e lhe dá uma incumbência oficial, numa tentativa de retirá-lo do castelo. Fígaro esquematiza uma trama para usar Querubim (vestido de mulher) a fim de expor o conde e suas infidelidades. Um antigo rival de Fígaro (Bartolo, de *O barbeiro de Sevilha*) aparece no castelo com seu plano de vingança e deseja roubar uma mulher para ele. Identidades são trocadas, pessoas pulam de janelas e tudo termina com um casamento.

Ao contrário da jovialidade estridente dessa ópera bufa, a fachada enganosamente plácida da vida suburbana se despedaça sob o peso da insatisfação de Don Draper. Ainda mais impressionante é o desenvolvimento da primeira cena, tão assombrosa que fica difícil para o restante do episódio manter o nível ao lidar com a história desse antigo colega de exército de Don, ao esbarrar nele no trem e chamá-lo de "Dick Whitman". Draper não corrige o homem e (apesar de um rápido susto inicial) tem uma breve conversa com ele como se fosse a coisa mais natural do mundo.

A própria natureza dos Estados Unidos como abrigo das "massas exaustas ansiando por respirar livremente" é examinada neste episódio. Além da presença de afro-americanos em papéis subservientes, que vem sendo mostrada nos episódios anteriores, este faz referências diretas aos judeus num tom abafado e depreciativo. Ao criticar a campanha "Lemon" (Limão) da Volkswagen, Roger Sterling diz que o publicitário responsável (Bill Bernbach) será menos capaz de contribuir para a reindustrialização da Alemanha por ser judeu. Quando Don corteja Rachel Menken na sala de reuniões após uma defesa de campanha desastrosa, Pete Campbell refere-se ao casal como "Don e Molly Goldberg"*. E o comentário de Pete sobre "os chineses no meu escritório" pouco faz para confirmar o sonho norte-americano de igualdade, liberdade e busca da felicidade.

Falando de assuntos mais felizes, Campbell volta da lua de mel e parece surpreso por estar tão comprometido com a união. Ele diz aos colegas na

---

* Molly Goldberg é personagem de *The Goldbergs*, comédia americana que teve versões no rádio, teatro e na TV e retratava o cotidiano de uma família judia nos EUA. (*N. do T.*)

tradicional sessão matinal de piadinhas no elevador que algo lhe ocorreu durante a cerimônia, particularmente o sentimento de "recém-batizado". Os rapazes estão menos preocupados com essa epifania do que com os detalhes sórdidos das férias, mas o jovem parece sincero em sua transformação. Mesmo ao conversar sobre a transgressão ocorrida com Peggy, ele se recusa a ter qualquer envolvimento com a colega de trabalho, movido por um senso de honra ao seu recém-assumido papel de marido.

Helen Bishop faz sua primeira aparição neste episódio. Ela foi convidada para a festa de aniversário de Sally Draper, filha de Betty, por mera obrigação. Já houve muita fofoca entre as mulheres da vizinhança sobre a "pobre" divorciada com dois filhos. Na verdade, elas passaram tanto tempo falando sobre o hábito incomum da moça de caminhar sem destino quanto os homens da Sterling Cooper ficaram discutindo o anúncio da Volks. Helen não parece se abalar com os cochichos das donas de casa, que ela certamente consegue ouvir, muito menos com os avanços indiretos dos maridos delas. Seu objetivo é ter uma nova vida, recriar-se de maneira tipicamente norte-americana. E talvez ela até goste de chamar a atenção.

Todas as noções de caráter e segredo se tornam fracas perto de Don Draper. Na verdade, o público consegue ter uma boa visão da importância do sobrenome de Don. Ao discutir as excentricidades do casamento com Pete Campbell, Harry Crane (Rich Sommer) aponta o estilo fugidio de Don dizendo que "ninguém sabe o que realmente se passa com ele" e "até onde sabemos, ele poderia ser o Batman". Harry não faz ideia do quanto está certo ao citar o atormentado justiceiro que tem uma identidade secreta.

Este é o primeiro episódio em que o espectador pode ver além da aparência quase fria de astro de cinema do publicitário e testemunhar a verdadeira tortura que se passa por baixo daquele belo semblante. Draper é a epítome do homem norte-americano que venceu pelos próprios meios. E, apesar do fastio de que sofre após ter obtido tudo o que desejava, quando sua vida perfeita como uma fotografia é ameaçada, ele entra em pânico. Muito se falou sobre a revelação de que Don era casado ao fim do primeiro episódio, mas muitos fãs acreditam que a cena inicial desse episódio a supera com facilidade.

À primeira vista, o tempo dedicado a algo tão mundano quanto a festa de aniversário de Sally parece estranho em termos de escolha dramática, mas a equipe de criação por trás da série percebe que o público precisa de tempo para se recuperar do golpe recebido na cena inicial. As consequências dele são ainda mais profundas ao vermos cenas adicionais da vida doméstica de Don. Quando o publicitário desaparece depois de pegar o bolo de aniversário, também fracassa para o público. E quando Draper finalmente volta para casa, depois do fim da festa, o único ato de contrição que ele consegue fazer é uma adição ao retrato suburbano que está pintando. Ao presentear a filha com um cachorro para correr junto à cerquinha branca, completa-se a única parte que faltava nessa representação perfeita da cultura norte-americana.

Esse deve ser o episódio mais enigmático de *Mad Men* e, nesse caso, consiste em um reflexo perfeito de Don Draper. Quando um personagem que você passou a conhecer é subitamente chamado por outro nome, você é pego de surpresa. Como o anúncio (e o carro) da Volks, e a alegre divorciada que caminha apenas por caminhar, está claro que nada nesta série será parecido com algo que já vimos.

A FILOSOFIA DE *MAD MEN* — **DON DRAPER:** "É. É isso mesmo." (Esta é a resposta de Don Draper à observação de um vizinho, que disse: "Nós temos tudo.")

FATOS DA ÉPOCA: Joan e algumas moças do escritório agitam-se ao redor de uma cópia surrada de *O amante de Lady Chatterley*, a história da jovem esposa casada com um homem velho e aleijado e seu despertar erótico nos braços de um homem cuja classe social é inferior à sua. O romance, último de D.H. Lawrence, ganhou notoriedade imediata não só pelas descrições explícitas do ato sexual, como também pela linguagem sem retoques, de baixo calão mesmo.

Lawrence escreveu o romance em 1928, apesar da declaração enfática de Joan dizendo que não se importava se tivesse sido escrito "há quinhentos anos". Mas o romance era tão escandaloso que, exceto por um lançamento particular em Florença, não foi publicado comercialmente até 1960 no Reino Unido, onde a Penguin Books enfrentou um julgamento sob a Obscene Publications Act (Lei de Publicações Obscenas). O épico indecente foi um dos três livros banidos nos Estados Unidos (junto com *Trópico de Câncer*, de Henry Miller, e *Fanny Hill*, de John Cleland). O caso britânico teve veredito de "inocente" e o banimento norte-americano foi logo derrubado. Ambos foram marcos na luta pela liberdade de expressão.

IMÓVEIS DE MANHATTAN: Embora não tenha aparecido neste episódio, a famosa Gotham Book Mart teria sido o único lugar em que uma das moças da Sterling Cooper poderia adquirir uma cópia de *O amante de Lady Chatterley*. A livraria foi aberta em 1920 e passou por vários endereços, sendo o de mais longa duração situado no 41 West 47th Street, do célebre Diamond District de Manhattan. O proprietário, Fanny Steloff, criou uma espécie de bufê para atender à sensibilidade de vanguarda ao vender marginais literários, desafiando os banimentos. A loja também era sede da James Joyce Society, da Finnegan's Wake Society, além de uma resposta norte-americana à "cultura dos cafés" da Europa. Autores variados como E.E. Cummings, Theodore Dreiser e Woody Allen compravam lá. Edward Gorey deve muito do seu sucesso ao apoio de Gotham. Fanny Sterloff até deu emprego a futuros escritores como Allen Ginsberg e Tennessee Williams.

Infelizmente, a loja foi despejada de seu último lar, na East 46th Street, em 2007, com o grosso do estoque sendo vendido em promoções (incluindo várias cópias autografadas e primeiras edições raras) por US$400 mil, apesar das avaliações que indicavam um valor duas a três vezes maior.

VENDENDO O PEIXE: O anúncio "Volkswagen: Lemon [Limão]", lançado em 1960, foi o segundo de uma campanha de longo prazo para o carro, que permaneceu praticamente intocada por dez anos. Ela fazia parte da mudança para a "Nova Publicidade", marcada pelo humor peculiar e o design gráfico ousado que dominou o contexto norte-americano pelas décadas seguintes.

A Sterling Cooper é um tipo diferente de agência, clássica e "glamourosa". Mas Don e seus rapazes ficam perplexos com o anúncio, tanto com a apresentação quanto com o produto vendido. Eles comentam a campanha feita pela VW no ano anterior, "Think Small" [Pense pequeno], que mostrava uma foto quase microscópica do carro em questão, "um anúncio de meia página que custou o preço de uma página inteira", como ironiza o redator Harry Crane. Criado pela Doyle Dane Bernbach, a campanha da Volkswagen marcou uma mudança na cultura norte-americana, longe da mentalidade "maior é melhor" do pós-guerra.

Embora os homens da Sterling Cooper não consigam imaginar um carro sem "rabo de peixe", Don Draper observa que, amando ou odiando, eles não conseguem parar de falar nele, mesmo com o anúncio tendo sido publicado na revista *Playboy*.

DRINQUE DA VEZ: Na festa de aniversário de Sally Draper, Betty despeja negligentemente uísque do tipo Bourbon numa jarra de vidro, mexe e serve como Mint Julep. A seguir, temos uma receita mais exata:
  2 ou 3 ramos de hortelã frescos
  ½ colher de chá de açúcar
  1 colher de chá de água
  3 doses (180ml) de bourbon
  Ponha um ramo de hortelã num copo *highball* com açúcar e água. Mexa e acrescente 2 doses (120ml) de bourbon. Encha o copo com gelo raspado e mexa. Despeje o resto do bourbon e enfeite com os ramos de hortelã restantes.

A Campanha "Think Small" [Pense Pequeno], da Doyle Dane Bernbach, para a Volkswagen

Nos Estados Unidos do pós-guerra, a indústria da publicidade e do marketing automotivo em particular exalava um orgulho suave e emblemático dos anos 1950. A celebração do sucesso (e do excesso) fazia sentido. Após saírem vitoriosos de uma guerra nobre, os anos seguintes de prosperidade sem igual pareciam um resultado justo para o longo conflito que puniu o país. Nos EUA, sinais exteriores de riqueza assumiram várias formas: dos arranha-céus altíssimos nas grandes cidades lançados pelo zumbido do avanço industrial ao crescimento dos subúrbios abastecido por essa expansão urbana. Mas talvez não haja maior exibição de opulência do que nos designs dos carros da época: asas e caudas inspiradas em jatos, luzes traseiras que imitavam escapamentos de avião e cromados reluzentes em todos os lugares imagináveis anunciavam a predominância estética e tecnológica do Sonho Americano.

Foi quando algo engraçado aconteceu. Ou, mais precisamente, um carro engraçado apareceu. Um veículo resistente e de formato estranho vindo da Alemanha (originalmente fabricado com o apoio financeiro do Terceiro Reich) começou a ser produzido como parte de um programa de recuperação para enfrentar o desempenho da economia alemã no pós-guerra. O engenheiro alemão Heinrich Nordhoff foi nomeado diretor da Volkswagen em 1948 e, durante sua gestão na empresa, começou um fenômeno automotivo mundial.

Limão.

A Volkswagen errou.
A tira cromada no porta-luvas está danificada e precisa ser substituída. É provável que você não tenha notado, mas o Inspetor Kurt Kroner notou.
Há 3.389 homens em nossa fábrica de Wolfsburg cujo trabalho é um só: inspecionar Volkswagens em cada etapa da produção (3 mil Volkswagens são produzidos diariamente, portanto há mais inspetores do que carros).
Cada amortecedor é testado (para verificar as partes que não funcionam), cada para-brisa é analisado. VWs foram recusados por terem arranhões na superfície praticamente invisíveis ao olhar.

A inspeção final é realmente inacreditável! Os inspetores da VW tiram cada carro da linha de produção e levam ao Funktionsprüfstand (local para teste de carros), somam os 189 pontos de avaliação, rumam para o estande do freio e dizem "não" para um em cada 50 VWs.
Esta preocupação com os detalhes significa que o VW dura mais e exige menos manutenção, de modo geral, do que os outros carros. (Também significa que um VW se deprecia menos do que qualquer outro carro.)
Nós arrancamos os limões para você ficar com as ameixas.

Ao final da década de 1950, a Volkswagen foi além dos mercados europeus e vendeu dezenas de milhares de carros nos Estados Unidos sem a ajuda de qualquer campanha publicitária. Quando decidiram fazê-la em escala nacional, decidiram evitar agências já estabelecidas e de pensamento convencional. A elegância e o glamour das agências padrão-ouro (criadores de anúncios elegantes, mas sem um pingo de humor, como aqueles mostrados no escritório da Sterling Cooper) não pareciam ser a escolha adequada para o carro que era um burro de carga corcunda. Os executivos da empresa buscaram uma agência criativa que pudesse vender um carro diferente de um jeito diferente e acabaram escolhendo a Doyle Dane Bernbach, de Nova York.

E eles conseguiram não só uma campanha não ortodoxa e interessante que durou mais de uma década e sobreviveu a várias equipes de criativos da DDB, passando por raras mudanças de abordagem. A mudança de status gerada por essa pequena e criativa agência também deu à Volkswagen um lugar na cultura pop que assinalou uma mudança cataclísmica na publicidade.

A agência também se beneficiou — e não apenas com o impressionante aumento de clientes. "Think Small" [Pense pequeno] rendeu à DDB uma cadeira cativa na história quando a revista *Advertising Age* elegeu a campanha como a melhor do século XX.

Ninguém teria escolhido William Bernbach como rosto da "Nova Publicidade": convencional nos trajes e no comportamento, mais parecia um contador que se perdera no andar dos criativos de qualquer grande agência. Mas sua forma de fazer propaganda, com ênfase no impulso criativo, era nada mais nada menos que a vanguarda absoluta.

O material publicitário que Bernbach criou para a Feira Mundial de Nova York em 1939 gerou interesse e levou seu nome aos ouvidos de William H. Weintraub, publicitário que criou uma das primeiras agências "étnicas" de Nova York, a fim de contrabalançar o sabor predominantemente WASP (sigla em inglês para branco, anglo-saxão e protestante) da Madison Avenue. Bernbach lutou com vários veteranos por essa campanha, mas o texto produzido a pedido de Weintraub era original o bastante para dar-lhe o emprego mesmo sem ter qualquer experiência direta em publicidade.

Essencial para o futuro sucesso de Bernbach foi seu contato com a indústria quando trabalhou na agência de publicidade William H. Weintraub, porém ainda mais importante para seu desenvolvimento foi o contato com Paul Rand, artista iconoclasta e designer gráfico (que, aos 27 anos, exigiu controle total do departamento de arte da Weintraub... E conseguiu). Rand criou trabalhos envolventes para o vinho aperitivo Dubonnet, os carros Dodge, o conhaque Coronet e o desodorizador Air Wick com seu estilo de inspiração cubista, construtivista. Outras referências eram a composição ousada de Paul Cézanne e a inovação tipográfica de Jan Tschichold. Rand pode ser mais lembrado por seu trabalho com branding corporativo (é dele o logo da IBM, um primor de tipografia que transcende a linguagem), mas seu impacto também foi percebido na forma como Bernbach abordou o layout de publicidade.

O redator Bernbach uniu-se ao diretor de arte Rand e eles trabalhavam em conjunto nas campanhas. A sabedoria predominante na época era que a arte deveria seguir texto, com o visual sempre subjugado à palavra escrita. Colocar redator e artista em dupla os igualou, criou espaço para uma troca de ideias livre e chamou a atenção de Bernbach por ser um método natural para criar algo novo e inesperado.

Essa mudança na hierarquia criativa teve de esperar, pois Bernbach tornou-se redator na Grey Advertising. A mudança da agência "étnica" para a robusta empresa da Madison Avenue deve ter sido um choque, mas não impediu Bernbach de galgar os degraus na Grey, alcançando o posto de diretor criativo com quatro anos de casa. Porém, ele considerava o raciocínio da Grey incorreto por não utilizar as pesquisas para apoiar a criação de campanhas, e sim para modificar e enfraquecer o resultado final. Isso ia contra as crenças de Bernbach de que as melhores ideias eram as nunca antes experimentadas ou testadas, mas essa experiência o ajudou a definir sua filosofia de publicidade.

"Temo", Bernbach escreveu na famosa carta aos seus superiores da Grey em 1947, "que passemos a venerar a técnica em vez do conteúdo. A publicidade consiste fundamentalmente em persuasão e a persuasão não é uma ciência, é uma arte." Certamente, esse gosto por aforismos pungentes (bem como seu posto de defensor da comunidade artística na publicidade) deixou seus chefes com medo de o diretor criativo discordar dos métodos testados e aprovados da agência.

Não foi surpresa alguma quando Bernbach saiu da Grey para criar a própria empresa. Levando também James Doyle e Maxwell Dane, ele queria provar que seguir a vertente artística, criada em conjunto pelo redator e diretor de arte, poderia levar a uma publicidade original e eficaz. Quando a agência Doyle Dane Bernbach abriu em 1949, eles tinham apenas uma conta para provar seu ponto de vista.

Os cidadãos de Nova York e Nova Jersey conheciam a Ohrbach's como uma loja de segunda linha e preços baixos. Seu fundador, Nathan M. Ohrbach, acreditava no corte de custos como forma de oferecer descontos maiores ao cliente, mas ao final da década de 1950 ele queria mudar a imagem da loja para atingir uma clientela de nível mais alto (alguém se lembrou da loja de departamento dos Menken?) e escolheu seguir Bernbach, saindo da Weintraub Agency para a recém-formada DDB. A colaboração entre Bernbach e o diretor de arte Bob Gage produziu um tipo de publicidade que seria a marca registrada do "novo" estilo.

A equipe criou um anúncio de página inteira com $4/5$ dedicados à visão gritante de um gato usando um enorme chapéu e com uma piteira na boca, com a frase "Eu conheço a história da Joan". Embaixo, ao redor do nome da loja de departamentos, estava um texto detalhando as revelações de uma mulher felina que fizera a seguinte descoberta: sua vizinha conseguia *parecer* rica porque comprava roupas "divinas" na Ohrbach's. "Um negócio de milhões, lucrativo a cada centavo."

Não só o ousado design gráfico do anúncio era impressionante, como o humor também acertava em cheio. A relação entre o gato de chapéu e a vizinha mentirosa não é direta, mas a DDB deixou que o leitor tirasse suas conclusões, supondo um nível de inteligência que atraía o consumidor e também o elogiava por sua capacidade de entender a piada. A campanha ainda conseguiu chamar a atenção de um novo tipo de cliente sem trair a natureza econômica das mercadorias à venda, transformando o que poderia ser uma perda (ou pelo menos algo a se desconsiderar) num trunfo.

A campanha foi um sucesso, atraindo vários clientes, como a fabricante de câmeras fotográficas Polaroid e a companhia aérea israelense El Al. A Polaroid também utilizou um forte elemento fotográfico para destacar a simplicidade de seu produto, enquanto a El Al baseou sua campanha no humor, incluindo um desenho que mostrava a Arca de Noé com a seguinte frase: "Nós estamos no ramo de viagens há muito tempo." As técnicas trabalhadas na DDB geraram uma mudança dramática na propaganda, mas tudo o que eles precisavam era de um produto tão singular e não convencional quanto seus métodos.

O designer alemão Ferdinand Porsche (sim, *aquele* Porsche) projetava carros de luxo para a Mercedes, mas desejava criar um veículo mais utilitário e de preço acessível para o homem comum, um "carro popular". Ele começou a fazer projetos em 1927 e, seis anos depois, chamou a atenção de Adolf Hitler, que ordenou a construção de protótipos. Por ser barato, o novo tipo de veículo alinhava-se à ideia de Hitler de que todos os alemães deveriam ter um carro. O primeiro modelo deveria sair da linha de montagem de Wolfsburg em 1937, mas Hitler queria que os militares alemães tivessem preferência e Porsche acatou a ordem, que o levou a atuar no design e na construção dos tanques Panzer, do veículo antitanque Elefant e de um jipe chamado Kubelwagen, além de sua versão anfíbia conhecida como Schwimmwagen.

Após a guerra, Ferdinand Porsche foi convocado pelo governo francês para Baden-Baden, a fim de falar sobre o lançamento da produção do Volkswagen no país. Esse acordo fracassou e acabou com a prisão de Porsche e dois outros indivíduos como criminosos de guerra. Porshe passou vinte meses numa prisão em Dijon sem ao menos ter direito a julgamento, enquanto sua família trabalhava para manter o nome Porsche conhecido como projetista e fabricante de carros luxuosos de alto nível.

O projeto do Volkswagen deveria ter terminado aí, mas contou com um golpe de sorte a seu favor. Para começar, o acordo a fim de produzir um novo VW exigiria a realocação de toda a fábrica de Wolfsburg, que a França exigia como reparação de guerra. Como os fabricantes de automóveis franceses não queriam ver um novo Volkswagen construído em seu país, o carro deveria ter morrido com a prisão de Ferdinand Porsche. Em vez disso, o Major Ivan Hirst, do Exército Britânico, virou o anjo da guarda do VW. Primeiro, foi responsável pela remoção de uma bomba não detonada na fábrica de Wolfsburg que, se tivesse explodido, daria um fim prematuro ao carro. Depois, tornou-se um defensor apaixonado do veículo e pressionou para que um fabricante britânico de automóveis produzisse o carro confiável que ele vira trabalhar no esforço do pós-guerra para reconstruir a Alemanha. Quando nenhuma montadora do Reino Unido quis tocar o veículo, considerado "pouco atraente", Henrich Nordhoff foi nomeado chefe da fábrica de Wolfsburg e começou a produzi-lo. Em 1950, saíram da linha de montagem 19 mil carros por ano. Em 1970 este número subiu para 1,6 milhão.

Tamanho salto na produção pode ser associado quase diretamente ao trabalho da DDB, embora eles tenham inicialmente lutado para decidir como vender o VW, conhecido coloquialmente nos Estados Unidos como "Bug", apesar de o nome oficial no país sempre ter sido Volkswagen. A primeira ideia foi americanizar o nome e enfeitá-lo o máximo possível, para disfarçar o fato de ser um carro totalmente estrangeiro. O pensamento comum era que, embora a Segunda Guerra Mundial fizesse parte do passado, não estava longe o bastante para aplacar a azia moral que o público norte-americano sofreria ao comprar um carro alemão.

Antes de tomar uma decisão, uma equipe da DDB viajou à fábrica de Wolfsburg para observar a produção do veículo. Durante três semanas na Alemanha, acompanhou a construção do carro do início ao fim e entrevistou operários na linha de montagem. Os publicitários voltaram da viagem nutrindo imensa admiração pelo rígido controle de qualidade, que poderia considerar um carro "impróprio para venda" por um defeito que não seria capaz de chamar a atenção de um técnico numa linha de montagem norte-americana.

Bernbach descartou todas as ideias anteriores em prol de uma abordagem direta: cada anúncio mostraria uma vantagem do carro, com texto conciso, senso de humor indireto e fotografia austera em preto e branco (não importa se a revista que o publicasse fosse colorida). Essa abordagem "honesta" — conforme traduzida pelo diretor de arte Helmut Krone e pelo redator Julian Koenig — celebrava as "desvantagens" desse carro estrangeiro arredondado e anunciava seus principais benefícios com estilo. Assim como o anúncio da Ohrbach, a campanha exigia alto nível de inteligência por parte do consumidor e, tendo o mesmo foco no impacto visual e no texto incisivo, aproximava o leitor e o incluía na brincadeira.

A DDB conquistou outros clientes graúdos como a empresa de sabões e detergentes Lever Brothers, a lâmina de barbear Gillette, o laboratório farmacêutico Bristol-Myers, a petrolífera Mobil Oil e a locadora de veículos Avis, cuja campanha "We're Number Two, We Try Harder" [Somos a número dois, nos esforçamos mais] inovou o reino da publicidade comparativa e ainda cunhou a frase no léxico da cultura pop norte-americana. Os anúncios da VW mantinham o tom memorável do original ("Lemon"

[Limão], "Some Shapes are Hard to Improve on" [É difícil melhorar certas formas]), e várias mentes criativas que trabalharam na DDB saíram de lá para montar as próprias empresas, criando anúncios com a mesma mistura de layouts inovadores e textos ágeis.

Ex-funcionários não eram os únicos a sentir o impacto da DDB — e especificamente do diretor de criação Bill Bernbach — na publicidade. O espírito de criatividade e a rejeição às normas e fórmulas estabelecidas deram o tom dos anúncios nas décadas futuras. Bernbach liderou a indústria rumo a uma nova era em que o alto nível de sofisticação na criação e execução das campanhas tornou-se sinônimo de boa publicidade.

1.04 NEW AMSTERDAM

DATA DE EXIBIÇÃO ORIGINAL NOS EUA: 9 de agosto de 2007
ROTEIRO: Lisa Albert
DIREÇÃO: Tim Hunter

> "A história a seguir foi encontrada entre os papéis do falecido Diedrich Knickerbocker, um velho cavalheiro de Nova York que tinha muita curiosidade quanto à história holandesa da província... E agora que ele está morto e enterrado, não causará mácula à sua memória dizer que seu tempo deveria ter sido mais bem empregado em questões mais importantes."
> Washington Irving

Pete não pode bancar o apartamento na Park Avenue desejado por sua esposa, Trudy, e se sente desconfortável em aceitar ajuda financeira dos sogros. Na Sterling Cooper, ele descobre a importância de seu sobrenome "Dyckman". Ao tomar conta de Glen, filho da vizinha, Betty alimenta uma relação curiosa com ele.

O que há de importante em um nome? Para os nova-iorquinos, tudo. Da aristocracia brutal descrita por Edith Wharton no livro *A época da ino-*

cência à estratificação do dinheiro novo em *Fogueira das vaidades*, de Tom Wolfe, conquistar prestígio nessa Gotham fervilhante é um esporte sangrento no qual não se ganham pontos por bom comportamento.

O sobrenome mais antigo de Nova York provavelmente é Knickerbocker. Washington Irving escreveu *A History of New York — From the Beginning of the World to the End of the Dutch Dinasty* sob o pseudônimo de Diedrich Knickerbocker. Uma sátira aos janotas pomposos que valorizam a linhagem e a esnobe história local, em vez de realizações verdadeiras, esse livro fez o nome Knickerbocker tornar-se a epítome do prestígio do dinheiro antigo. O fato de esse santificado nome ser fictício não impediu que pessoas reivindicassem hereditariedade sobre ele.

Ao longo do tempo, o impacto do nome parece ter se perdido e virou exemplo dos caçadores de status que Irving desejava satirizar. Na verdade, Irving também é responsável por cunhar o apelido "Gotham" para Nova York, e não sem ironia. Em seus *Salmagundi Papers*, Irving batizou Manhattan com esse epíteto em referência a *Merrie Tales of the Mad Men of Gotham* e seus habitantes notórios, por serem ao mesmo tempo tolos e sábios. Apesar disso (e de a tradução anglo-saxã significar "Goat Town" [Cidade das Cabras]), os nova-iorquinos se apropriaram do nome Gotham e lhe roubaram o poder.

A chance de viver à altura de um nome é importante para Pete e, pela primeira vez, ele aparece como alguém digno de pena. A impossibilidade de obter o respeito do pai o leva a ser grosseiro quando defende a qualidade de suas ideias para Don. A necessidade de reivindicar seus direitos no mundo torna-se ainda maior quando sua esposa, Trudy, deseja um apartamento caro. Todas as tentativas dele de usurpar o lugar de Draper na hierarquia criativa ao lidar com a conta da Bethlehem Steel são compreensíveis, mas de forma alguma mitigam as consequências de sua estupidez. Pete tem o sobrenome Dyckman, mas não tem dinheiro à altura dele. O apartamento está fora do orçamento do casal, mas graças à insistência de Trudy o rapaz recorre aos pais em busca de ajuda para pagar o sinal. A fala enigmática do pai já serve de punição suficiente ("O barco está na água... Sua prima Sarah teve um filho e o batizou em homenagem ao seu tio Skip"), e o fato de o Sr. Campbell atacar a profissão do filho vestindo bermuda xadrez, sapatos *dockside* e um blazer amarelo apenas coloca sal na ferida.

Ao ter seu pedido recusado (ostensivamente, por nenhum outro motivo além de uma localização geográfica indesejada), o jovem Campbell tem toda a razão de estar aborrecido. Ele se pergunta por que é tão difícil para seus pais lhe darem algo, ao que o pai responde que eles lhe deram tudo, pois forneceram o sobrenome.

Pete Campbell vem da imperial linhagem de pecuaristas Dyckman. O latifundiário William Dyckman construiu uma casa de fazenda em que agora é a Broadway com 204th Street, região onde havia centenas de acres de terra de propriedade da família que cimentou seu lugar no firmamento de Nova York à medida que a cidade foi crescendo para assumir o lugar de capital do mundo. A casa de fazenda ainda está de pé num parque localizado na região de Inwood, como um lembrete de uma Nova York que há muito se foi, e também como exemplo clássico do estilo de arquitetura colonial holandesa.

Numa casa de estilo semelhante, embora ao lado dos Draper, a divorciada Helen Bishop abriga Glen Bishop, jovem circunspecto e assustador que memoravelmente aparece diante da babá Betty Draper nesse episódio exigindo uma mecha de suas louras madeixas (e recebe!).

O fato de Betty recompensar Glen com uma amostra de seus sedosos cabelos é um dos momentos mais célebres e chocantes da série. Betty se junta ao coro de desaprovação tácita que as mulheres da vizinhança entoam pelas costas de Helen e, se fosse perguntada diretamente, a Sra. Draper se justificaria alegando que a divorciada da comunidade tem inveja de sua família perfeita. Ao ceder uma mecha loura para Glen, Betty não se comporta como uma mulher que busca tranquilizar uma criança esquisita, e sim como alguém que sente conexão com o isolamento sentido pelo menino e até mesmo uma sensação de nostalgia saudosa da liberdade que o divórcio deu a Helen.

Helen Bishop luta com o título de "divorciada", que lhe cai como uma letra "A" escarlate presa às vestes, enquanto Pete luta com as expectativas depositadas nele por seu sobrenome cheio de status. Don é o eixo entre os dois, e sua raiva está reservada para o jovem contato publicitário em seu escritório. Quando Pete mostra sua ideia criativa para a conta da Bethlehem Steel, Don deixa a ousadia passar na frente do cliente. A portas fechadas, porém, a sagacidade de Draper está mais clara do que nunca ao demitir sumariamente Campbell por passar dos limites com o executivo da Bethlehem Steel. Ele rapidamente consegue o reforço de Roger Sterling, mas descobre que a noção de Bertram Cooper sobre o "valor gerado pelas relações com pessoas importantes" passa por cima de seu ego ferido. A grande ironia é que, em última instância, o nome contra o qual Pete luta salva seu emprego na Sterling Cooper, sem o conhecimento dele.

A FILOSOFIA DE *MAD MEN* — BERTRAM COOPER: "A cidade de Nova York é uma máquina maravilhosa que contém uma rede de alavancas, engrenagens e molas e, como um belo relógio, funciona com exatidão... sempre tique taqueando..."

FATOS DA ÉPOCA: Pete Campbell e outros executivos júnior ouvem o álbum de comédia que foi referência em 1960, *The Button-Down Mind* de Bob Newhart. Esse foi o primeiro disco de Newhart e conseguiu o primeiro lugar na *Billboard*, superando tanto a gravação do elenco de *A noviça rebelde* quanto uma nova canção de Elvis Presley. Os juniores da Sterling Cooper se divertem muito ao saber que Newhart foi contador, o que dava esperanças a todos os artistas fracassados do escritório. Estranhamente, a faixa que eles ouvem é *The Driving Instructor,* e não *Abe Lincoln vs. Madison Avenue*, um esquete clássico em que Newhart imagina o grande presidente da Guerra Civil norte-americana consultando um publicitário antes de fazer seu famoso discurso em Gettysburg ("Você mudou 'quatro vezes vinte mais sete' para 'oitenta e sete'?" "Abe, esse discurso tem que dar certo...")

VENDENDO O PEIXE: A conta da Bethlehem Steel que causa tanto atrito entre Don e Pete não parece fazer uma referência histórica imediata. Fundada em 1957, e outrora a segunda maior produtora de aço dos Estados Unidos, a Bethlehem Steel tinha um departamento interno de propaganda e marketing, que pode ter atendido apenas a publicações específicas para a indústria siderúrgica. A Bethlehem Steel realmente forneceu boa parte do esqueleto para a magnífica cidade de Nova York, como Draper declara em sua primeira defesa de campanha para o executivo da empresa. Na década de 1940, alguém comentou que, se todo o aço fornecido pela Bethlehem desaparecesse de Nova York, 80% dos prédios cairiam.

Gigante da indústria norte-americana, a Bethlehem Steel poderia melhorar sua imagem pública na época. Em 1960, os Estados Unidos importaram mais aço do que exportaram e nenhuma empresa comprou mais desse aço barato do que a Bethlehem, fato que poderia não cair bem com o público norte-americano. A empresa também enfrentou uma difícil greve dos metalúrgicos na segunda metade de 1959, cujas negociações continuaram mesmo após o presidente Dwight Eisenhower ter garantido um mandado judicial para forçar os metalúrgicos de volta às fundições. Um jovem político se interessou pela disputa trabalhista (que girava em torno de salários e da cláusula de "práticas antigas" defendidas pelos sindicatos num esforço para interromper as mudanças rápidas que ocorriam em seu ambiente de trabalho), e se dedicou a negociar um acordo entre os trabalhadores e a gerência. Dez encontros-maratona foram realizados na casa desse político, e o último deles durou 22 horas. O resultado foi a criação de um contrato que solidificou as reivindicações principais do sindicato, forneceu benefícios de seguro de tamanho considerável e aumentou as pensões. Os donos de siderúrgicas alegaram que o acordo lhes custaria US$1 bilhão, mas o jovem político, líder da negociação, disse que um acordo obtido de forma independente seria melhor que um acordo imposto por um Congresso democrata.

Esse político ganhou uma força da qual muito carecia em sua corrida pela presidência em 1960. E, embora os sindicatos tenham se beneficiado, esta pode ter sido a última vez que uma reivindicação trabalhista teve um candidato republicano como aliado. Como a manchete do *New York Times* proclamou após o acordo: "Mediador Nixon ganha estatura."

IMÓVEIS DE MANHATTAN: Cooper se refere aos caminhos de influência que Pete Campbell e sua ligação com o nome Dyckman podem abrir, citando a entrada no "Century Club". Fundado em 1847, a Century Association era um clube para artistas, homens de letras e benfeitores que os apoiavam. Entre seus membros, estavam Andy Rooney; o prefeito Michael Bloomberg; pelo menos um Rockefeller e o ex-assistente de JFK, Arthur Schlesinger Jr. Esse perfeito "clube de cavalheiros", aberto às mulheres apenas em 1988, fica num edifício branco em estilo eclético localizado na West 43rd Street, mas se mantém discreto mesmo contando com 24 mil membros.

DRINQUE DA VEZ: Embora não tenha sido servido neste episódio, um preparado batizado em nome da mais conhecida família da velha aristocracia nova-iorquina parece adequado. Para seu esnobe prazer de beber, eis o Knickerbocker:

½ colher (chá) de vermute italiano
½ dose (30ml) de vermute francês
1 ½ (90ml) doses de gim
Mexa bem com cubos de gelo. Sirva em copo de coquetel gelado. Acrescente um pedaço de casca de limão.

DINHEIRO PARTE UM — INFLAÇÃO DE 1960 AOS DIAS ATUAIS

Parte da capacidade da série de criar verossimilhança perfeita vem do uso constante de quantidades em dólar, que, embora soem parcas aos padrões de hoje, situam a série em seu tempo e local. Se você está curioso para saber como os valores daquela época se traduzem para hoje, apresento-lhes uma lista útil:

Item	Valor em 1960	Equivalente Atual
Apartamento dos Campbell no Upper East Side	US$32.000	US$230.000
Maço de cigarros	US$0,35	US$2,49
Charuto cubano	US$1,50	US$10,68
Edição da revista *Playboy*	US$0,60	US$4,27
750ml de uísque Jack Daniels	US$7	US$49,85
Corte de cabelo	US$5	US$35,61
Bônus recebido por Don Draper	US$2.500	US$17.980

1.05 5G [O Passado]

DATA DE EXIBIÇÃO ORIGINAL NOS EUA: 16 de agosto de 2007
ROTEIRO: Matthew Weiner
DIREÇÃO: Lesli Linka Glatter

> "Em algumas partes da Nova Inglaterra há um tipo de árvore cujo suco que sai de sua incisão (...) cristaliza-se numa substância doce e sacarina."
> Robert Boyle, químico britânico, 1663

Uma foto na revista Advertising Age *leva um estranho a aparecer dizendo-se irmão de Don. Um retrato da família Draper é arruinado pela distração de Don com o indesejado retorno de um aspecto de sua vida anterior. O executivo de contas Ken Cosgrove tem um conto publicado na revista* Atlantic Monthly, *notícia mal recebida por seus invejosos colegas da Sterling Cooper.*

A devoção à precisão geográfica e a empresas reais diminui em "5G" (escrito pelo criador da série Matthew Weiner, seu primeiro roteiro para esta temporada desde o segundo episódio). Esse episódio toma liberdades com pontos marcantes de Manhattan e cria uma empresa fictícia para trabalhar com a Sterling Cooper. Porém, num episódio no qual o verdadeiro passado de Draper ameaça abrir uma brecha em sua fictícia biografia de sucesso, esse desvio parece ser uma decisão estratégica, em vez de um lapso na fidelidade histórica.

Sem dúvida, Don está vivendo uma existência abençoada. A indicação de que sua sorte está prestes a mudar, porém, chega cedo, quando a boa notícia do prêmio de publicidade acaba virando o mundo dele de cabeça para baixo.

A guerra muda um homem, mas parece que ninguém mudou tanto como Don. Seu período entre os militares é citado algumas vezes no que diz respeito à sua identidade: o homem que primeiro o chamou de Dick Whitman é um colega dos tempos de treinamento básico; o irmão caçula, Adam, lembra-se de Don em seu uniforme e manda, numa carta, uma foto dos dois em que o mais velho veste a farda, e ainda no primeiro episódio, Draper casualmente despreza uma medalha Purple Heart dada ao "Ten. Don Draper". Quando ele começou a viver como esta nova *persona*?

O número do quarto — 5G — que Adam acrescenta à foto e à carta que manda para Don ecoa perfeitamente a quantidade que ele guarda para emergências (5 mil) para que seu irmão caçula possa desaparecer, levando junto seu passado. O jovem não sabe o que fazer com o pedido, pois jamais teve a intenção de chantagear o irmão mais velho. Ele apenas quer manter uma ligação com a família. Mas Don seguiu adiante com outra vida e, embora conforte o pobre jovem quando ele chora, já está com os olhos na porta e no retorno à vida perfeita do homem norte-americano que venceu pelos próprios meios.

A aparição do misterioso Adam não é o único arauto sinistro a rondar os escritórios da Sterling Cooper. Uma rivalidade entre o homem de criação Paul Kinsey e o executivo de contas Ken Cosgrove surge quando este tem um texto publicado na revista *Atlantic Monthly*. E, embora o título pareça tedioso, *Tapping Maple on a Cold Vermont Morning* [Extraindo a seiva do bordo numa fria manhã em Vermont], deixa o escritor frustrado Kinsey louco de inveja ("Kenneth Cosgrove... Acho que vou vomitar") e dá um golpe ainda maior em Pete Campbell ("Meu pai lê a droga da *Atlantic*"). Pete tem tanta inveja do prestígio do colega que está disposto a oferecer a esposa em sacrifício ao altar da notoriedade. Charlie Fiddich, ex-paixão de Trudy, é editor, e Campbell sugere e estimula que ela "dê um jeito" para sua história ser publicada numa revista de circulação nacional. À primeira vista, esta pode parecer uma trama que arrisca fazer o episódio descarrilar, mas basta refletir para perceber que a necessidade desesperada de aceitação e prestígio se encaixa perfeitamente no cenário abordado em Mad Men.

Outra reviravolta quase tão problemática ocorre quando a secretária Peggy descobre as escapadas de Don. Imprudentemente, ela pede conselhos a Joan, e esse momento de fraqueza foi instantaneamente alçado ao nível de fofoca no escritório. Joan orienta a secretária a manter segredo para o chefe, pois isso faz parte do trabalho. Olson concorda, mas tem dificuldade em conciliar esse fato com sua visão, que considerava Don "diferente" dos outros homens do escritório.

A FILOSOFIA DE MAD MEN — DON DRAPER: "Eu tenho uma vida e ela só vai em uma direção... para a frente."

FATOS DA ÉPOCA: Quando Midge liga para Don no escritório a fim de conseguir um encontro no meio da tarde, usa o codinome "Sra. Beiderbecke". Durante a conversa, ela explica que foi homenagem ao principal trompetista de jazz de 1920, Bix Beiderbecke. No apartamento do Village para a sessão de puxões de cabelo e amassos desejados por ela, porém, os amantes ouvem Blue in Green, do último álbum marcante de Miles Davis, Kind of Blue (1959). Gravado em duas sessões no 30th Street Studio da Columbia Records em Nova York, é considerado o álbum de jazz mais vendido de todos os tempos (certificado pela Recording Industry Association of America como platina quádrupla, o que significa quatro milhões de unidades vendidas nos Estados Unidos). O disco também foi citado como uma das gravações musicais mais influentes do século XX (ficou em 12º lugar na lista de 500 maiores álbuns de todos os tempos da revista Rolling Stone em 2003), e entrou para o Registro Nacional de Gravações da Biblioteca do Congresso Norte-Americano em 2002. É difícil rastrear a autoria dessas gravações altamente improvisadas, e os créditos pelas melodias originais de Kind of Blue, mais especificamente da faixa Blue in Green, são objeto de controvérsia há muito tempo. Em sua autobiografia, Miles Davis diz ter escrito todas as faixas de Kind of Blue. O pianista Bill Evans gravou a canção em seu álbum Portrait in Jazz, no qual foi creditada como composição de Davis-Evans. Earl Zindars, porém, disse que a melodia era

"100% Evans" porque o pianista "a escrevera em meu apartamento em East Harlem... e ficou lá até às 3h da manhã tocando repetidamente estas seis notas".

IMÓVEIS DE MANHATTAN: Adam fica envergonhado por Don ter de ver sua habitação "temporária" no barato Hotel Brighton em Times Square. Esse prédio foi criado para a série, mas há um longo histórico de pulgueiros em Nova York, dos quais talvez nenhum seja mais famoso que o Bunker na Bowery.

Há muito conhecida como área pobre de Manhattan, a rua Bowery ocupa uma pequena faixa do Lower East Side. A rua primeiramente conhecida como Bowery Lane levava à fazenda do colono holandês Peter Stuyvesant (e era conhecida na língua nativa dele como "bouwerij"). Os hotéis baratos da área estavam um nível abaixo do quarto ocupado por Adam na Times Square, conhecidos como "gaiolas", referência à tela de galinheiro que servia de teto para os cubículos habitados por bêbados, viciados e despossuídos em geral.

O Bunker (número 222 na Bowery) era chamado assim por não ter janelas; elas não eram necessárias na função anterior do prédio: vestiário da Associação Cristã de Moços. O Bunker ganhou notoriedade por um de seus hóspedes, o lendário escritor da geração *beat* William Burroughs, que morou no Bunker de 1974 até morrer em 1997. Sua estada lá resultou num tráfego de pessoas estranhamente notáveis como Allen Ginsberg, Mick Jagger e Andy Warhol, que se desviavam dos outros hóspedes para visitar o autor de *Almoço nu*.

A Bowery não era totalmente estranha para as celebridades: essa área também sediava o famoso clube punk CBGB.

VENDENDO O PEIXE: A "conta executiva particular" mostrada nesse episódio certamente tem um pé na realidade (conforme explicada pelo banqueiro fictício ao dizer que muitos clientes já pedem esse tipo de serviço sem pagar a mais por ele), mas a inspiração para o banco com o qual a Sterling Cooper trabalha é mais difícil de descobrir. O Liberty Savings Bank começou como Lynchburg Savings e Loan Association em 1889, mas quando a empresa mudou sua vida corporativa para Ohio não ficou claro se eles teriam buscado os serviços de alguma agência de publicidade em

Manhattan. Uma aposta melhor para a base dessa campanha poderia ser o Liberty Bank, sediado em Middleton, Connecticut, situado a uma viagem curta de carro de Nova York. Porém, esse banco abriu como Middletown Savings Bank e não mudou de nome até 1975.

DRINQUE DA VEZ: O pobre Adam exibe orgulhosamente sua garrafa roubada de gim. Don pede um café, mas ele precisava de um coquetel, talvez o apropriadamente batizado Blackout Cocktail:

1 ½ doses (90ml) de gim
½ dose (30ml) de aguardente de amora
Suco de ½ limão
Sacudir com gelo e servir em copo gelado.

1.06 BABYLON [BABILÔNIA]

DATA DE EXIBIÇÃO ORIGINAL NOS EUA: 23 de agosto de 2007
ROTEIRO: André e Maria Jacquemetton
DIREÇÃO: Andrew Bernstein

> "O pássaro canta na gaiola
> com temeroso gorjeio
> das coisas que desconhece,
> mas que ainda assim lhe desperta anseio."
> Maya Angelou, *Eu sei por que o pássaro canta na gaiola*

A Sterling Cooper tenta conquistar a conta do Ministério do Turismo de Israel, o que fornece a Don um pretexto para entrar em contato com Rachel Menken. Peggy derrota Freddy Rumsen com suas habilidades enquanto participam de um grupo de discussão sobre o batom Belle Jolie. Roger dá um animal de estimação de presente à amante, Joan Holloway.

Pássaros sempre lançaram sombras em *Mad Men*. Dos nomes dos personagens (Harry Crane [Crane = garça], Herman Duck [Duck = pato] Phillips, Trudy Vogel [Vogel = pássaro em alemão], e "Birdie [passarinho]", apelido de Betty Draper) às várias menções do musical da Broadway *Bye Bye Birdie* [tchau tchau passarinho], as alusões são sutis, porém importantes para a série como um todo e cruciais para este episódio em particular.

Sobrevoando a Sterling Cooper, estão os representantes do Ministério do Turismo de Israel. Como eles são um cliente em potencial, é gerada muita discussão sobre a independência dos judeus no exterior e a assimilação deles nos Estados Unidos. Uma cópia do fenômeno editorial *Exodus*, de Leon Uris, que detalha o árduo processo de criação do Estado de Israel por meio de uma mistura de personagens reais e fictícios (e oferece um pano de fundo revelador para uma história que trata de aprisionamento e liberdade), é exibida na reunião para destacar a fascinação norte-americana por Israel e a explosão de turismo que isso pode gerar.

Eles esperam transformar Haifa na "Roma do Oriente Médio", mas desde o início Don tem dificuldade para determinar a melhor forma de vender a cidade. Um país em que "mulheres usam armas" e que "está cheio de judeus" não desperta uma tempestade criativa de imediato ("ah, e não vamos esquecer que também existem árabes por lá"), mas Don não é homem de recusar desafios. E muito menos perder uma oportunidade de ligar para Rachel Menken (sua judia "favorita" em Nova York), embora o executivo alegue tratar apenas de negócios quando tenta sondá-la para compreender melhor Israel e sua importância para os judeus do mundo. De forma bem eloquente (para alguém que se diz mais norte-americana), Rachel define a ideia de Israel, um país para pessoas que passaram muito tempo no exílio, como algo que simplesmente "tem de existir".

Os exilados dos escritórios da Sterling Cooper — leiam-se: as mulheres — são reunidos a fim de ajudar na análise de produtos para a pomposa linha de batons Belle Jolie. Embora a situação gere um momento crucial para Peggy, é precedida por uma cena repugnante na qual os homens da Sterling Cooper observam as mulheres fazerem biquinho para um vidro espelhado que só eles podem ver. É uma amostra perfeita da teoria do "olhar masculino" voyeurístico, defendida pela professora de cinema Laura Mulvey (influenciada, entre outros, por Sigmund Freud e Jacques Lacan). Para completar o cenário de show de strip-tease, só faltavam as notas de dólares amassadas sendo jogadas às meninas pelos publicitários. O grupo de discussão termina com Peggy apresentando o seu "cesto de beijos", que marca o início de sua ascensão profissional e de fissuras na estrutura patriarcal do escritório. O fato de essa passagem através do espelho, indo de secretária a força criativa, ser precedida pelo "olhar" de Mulvey é outra amostra da hábil ironia dramática que permeia a série.

Esse é um episódio enganosamente importante para as outras mulheres de *Mad Men*. Joan Holloway mostra que, além de conseguir navegar com classe pelas searas traiçoeiras da selva do escritório, ainda é mais pragmática do que Roger Sterling e rechaça com facilidade o desejo impetuoso dele em deixar a esposa. Betty Draper é mostrada como uma mulher plenamente sexual, revelando seu desejo por Don e encobrindo a impressão anterior de que era uma menina em trajes de mulher. Rachel Menken mostra a extensão de seus estudos ao dar uma aula a Don sobre as origens da palavra *Sião* e, de forma ainda mais empolgada, *utopia* (que, dependendo da pronúncia, significa "bom lugar" ou "lugar que não existe"). Ela também sabe o quanto sua paixão por ele é complicada e o tamanho do problema que causaria ao aceitar esse sentimento. Em outra esfera, Midge, a amante de espírito livre de Draper, exibe um rival por seus afetos, o obscuro artista do Village chamado Roy, pois aparentemente até as nebulosas fronteiras de um caso ilícito são opressoras demais para ela.

O desenvolvimento de personagem mais importante, porém, é o de Peggy. A oportunidade súbita de ser redatora para a conta da Belle Jolie é simplesmente miraculosa e sua capacidade surpreende o ébrio Fred Rumsen ("Era como observar um cachorro tocar piano."). O fato de essa perspectiva de carreira surgir de forma totalmente inocente e não planejada é reconfortante, mas irrita os que estão ao redor, mais precisamente Joan. Sua despedida silenciosa de Roger Sterling ao final do episódio (parte de uma montagem provocante feita ao som da versão de Don Maclean para a canção tradicional que dá título ao episódio) é essencialmente agridoce: eles saem do hotel separadamente e ela carrega a gaiola coberta com o pássaro que Roger lhe deu — uma sugestão codificada de como ele gostaria de tê-la, talvez? Enquanto ambos esperam de pé numa calçada de Manhattan, a ideia de exilados surge com força.

Se Israel é um país para exilados, Manhattan é a ilha para eles. Nascidos em todos os lugares, seus habitantes viajam longas distâncias em caminhos tortuosos para alcançar esta Terra Prometida e, em geral, descobrem que o mundo real começa assim que eles chegam.

A FILOSOFIA DE *MAD MEN* **— DON DRAPER:** "As pessoas querem tanto que alguém lhes diga o que fazer que ouvirão qualquer um." (Direta ou indiretamente, esta não é a primeira vez que Don falou de publicidade em termos de Terceiro Reich.)

FATOS DA ÉPOCA: Don enfrenta o desafio de transformar Haifa na Roma do Oriente Médio e tem dificuldade para entender a noção de "ser judeu". Embora 1960 pareça uma época tardia para cogitar a natureza desse povo sitiado (considerando que a Segunda Guerra terminou em 1945 e a declaração de independência do Estado de Israel ocorreu em 1948), Rachel menciona a captura recente de um criminoso de guerra nazista na Argentina, evento que renovou o interesse nos fatos relacionados a Israel.

Adolf Eichmann ganhou o título de "arquiteto do Holocausto" em função do rigor logístico que deu à deportação forçada dos judeus para guetos e campos de concentração por toda a Europa controlada pelos nazistas. Quando a guerra se inclinou para o lado dos Aliados, Eichmann se escondeu na Alemanha e na Itália antes de garantir um passaporte argentino por meio de Alois Hudal, monge franciscano que criou o primeiro "caminho de rato" (rotas de escape adequadamente batizadas para criminosos de guerra em fuga pela Europa pós-Segunda Guerra).

Um sobrevivente do Holocausto viu o nazista morando na Argentina sob o nome de "Riccardo Klement" e tendo uma vida tranquila acompanhado da família. Essas informações foram repassadas ao diretor do Mossad, Isser Harel, e foi elaborado um plano para sequestrar o criminoso de guerra e levá-lo ao *Beit Ha'am* (Casa do Povo) para ser julgado por seus atos.

As avaliações psicológicas de Eichmann feitas antes do julgamento não mostraram evidências de antissemitismo ou tendências sociopatas. Embora essas acusações tenham sido quase imediatamente refutadas, a ideia de um burocrata meticuloso cometendo crimes horrendos contra a humanidade levou Hannah Arendt (em sua reportagem do julgamento para a *New Yorker* e no subsequente livro *Eichmann em Jerusalém*) a cunhar a frase "a banalidade do mal".

Por que a captura de alguém como Eichmann aumentaria o interesse na "Questão Judaica"? Talvez os horrores de Dachau e Auschwitz fossem tão difíceis para que o mundo ocidental imediatamente compreendesse que acabaram sufocados pelo trabalho rumo à riqueza e ao sucesso. Mas se alguém sabe que o passado não fica enterrado por muito tempo, esse alguém é Don Draper.

IMÓVEIS DE MANHATTAN: Rachel devolve a súplica de Don para um drinque com "Almoço... Salão de Chá do Pierre".

Atualmente conhecido como Taj Pierre (61st Street com 5th Avenue), o hotel cinco estrelas oferece um cardápio completo junto com o tradicional e famoso chá inglês em sua rotunda, que tem murais no estilo *trompe l'oeil* feitos pelo pintor americano Edward Melcarth. Além disso, uma certeza: o fumo não é mais permitido.

VENDENDO O PEIXE: Parece que não existe qualquer Olympic Cruise Lines no mundo real, mas o impulso dado ao turismo pelo Ministério do Turismo de Israel é válido. Além da prisão do nazista da Argentina, o romance de Leon Uris sobre a criação do Estado de Israel chegou às prateleiras em 1958 e virou fenômeno de vendas. Uris negociou os direitos para Hollywood antes mesmo da publicação da obra e, em 1960, Paul Newman estrelou a versão de *Exodus* para o cinema, dirigida por Otto Preminger.

DRINQUE DA VEZ: Num esforço para dar o tom de "terra de prazeres exóticos", Roger Sterling serve Mai Tais na reunião com o comitê israelense de turismo. Muitos dizem ter inventado o drinque, mas a maioria aceita que Victor "Trader Vic" Bergeron Jr. o criou no restaurante de estilo polinésio batizado com seu apelido e situado em Oakland. De acordo com o *Trader Vic's Bartender Guide* (uma espécie de bíblia para esta seção do guia de episódios), Bergeron declara: "Aquele que disser que não criei este drinque é um safado desprezível."

1 limão

½ dose (30ml) de Curaçao de laranja

½ dose (30ml) de xarope de açúcar

½ dose (30ml) de xarope de orgeat (feito de amêndoas, açúcar e água de rosas ou água de flor de laranjeira)

1 dose (60ml) de rum jamaicano (escuro)

1 dose (60ml) de rum da Martinica

Misture os ingredientes com gelo e sirva num copo *highball* com gelo picado. Enfeite com hortelã.

1.07 Red in the Face [Rosto corado]

DATA DE EXIBIÇÃO ORIGINAL NOS EUA: 23 de agosto de 2007
DIREÇÃO: Bridget Bedard
ROTEIRO: Tim Hunter

> "Ele nem ao menos usa chapéu!"
> Bertram Cooper, sobre JFK

Os homens da Sterling Cooper querem ajudar Richard Nixon em sua corrida para a Casa Branca, independentemente da vontade do Partido Republicano. Um solitário Roger Sterling se convida para jantar na casa dos Draper e tenta conseguir algo além de uma refeição. Pete tenta devolver uma petisqueira que ganhou em dobro como presente de casamento.

Diferenças de idade e de experiência abundam na Sterling Cooper. A agência ainda tem um pé nos anos 1950 e, como o movimento estudantil é uma subcultura nascente, o equilíbrio ainda pende para o lado dos mais velhos. Num mundo onde quem está no poder se resigna com a inconsequência da juventude, é difícil imaginar alguém que realmente desafie a velha guarda.

Ao longo do episódio "Red in the Face", a noção de comportamento adulto decente é ampliada, com a revelação de outro caso de dois pesos e duas medidas. Garotos são garotos (como Pete menciona ao brandir no escritório o objeto pelo qual trocou seu presente de casamento) e isso é tolerado; porém, um comportamento similar nas mulheres é alvo de reprovação (o psiquiatra Dr. Wayne sugere a Don que a ansiedade de Betty vem "das emoções de uma criança"). Isso soa ainda mais irônico ao se considerar que os homens de então faziam de tudo para manter a tomada de decisão longe das mulheres, deixando-as com tanto poder quanto as crianças.

Igualar mulheres a crianças e a conotação negativa que se aplica ao gênero são fatos comuns ao longo desse episódio. Don (talvez estimulado pela avaliação do psiquiatra) compara seu casamento a "morar com uma garotinha", mas o faz apenas quando Betty joga água fria em sua raiva crescente com uma provocação verdadeira ("Você quer me bater? Isso faria você se sentir melhor?"). Porém, ela não se mostra tão confiante ao ser confrontada por Helen sobre a mecha de cabelo dada a Glen. Betty não considerou o gesto inadequado, de uma adulta agindo como criança, e ficou confusa quando Helen a repreendeu ("O que há de errado com você?"). Betty pode não ter entendido, mas a maioria concorda que Helen tem todo o direito de estar furiosa.

Já o senso de merecimento de Roger Sterling — em função de sua empresa, seu histórico de guerra, seu impecável cabelo grisalho — o faz passar dos limites duas vezes nesse episódio. Com a esposa viajando no fim de semana (e tendo sido dispensado por Joan), Roger procura um parceiro para brincar e acaba sobrando para o pobre Draper. Não só Roger faz Don chegar tarde em casa para o jantar, como vai junto, bebe a vodca do anfitrião e tenta passar uma cantada desgastada em Betty. O fato de Roger conseguir manter a cabeça erguida ao dar uma desculpa meia-boca ao amigo ("Em algum momento, todos nós já tentamos estacionar na vaga errada") já é incômodo o suficiente. Ele até confessa o senso de merecimento que um homem pode ter quando seu nome está gravado no prédio. Mas admitir uma falha não é o mesmo que tentar corrigi-la, e Roger invoca a posição inerente a seu nome quando ele e Don estão atrasados para um encontro com a equipe de Richard Nixon.

Pete Campbell não se preocupa muito com o presente duplicado que recebeu de casamento, particularmente quando ele o troca por uma espingarda. Mais estarrecedor que a forma displicente com que treina a mira nas mulheres do escritório (considerando o aumento de tiroteios em locais de trabalho ao longo dos anos) é a fantasia de pioneiro que ele conta a Peggy após a esposa o ridicularizar por trazer um "brinquedo" inútil para casa (outra referência a um adulto agindo como criança). Não é a primeira vez que o jovem mostrou tais inclinações para atividades ao ar livre (lembra do conto sobre o que um caçador *imagina* que o urso está pensando?), mas talvez pela primeira vez essa história tenha resultado em energia sexual. Após ouvi-la, Peggy anda sem rumo pelo escritório num deslumbre ruborizado que ela só consegue aplacar com um sanduíche de presunto e um bolo de cereja.

Roger Sterling, Bertram Cooper e Don Draper parecem pensar que a vitória de Kennedy na eleição presidencial seria resultado de deslumbre semelhante. Eles desdenham a sugestão de Pete de que Kennedy é um adversário de valor com tanta força ("Os adultos podem conversar agora?") que o espectador quase se sente mal pelo garoto envergonhado. Em pouco tempo, porém, a velha guarda dará o braço a torcer, e a opinião de alguém como Pete subitamente terá muito valor.

Deve-se dizer, portanto, que não vai demorar muito para uma longa fila de rostos vermelhos se formar na Sterling Cooper e em arredores: começando com Roger, pelo embaraço causado por sua transgressão com Betty, além do rosto corado por subir todas aquelas escadas e a vergonha de vomitar nos sapatos das visitas republicanas; o rubor sexual de Peggy com a fantasia de sobrevivência de Pete e o rosto de Helen Bishop, vermelho, após ter levado um tapa de Betty.

Talvez esse episódio seja sobre o fluxo de sangue nas bochechas que uma criança sente quando é flagrada numa mentira. Ou, no caso dos garotos da Sterling Cooper, como uma criança que se comportou mal e espera uma punição que nunca chega.

A FILOSOFIA DE *MAD MEN* — **ROGER STERLING:** "Os Estados Unidos não querem um garoto ensebado com o dedo no botão."

FATOS DA ÉPOCA: A vizinha dos Draper, Francine Hanson, fuma sem parar durante a gravidez. É algo chocante de se ver hoje em dia, mas era comum numa época em que os testemunhos médicos em anúncios de cigarros *haviam acabado* de ser descartados.

A Dra. Leila Daughtry-Denmark foi uma das primeiras médicas a se preocupar com a exposição das crianças à fumaça do cigarro, com a publicação de *Every Child Should Have a Chance,* em 1971. Ela denunciou o risco do consumo de cafeína e álcool na gravidez e tinha dúvidas sobre o efeito positivo do leite de vaca. Além disso, a médica acreditava que o uso de tabaco poderia causar sérios danos à saúde da criança a longo prazo, numa época em que campanhas antifumo eram desconhecidas. Desde então, virou conhecimento publicamente aceito que os filhos de mães fumantes têm duas vezes mais chances de ter Síndrome da Morte Súbita Infantil e apresentam maior risco de desenvolver problemas de saúde crônicos, como asma, deficiências de aprendizado e problemas de comportamento.

Também conhecida por seguir um regime rígido de saúde e dietas, a Dra. Daughtry-Denmark fez 111 anos em 1º de fevereiro de 2009 e ganhou um prêmio por ser uma supercentenária.

IMÓVEIS DE MANHATTAN: Paul Kinsey anuncia uma passada no Chumley's no final do dia, junto com Ken Cosgrove, o autor publicado.

Aberto como um local em que bebidas alcoólicas eram consumidas ilegalmente na década de 1920, sua natureza clandestina era marcada por uma entrada sombria e sem placas. Boatos de policiais buscando infratores da Lei Seca geralmente chegavam antes de a batida acontecer, impelindo os clientes a deixarem o local. Muitos acreditam que esse esforço para evitar a prisão saindo pela discreta porta da 86 Bedford levou à criação do termo "oitenta e seis", que significava livrar-se ou esconder-se de algo.

Após a Lei Seca, o Chumley's ficou famoso como lugar frequentado pela elite literária de Gotham. O Amigos das Bibliotecas dos EUA colocou uma placa no bar em 22 de setembro de 2000, proclamando o Chumley's como:

> Um celebrado refúgio frequentado por poetas, romancistas e dramaturgos, que ajudaram a definir a literatura norte-americana do século XX. Entre eles, estão Willa Cather, E.E. Cummings, Theodore Dreiser, William Faulkner, Ring Lardner, Edna St. Vincent Millay, Eugene O'Neill, John Dos Passos e John Steinbeck.

Emolduradas, capas de livros dos autores que frequentavam o local encheram as paredes por anos até o colapso estrutural da chaminé, ocorrido em abril de 2007, ter causado o fechamento do bar. Empreiteiros demoliram o prédio, e a reconstrução começou junto com a promessa de um novo Chumley's aberto para boêmios literatos do novo século.

VENDENDO O PEIXE: A propaganda política na era da radiodifusão começou com a disputa entre o democrata John W. Davis e o republicano Calvin Coolidge, em 1924. Ambos os partidos gastaram dinheiro com transmissões via rádio (de discursos, não anúncios), sendo que os vencedores republicanos gastaram três vezes mais que os perdedores democratas. Em 1928, os democratas permitiram que o governador de Nova York, Al Smith, anunciasse sua malfadada candidatura presidencial num aparelho da última moda chamado televisão. A transmissão se deu num raio de 25Km, indo de Albany a Schenectady, mas teve pouco impacto numa população que ainda precisava adotar a nova e sedutora tecnologia.

Em 1960, a televisão devolveu o favor de ter sido adotada precocemente pelo Partido Democrata ao inclinar a balança para ele na disputa presidencial entre Richard Nixon e John F. Kennedy. O público que ouviu o debate no rádio considerou Nixon o vencedor, mas seu desempenho pífio sob as luzes do estúdio de TV, especialmente ao lado do robusto Kennedy (apelidado por um auxiliar de Nixon de "O Guerreiro de Bronze"), ajudou a selar o destino do então vice-presidente.

A campanha de Nixon flerta com a Sterling Cooper durante boa parte da primeira temporada, porém, na vida real, Nixon criou a própria empresa de publicidade, chamada Campaign Associates. Carroll Newton (responsável pelo slogan de campanha "Eles entendem o que a paz exige" e Ted Rogers (negociador-chefe de Nixon para o debate e autor da alcunha "Guerreiro de Bronze") criaram essa agência de um só cliente. Ambos trabalharam muito para divulgar as credenciais de Nixon ao público norte-americano, com anúncios que enfatizavam o fato de sua vasta experiência no serviço público e na política externa superar claramente a do novato congressista do estado de Massachusetts.

Nixon recusou-se. Ele queria evitar gastar muito dinheiro numa campanha publicitária e, mais importante, não desejava *parecer* um esbanjador. De acordo com Newton e Rogers, a presença de H.R. Haldeman na campanha resultou num isolamento problemático. Newton e Rogers se esforçaram para convencer Nixon sobre o quão importante era fazer propaganda em várias frentes estabelecida por eles (que englobavam um documentário sobre Nixon e sua família, outro mostrando suas reuniões com o líder soviético Nikita Khrushchev e um terceiro ainda atacando o registro de votações do Kennedy no congresso), mas foram descartados.

Em vez disso, Nixon optou por apelos diretos à câmera, sem roteiro, e gravados no meio da frenética agenda de campanha. Dada a natureza apressada da produção, ele falava com grande discernimento e coerência sobre política interna e externa. Dada a natureza cinética da televisão, a propaganda era um desastre em termos de tédio e chatice.

DRINQUE DA VEZ: Don acompanha o ritmo de Roger no almoço com os-tras e até abandona seu "amado centeio" pelos Martínis favoritos do chefe:

1 ½ dose (90ml) de gim

½ dose (30ml) de vermute francês

1 gota de bitter de laranja

Mexa com gelo e sirva num copo de coquetel. Ponha uma azeitona recheada no topo.

Para um dry martíni, substitua o vermute francês por italiano, tire ½ dose (60ml) de gim e decore com uma azeitona. NÃO consuma com gran-de quantidade de ostras ou antes de fazer exercícios aeróbicos.

O QUE ELES ESTÃO FUMANDO?

A quantidade de fumaça de cigarro que permeia toda a série foi uma das primeiras coisas que chocaram os espectadores, lembrando às pessoas que havia uma época em que o fumo não era banido de todos os locais públicos. A pergunta que se seguiu rapidamente a esta foi: os atores estão *realmente* fumando? A resposta é: sim — só não é tabaco.

As nuvens de fumaça que dão a atmosfera da Sterling Cooper são fornecidas por cigarros de ervas, que não contêm nicotina. A vantagem? Todos no elenco podem parecer sofisticados sem temer o câncer de pulmão (embora muitos acreditem que inalar fumaça de *qualquer* tipo seja desaconselhável). A desvantagem? O gosto, que Jon Hamm define como "uma mistura de maconha com sabão".

1.08 The Hobo Code [O Código de Sobrevivência]

DATA DE EXIBIÇÃO ORIGINAL NOS EUA: 6 de setembro de 2007
ROTEIRO: Chris Provenzano
DIREÇÃO: Phil Abraham

> "1. Decida sua própria vida, não deixe
> outra pessoa dominar ou controlar você."
> Congresso dos Vagabundos dos Estados Unidos,
> 8 de agosto de 1894

Pete e Peggy se esbarram de novo, apesar de todos os esforços dele para ser um marido respeitável. O texto de Peggy é apresentado ao pessoal da Belle Jolie. Lembranças da infância triste de Don surgem por fissuras no muro que ele construiu em torno de sua vida adulta.

Códigos de conduta, códigos de linguagem e códigos de comportamento... Todos são dissecados no episódio "The Hobo Code".

Um encontro amoroso matinal entre Pete e Peggy dá continuidade ao que começou naquela noite da despedida de solteiro. Como Pete só consegue tagarelar sobre a esposa (o que certamente não é a conversa mais sedutora do mundo), Peggy é a mais madura dos dois (mais um ponto para as mulheres). Ela parece não ter qualquer ilusão sobre o que essa união significa e, apesar de toda a ingenuidade, foi bem esperta para voltar ao escritório de manhã após o encontro amoroso repentino: não só pensa em pegar uma pasta com arquivos ao sair do escritório de Pete para não despertar suspeitas, como mente muito bem para Don Draper, o rei dos mentirosos, sobre o motivo de sua blusa estar rasgada.

Peggy também compreende os códigos de linguagem no escritório: seu texto para o batom Belle Jolie é um sucesso. A princípio, parece que será excluída da comemoração pós-reunião, mas rapidamente é chamada para dentro da sala com a equipe criativa e recebe a maior prova de aceitação naquele ambiente: uma dose de uísque. As outras mulheres no escritório estão sinceramente contentes pelo sucesso de Peggy, mas Joan não consegue se controlar e faz um comentário venenoso: "Fico feliz por haver uma razão para você não fazer direito seu outro trabalho." Status é a principal preocupação de Joan e a possível ascensão meteórica de outra mulher ameaça seu lugar, especialmente numa seara em que ela é incapaz de competir.

Enquanto isso, Don tenta decifrar o significado do inesperado bônus de US$2.500. O dono da segunda metade do nome da agência, famoso por sua mania estranha de andar sem sapatos, alega ser uma simples tentativa de mediar a importância do trabalho de Don para a agência e parece mais interessado em falar do livro *Quem é John Galt?*, de Ayn Rand, para criar um vínculo entre os dois ("somos completamente egoístas") e sugerir como gastar US$1,99 do bônus em questão.

Sofisticado, encantador e obviamente gay (sob a perspectiva do século XXI, pelo menos), Salvatore Romano flana pelo escritório de modo elegante e aparentemente cheio dos brios italianos. Desde o primeiro episódio, porém, ele emite uma mistura de arrogância heterossexual agressiva e comentários dissimulados que indicam sua verdadeira natureza. A homossexualidade num escritório dos anos 1960 teria sido uma posição indefensável, por isso as tentativas desesperadas de esconder esse importante aspecto de sua vida são compreensíveis, embora trágicas.

Um dos executivos da Belle Jolie dá dicas cifradas ao fazer comentários empolgados sobre o bar do Hotel Roosevelt, mensagem que Salvatore entende como um convite para um drinque. O jantar vem a seguir e, quando as palavras furtivas se transformam numa cantada explícita, o até então imperturbável Salvatore se mostra aturdido e fica indignado quando o executivo aborda o ângulo "não há com o que se preocupar". Romano trabalhou muito para conquistar seu sucesso e está disposto a tudo para proteger a vida que criou.

Parece familiar?

A tentativa de Don de decifrar os sinais enviados por Midge também resulta em frustração. Apesar de estar claro para todos que Midge e Roy são um casal, Don não consegue perceber isso até registrar os dois numa foto de Polaroid. Mesmo que os portões de seu passado tenham sido abertos durante a noitada com os boêmios ("Vamos ficar chapados e ouvir Miles" — corta para o flashback) e que ele tenha compreendido os símbolos dados pelo vagabundo no passado (e talvez pelo seu amor pela escrita?), Don não resiste a alfinetar as contradições de sua amante do Greenwich Village, que odeia fazer planos, mas se recusa a acompanhá-lo quando ele tenta gastar seus US$2.500 numa viagem a Paris.

Parece que nem mesmo o léxico tácito sobre o qual se baseia um caso amoroso ilícito é confiável no fim das contas.

A FILOSOFIA DE *MAD MEN* — DON DRAPER: "O universo é indiferente."

FATOS DA ÉPOCA: Bertram Cooper enaltece as virtudes de *Quem é John Galt?*, de Ayn Rand, ao dar um inesperado cheque de bônus a Don. Cooper acredita que ele e Draper são iguais, por serem "completamente egoístas".

Em *Quem é John Galt?*, Dagny Taggart luta para manter a ferrovia da família funcionando numa economia estagnada pelas políticas coletivistas do governo, que parecem ajudar os medíocres e punir os verdadeiros criadores. Ao mesmo tempo, ela nota que os capitães da indústria e da inovação estão desaparecendo e que o misterioso John Galt está unindo esses líderes do mundo corporativo numa "greve" geral contra uma sociedade que inibe os avanços e protege os parasitas "ladrões e usurpadores".

O manifesto libertário de Ayn Rand é uma espécie de bíblia para a filosofia chamada objetivismo. Como romance, *Quem é John Galt?* encontrou a indiferença dos críticos. Sua obra anterior, *A nascente*, também foi mal recebida, mas vendeu bem (400 mil cópias). Como resultado disso, *Quem é John Galt?* teve uma primeira edição de 100 mil cópias, quantidade impressionante em 1957, o ano de sua publicação, devido ao tamanho do romance: mais de 1.100 páginas.

Rand defende o "egoísmo racional", um tipo de capitalismo livre e severo que deixou muitos conservadores de queixo caído. Ele alegava que o capitalismo *laissez-faire* formaria a sociedade ideal, embora nenhuma versão real dele tenha sido tentada na prática. O altruísmo (ou "autossacrifício forçado") é considerado antinatural e danoso ao tecido de tal sociedade, capaz de produzir os "ladrões e usurpadores".

O cenário de *Quem é John Galt?* é um tipo de ordem mundial falida em decorrência do amplo desaparecimento de empresários e inventores. Uma resposta à pergunta que dá título ao livro leva o herói enigmático a deixar clara a principal angústia de Rand com o século XX: o fato de caipiras ignorantes se beneficiarem dos frutos dos inovadores e gigantes, além de se esconderem por trás das leis que punem os titãs industriais que realmente criam, enquanto os outros simplesmente "roubam".

O uso da narrativa para comunicar uma ideologia já existia bem antes de o autor tocar numa máquina de escrever, mas utilizar um meio criado para entreter como palanque parece um tanto megalomaníaco, especialmente quando se tem o parco talento de Rand. Para citar uma velha frase de Hollywood: "Se você quiser passar uma mensagem, use os correios."

Na verdade, o livro existe menos como romance e mais como tratado dogmático, com personagens que representam ideias amplas ou as expressam na famosa parte do livro chamada "Aqui é John Galt Falando...". O misterioso Galt, herói ostensivo da obra e coração da greve dos "homens da mente", fala por quase sessenta páginas sobre as condições que levaram à necessidade de uma disciplina filosófica como o objetivismo (discurso que, se fosse feito, levaria mais de três horas).

Porém, a relação entre John Galt e Don Draper é válida. Afinal, um homem predisposto ao "egoísmo racional" como Galt poderia muito bem repetir as palavras de Draper: "Estou levando a vida como se não houvesse amanhã, porque não há." E a mitologia que se constrói ao redor de John, encontra similar no conjunto de lendas sobre Don, principalmente a de que ele já teria segurado um tímido executivo de contas pelos calcanhares numa janela, de modo a convencê-lo dos méritos de uma ideia para uma campanha.

Mas Don tem um lado altruísta, apoiando a mudança de Peggy para redatora, por exemplo, que ameniza os atos mais cruéis cometidos em nome da profissão ou para proteger seus segredos. E é exatamente isso que faz dele um personagem cativante, em vez de um simples boneco.

IMÓVEIS DE MANHATTAN: O grupo vai ao P.J. Clarke's para comemorar o sucesso de Peggy como redatora (e o fato de Cooper, Sterling e Draper terem abandonado o escritório no meio da tarde).

Ocupando a esquina nordeste da 55th Street desde o final dos anos 1800, o P.J. Clarke's (3rd Avenue 915) é um salão de presença duradoura na paisagem nova-iorquina. Na verdade, o prédio de dois andares e fachada de tijolos avermelhados, pequeno, ao lado do cinzento arranha-céu de 45 andares, grita sua história para os transeuntes.

Conhecido pela qualidade consistente de seus hambúrgueres e pela clientela de celebridades, o P.J. Clarke's abriu outras três filiais em Manhattan: Sidecar (na verdade, uma área privativa para jantar no segundo andar do prédio da 55th Street), P.J. Clarke's no Hudson e outro na Lincoln Square. Celebridades como o ator Richard Harris, o compositor Johnny Mercer (que escreveu "One More for My Baby" enquanto estava de pé no bar), Jackie Kennedy Onassis e Nat "King" Cole frequentaram o salão ao longo dos anos, mas o cliente mais assíduo era Frank Sinatra. "Dono" da mesa número 20 e amado pelos garçons (leia-se: dava gorjetas generosas), Sinatra frequentou todos os principais bares e clubes noturnos de Nova York, mas sempre acabava no P.J. Clarke's.

VENDENDO O PEIXE: A Belle Jolie tem muitos exemplos na vida real, mas quase tão interessante quanto procurá-los são as ilustrações produzidas por Salvatore e o departamento de arte da Sterling Cooper, formado por duas pessoas.

Os desenhos do anúncio "Marque o seu homem" parecem meio em descompasso com a época da série. Mas talvez devamos acreditar em *Mad Men* e ver isso como uma indicação de que essa agência de publicidade tem mais um pé nos anos 1950 do que nos 1960, sendo mais "tradicional" (como a Lily Meyer do Ministério do Turismo de Israel diz no episódio "Babylon").

Se você se lembra, a ilustração no anúncio da Belle Jolie é formal e contida, mais adequada a um catálogo de loja de departamentos do que a uma campanha publicitária de âmbito nacional. O estilo é reminiscente de ilustradores de revistas, como o trabalho de Lynn Buckham para a Pepsi ou de artistas "glamourosos" como Joe De Mers e Joe Bowler, do Charles E. Cooper Studio; é o tipo de trabalho que sairia facilmente na capa da revista *Collier's Weekly* ou da *Good Housekeeping*. Eram ilustrações leves e divertidas, inspiradas na forma como Norman Rockwell desenhava a vida e cultura norte-americanas.

As tendências modernistas e construtivistas, visíveis em todos os lugares (Paul Rand, Herbert Bayer e o lendário Saul Bass), pareciam não ter lugar nas mesas de trabalho do departamento de arte do Salvatore. Essa constatação soa menos como anacronismo e mais como sinal de alerta, indicando a mudança dos tempos e também que os funcionários da Sterling Cooper podem não estar preparados para essa mudança.

DRINQUE DA VEZ: Ao driblar as cantadas cifradas do executivo da Belle Jolie no Hotel Roosevelt, Salvatore mantém-se fiel às raízes e saboreia um belo sambuca italiano. Feito de anis e flores brancas, o sambuca é da classe dos digestivos, feitos para serem tomados após as refeições.

A receita de um *Sambuca Con Mosca* é bem direta:

Sambuca servido puro (como a maioria dos digestivos)

3 grãos de café

Ponha os grãos no copo. Eles servem apenas para enfeite, mas dizem que mastigá-los aumenta o sabor da bebida.

Antes da Sterling Cooper — Filme Recomendado: "Volta meu amor", de Delbert Mann

De todas as prováveis inspirações de Matthew Weiner, *Volta meu amor*, de Delbert Mann (1961), tem a conexão mais direta com o mundo de *Mad Men*: ambos se passam no mesmo ambiente da Madison Avenue, no início dos anos 1960, e têm até algumas dinâmicas parecidas entre os personagens, mas *Mad Men* é um drama elegante com um senso de humor ferino, enquanto *Volta meu amor* é uma comédia romântica tola. Se ambos fossem champanhes, um seria todo o álcool e o outro, apenas a efervescência. Caso simples de solucionar. Será mesmo?

Não há dúvida de que essa segunda atuação de Rock Hudson e Doris Day como casal (após *Confidências à meia-noite,* ambos com o eterno parceiro de elenco Tony Randall) é um jovial passeio pela guerra dos sexos, que nunca seria confundindo com uma peça de Noël Coward, mas tem uma sofisticação surpreendente e uma história à frente de seu tempo. Num esforço para refletir o temperamento da época ou um apelo lascivo às massas aturdidas pela televisão, os temas abordados em *Volta meu amor* são um pouco mais adultos que a comédia romântica padrão (piadas veladas à custa da sexualidade de Rock Hudson à parte). Sim, existe um pedido de casamento feito de última hora, mas em vez de se passar numa noite parisiense chuvosa ele acontece enquanto os médicos empurram a moça, prestes a dar à luz, pelo corredor de um hospital.

Noël Coward jamais escreveu um final assim.

Quando o publicitário sem ética Jerry Webster (Rock Hudson) agrada o presidente de uma grande conta com bebidas e garotas, atiça a ira de Carol Templeton (Doris Day), executiva de contas numa agência rival de Manhattan. Quando Webster cria um anúncio para um produto fictício de modo a afastar a atenção da audiência do Conselho de Publicidade que ocorrerá a pedido de Templeton, esses anúncios misteriosamente vêm a público e criam uma demanda de consumo imediata. Agora, Webster precisa criar um produto para atender essa demanda e, enquanto tenta fugir da vigilância de Templeton (ela quer conquistar a conta do produto secreto "Vips" e igualar o jogo), ele assume a identidade do químico recluso Dr. Linus Tyler (para ficar de olho nas intenções *dela.)* Naturalmente, ela tenta convencê-lo a trabalhar em sua agência e acaba passando muito tempo com o doutor, apaixonando-se.

Identidades falsas são reveladas, com resultados hilariantes.

A visão comum da indústria da publicidade como refúgio de playboys bêbados e hedonistas é confirmada no personagem de Jerry Webster. Representação perfeita de todas as características repulsivas que se esperaria encontrar num executivo macho-alfa (vaidoso, manipulador, priápico, prepotente), Hudson interpreta Webster com um charme casual que indica que esses cacoetes se tornaram clichê por um motivo. Apesar disso, há muita discussão sobre ética, tanto no sentido de padrão pelo qual devemos viver (no caso de Carol Templeton) quanto de comitê disciplinar a ser temido (por Webster). Embora o Conselho de Publicidade não consiga descobrir as mentiras tramadas por Webster ao apresentar seu fabuloso produto "Vips" (uma pastilha com gosto doce e efeito de martini triplo), a preocupação com o comportamento profissional parece sincera. Do jeito que é interpretada por Doris Day, Carol Templeton representa a encarnação da ética de trabalho protestante num indolente universo (ou, como o filme coloca, a "abelha operária" em relação ao "zangão" Hudson), mas ela não aparece como uma estraga-prazeres rabugenta. Na verdade, Carol é a porta de entrada do público para este mundo e tem o objetivo de refletir a crença moral na diligência devida, que é admirável e (de acordo com os produtores) totalmente norte-americana. Afinal, por que outro motivo deveríamos nos unir à revolta de Templeton sobre as táticas indolentes porém bem-sucedidas de Webster?

Ainda mais interessante é a ambivalência com que o filme trata o papel de Templeton como executiva de contas numa empresa de publicidade da Madison Avenue. Além da suposição de Webster de que a solteirice precoce seria um subproduto natural do sucesso na carreira, o gênero de Templeton não é motivo de comoção.

Contudo, Mann e os roteiristas Stanley Shapiro e Paul Henning reservam seu ódio a outro fenômeno da época: a psicanálise. A aceitação da terapia pelo grande público veio acompanhada de uma forte contracorrente de suspeita, uma crença de que a psicanálise era simplesmente outra forma de jogo de salão, cuja única diferença em relação à hipnose era a sala de espera. E, embora essa visão seja predominante na época e entre os personagens de *Mad Men*, a terapia é abordada com muito respeito no que tange a Betty Draper e sua evolução em termos de autoconhecimento. Para a equipe por trás deste filme, a chamada "cura pela fala" não passa de uma piada recorrente. Na verdade, o único personagem a ceder a essa fraude é o delicado chefe do Webster, Peter Ramsey (Tony Randall). Um covarde mal-humorado que sofre com as expectativas ridículas vindas do pai (embora o "Comodoro" esteja morto há anos) seria o único tipo de garoto rico gastador que poderia queimar o dinheiro de sua herança em tamanha tolice.

Um subtexto malévolo merece ser mencionado, visto que aparenta ser mais do que uma visão certeira em retrospecto. A verdadeira natureza da sexualidade de Rock Hudson era um dos segredos mais mal guardados de Hollywood e, embora esta fosse uma época em que as revistas de fofoca trabalhavam em conjunto com os estúdios, de modo a criar a imagem exigida para seus astros e estrelas, a história sobre a homossexualidade de Hudson saiu do armário e alcançou todos os Estados Unidos. Foram feitas tentativas superficiais de reafirmar sua masculinidade (o que, em 1962, significava "ser heterossexual"), de um casamento arranjado a recursos ficcionais que podem ser resumidos nas celebradas conquistas amorosas de um certo Jerry Webster. Mesmo assim, muitas das piadas dissimuladas veiculadas em *Volta meu amor* devem ter feito o ator se contorcer de raiva: a triste "massa de neuroses", que é o Dr. Linus Tyler criado por seu personagem; o papo de vendedor usado pela personagem de Doris Day para fazer o Dr. Linus ter uma breve estada no quarto de hóspedes dela, que tem "sua própria porta dos fundos"; ou a aparição dele vestindo apenas um casaco de pele feminino (consequência dos tais resultados hilariantes), que leva um homem a comentar: "Ele é o último cara que eu imaginaria." O roteiro tenta alcançar uma sofisticação adulta que de vez em quando funciona, mas quando se trata de pensar em tal comportamento "aberrante", ainda mais na vida de um galã, os cineastas norte-americanos (e o público, pode-se adivinhar) não estavam preparados para abraçar uma sofisticação tão *europeia*.

Os fãs de *Mad Men* encontram alguns ecos da série nesse filme, mas a semelhança verdadeira só aparece em um caso, em minha opinião. Certamente há uma ruiva vivaz na dançarina burlesca Rebel Davis (Edie Adams), mas sua aceitação em ser manipulada pelos homens do filme faria Joan Holloway torcer o nariz de desprezo. E, mesmo que a decoração do cenário feita por Oliver Emert seja uma maravilha resplandecente em termos de cores primárias, a atualidade dela (o apartamento de solteiro do Webster cuja decoração remete a era espacial tem um aparelho de som... *no sofá!*) o deixa excessivamente datado, enquanto Matthew Weiner e Dan Bishop tentam misturar elementos de épocas anteriores e estilos atuais para dar um ar razoável de verossimilhança e atemporalidade (afinal, as pessoas nos anos 1960 não tinham *apenas* mobília dos anos 1960).

Já a dinâmica entre o poderoso Jerry Webster e Peter Ramsey faz lembrar a que existe entre Don Draper e Roger Sterling. A amizade e a ocasional inversão de papéis entre um executivo de cargo inferior e o que recebeu a agência por meio de herança oferecem uma relação rica a ser explorada, embora as semelhanças acabem por aí. Draper discordaria de Webster no bar por sua visão sobre a publicidade, particularmente quanto ao uso do sexo (a declaração de Webster de que "uma dama bem fornida em trajes de banho vende até loção pós-barba pra *beatniks*" faria Don engasgar com seu Old Fashioned), e o veterano de guerra Sterling nem gastaria a saliva necessária para insultar a confiança de Ramsey na psicanálise (além de talvez dizer "bobagem", soprando uma nuvem de cigarro no rosto dele).

No fim das contas, o que ambos têm em comum é um belo senso de ambiente — da publicidade em geral e da Madison Avenue em particular — e isso faz do filme um ótimo complemento à série.

1.09 Shoot [Sessão de Fotos]

DATA DE EXIBIÇÃO ORIGINAL NOS EUA: 13 de setembro de 2007
ROTEIRO: Chris Provenzano, Matthew Weiner
DIREÇÃO: Paul Feig

> "Para ser verdadeiramente bela, é preciso se analisar e decidir que tipo de mulher você é (...) sensual, alta e lânguida ou vivaz e dinâmica? Talvez você possua o tipo de beleza totalmente norte-americana ou seja uma frágil loura pálido-acinzentada. É preciso decidir agora e planejar sua maquiagem, seu cabelo e guarda-roupa para realçar este estilo..."
> "How to Look Halfway Decent" [Como parecer minimamente bela], de Elinor Goulding Smith, revista *McCall's*, fevereiro de 1959

O executivo de uma agência rival tenta convencer Don a se juntar a uma agência maior, de alcance internacional, e tenta fechar o acordo reativando a carreira de modelo de Betty, há muito adormecida.

Os pássaros estão de volta, pairando sobre *Mad Men* como uma nuvem de gaivotas que traz o aviso sobre a tempestade vindoura.

Primeiro, parecem trazer esperança, quando os pombos criados pelo vizinho circulam a casa dos Draper na Bullet Park Drive. Eles são tão adoráveis que emocionaram a pequena Sally Draper, enquanto Betty só conseguiu esticar o pescoço e apreciar a graça das aves em pleno voo.

Ainda mais esperançosa é a possível libertação do papel lúgubre e limitador de Dona de Casa Feliz que Betty recebe na forma de um convite para voltar a ser modelo. Claro que parece uma ideia tramada por Jim Hobart como parte dos esforços para afastar Don da Sterling Cooper e levá-lo à "primeira divisão" da McCann Erickson. Apesar disso, Betty nem precisaria recorrer ao estratagema de Hobart, pois sem dúvida tem uma beleza nova, enquadra-se facilmente no tipo "Grace Kelly" e foi modelo antes do casamento. A esperança de retomar a vida fora da rotina de lavar e cozinhar basta para obscurecer suas ideias, embora aguce a visão de Don.

"O problema que não tem nome", como Betty Friedan batizou o mal-estar que afetava as donas de casa nas décadas de 1950 e 1960, é a essência da luta de Betty Draper. Enquanto os homens estão confinados pela vitória vazia da "felicidade", definida por prestígio e materialismo, as mulheres se viam empurradas ao outro canto do ringue. Fala-se bastante, com razão, do papel desempenhado pelas mulheres para manter uma força de trabalho esvaziada pela guerra, mas há muito a sugerir para afirmar que as mulheres já buscavam acabar com as desigualdades de gênero na sociedade.

Como Friedan diz em sua obra monumental *Mística feminina*, as matérias que enchiam as revistas femininas nos anos que levaram à Segunda Guerra mostravam todo tipo de mulher ascendendo profissionalmente sem sacrificar a vida amorosa. Há ainda um crescimento de mulheres que buscaram e conseguiram educação de nível superior. Depois, porém, tudo mudou. Após a guerra, os homens voltaram a seus lugares estabelecidos nas fábricas e nos escritórios dos Estados Unidos e, sem dúvida, a maioria das mulheres simplesmente voltou para seus lares. Conforme Friedan observa, as matérias em revistas femininas passaram a abordar um ângulo preponderantemente doméstico, apagando os discursos sobre política, arte, ciência ou qualquer tipo de pensamento refinado.

A resposta imediata nos dias de hoje seria investigar a linha editorial dessas revistas e, como você pode imaginar, na época elas eram lideradas principalmente por homens. E é por isso que o fastio sofrido por donas de casa como Betty Draper dói ainda mais do que o enfrentado pelos homens. Enquanto eles descobrem que tudo o que aprenderam a conceber como sucesso na verdade esvazia em vez de encher seus corações, as mulheres ouvem que todas as suas conquistas não eram mais possíveis, nem ao menos eram consideradas atitudes femininas. Para piorar, os homens são responsáveis por jogar as mulheres para baixo, colocá-las "em seu lugar", digamos assim. Por isso, não surpreende que mulheres como Betty Draper fossem consumidas por ataques de ansiedade entre uma tarefa e outra do dia a dia.

Quando Don decide permanecer na Sterling Cooper (só depois de virar a situação a seu favor e conseguir um aumento considerável), o trabalho de modelo de Betty com a McCann Erickson chega ao fim. E embora seja verdade que Don rejeite a oferta depois de olhar o ensaio fotográfico de Betty, é difícil acreditar que ele não tenha aceitado a proposta de Hobart simplesmente para sabotar o sonho de carreira da esposa, apesar de podermos interpretar essa consequência como um efeito colateral desejado para ele.

Betty pode dizer a Don que não quer trabalhar, correr para cima e para baixo em Manhattan ("passando-me por tola"), e pode até acreditar nisso. Mas o vislumbre que ela teve de uma vida digna longe do avental não sairá facilmente de sua cabeça.

Com isso em mente, é compreensível e até digno de aplausos quando Betty, sem tirar o cigarro dos lábios como um caubói, leva uma espingarda de ar comprimido para o jardim e mira nos pombos voadores do vizinho. Se ela não pode voar, por que eles podem?

A FILOSOFIA DE *MAD MEN* **— BETTY DRAPER**: "[Minha mãe] queria que eu ficasse linda para que pudesse encontrar um homem... Não há nada de errado nisso."

FATOS DA ÉPOCA: Quando Betty arrasta Don para o teatro, ela o obriga a assistir a *Fiorello!*, peça pouco conhecida hoje em dia, mas que, na época, ganhou quatro prêmios Tony e foi o terceiro musical a receber o Prêmio Pulitzer.

A produção dramatiza a vida de Fiorello H. LaGuardia durante a Primeira Guerra e seu reinado subsequente como prefeito de Nova York. "A Pequena Flor", como ele era chamado, fez campanha como reformador republicano e ficou conhecido por assumir o controle de Nova York da máquina política chamada Tammany Hall Political Machine e por acabar com a corrupção nos corredores do poder.

O musical estreou em 23 de novembro de 1959, no Broadhurst Theatre (ver a seguir), com Tom Bosley no papel principal (*Happy Days; Assassinato por escrito*) antes de passar para o Broadway Theatre em 9 de maio de 1961. A cortina abaixou de vez em 28 de outubro de 1961, após 795 apresentações.

Embora tenha sido altamente elogiada na época, *Fiorello!* sumiu do repertório norte-americano de musicais, exceto por algumas apresentações regionais e uma versão para concerto do musical encenada em 1994, com Jerry Zaks interpretando o cruzado político de baixa estatura.

IMÓVEIS DE MANHATTAN: Projetado por Herbert J. Krapp, o Broadhurst Theatre abriu em 27 de setembro de 1917, no número 235 da West 44th Street. Foi construído junto com o Plymouth Theatre (que foi renomeado para Gerald Schoenfeld Theatre) e, embora eles tenham praticamente o mesmo exterior, o Broadhurst tem elegantes colunas dóricas e um exuberante mural no saguão, enquanto o Plymouth tem uma decoração mais enfeitada. Krapp era conhecido por trabalhar com ornamentação mínima e por ter excelente campo de visão neste e em outros 13 projetos de teatro que atualmente funcionam na Broadway.

Batizado em homenagem ao refugiado George Howells Broadhurst e construído pelos lendários empresários da Broadway J. J. e Lee Shubert, esse teatro deu a Broadhurst um lar para fazer seu trabalho como gerente e dramaturgo depois de administrar teatros para os Shubert pelos Estados Unidos. A primeira peça produzida no Broadhurst Theatre foi *Misalliance*, de George Bernard Shaw, mas a primeira peça de George a ser encenada ali foi *He Didn't Want To Do It*, em 1918, seguida, três anos depois, por sua adaptação de *Tarzan dos macacos*.

Ao longo dos anos, produções importantes e populares estiveram no Broadhurst, incluindo *The Petrified Forest*; *Pal Joey*; *Ten Little Indians*; *Cabaret*; *Play It Again, Sam*; *O beijo da mulher-aranha* e *Amadeus*. Mais recentemente, o teatro foi palco de reencenações como a de *Gata em teto de zinco quente* (com Terrence Howard) e *Equus* (com Daniel Radcliffe).

VENDENDO O PEIXE: Don é cortejado por Jim Hobarth para se juntar aos grandes e entrar para a McCann Erickson.

Formada pela união de duas agências em 1930, a verdadeira McCann Erickson já tinha alcance global desde os primórdios, com escritórios em Paris, Berlim e Londres. A McCann Worldgroup continua a ser uma das principais forças internacionais no mundo da publicidade hoje, com escritórios-satélite em toda a América Latina e na região da Ásia e Pacífico. Entre seus clientes, estão American Airlines, Coca-Cola (conforme mostrado nesse episódio), Unilever, Microsoft, General Motors e Pfizer. Eles são conhecidos pelo trabalho para a MasterCard, principalmente pela campanha "Não tem preço" e o slogan "Existem coisas que o dinheiro não compra. Para todas as outras, existe MasterCard".

DRINQUE DA VEZ: Para parabenizar Pete Campbell por sua conquista da conta do laxante Secor e por ter conseguido acertar no ataque à campanha do Kennedy, Fred Rumsen lhe dá uma garrafa de Jack Daniel's ("Lacrada! Muito gentil da parte dele"). A garrafa quadrada e o rótulo preto são tão reconhecíveis como ícones de cultura pop quanto uma garrafa de Coca-Cola, embora o uísque do Tennessee tenha efeito mais significativo.

QUAL É A ALTURA DO PREFEITO?

Com exatos 1,52m, Fiorello H. LaGuardia foi o homem mais baixo a ter o posto de prefeito de Nova York. Abraham D. Beame, cujo mandato durou de 1974 a 1977, tinha 1,57m. A altura do prefeito Michael Bloomberg (que tomou posse em 1º de janeiro de 2002) tem gerado certa polêmica: embora a carteira de motorista diga que ele tem 1,77m, a altura vem sendo citada em várias publicações de Nova York com 5cm a 10cm a menos.

Antes da Sterling Cooper – Leitura Recomendada: "Mística Feminina", de Betty Friedan

É difícil imaginar os Estados Unidos antes da publicação do best-seller que abalou o país. Uma investigação esclarecedora sobre os problemas das donas de casa e o papel limitador da vida no lar, a publicação de *Mística feminina* criou rachaduras na paisagem e profundas alterações que se propagaram pelas décadas seguintes, a ponto de ser citado como o início da Segunda Onda do feminismo. O livro também se coloca ao lado de alguns textos que podem verdadeiramente alegar ter mudado a visão de mundo de seus leitores.

A tese central da análise da autora sobre o "problema que não tem nome" — especificamente o fato de as donas de casa pós-Segunda Guerra terem sido forçadas a um papel subserviente e a fazer trabalhos que extenuam a alma em nome de um ideal absurdo de hiperfeminilidade propagado por editores de revistas femininas e publicitários — iniciou um debate imediato que enfureceu o continente e empurrou o movimento das mulheres para a radicalização política dos anos 1970. A experiência de Friedan como redatora dessas mesmas revistas talvez a tenha levado a investigar a linha editorial das publicações norte-americanas, cuja tendência era afastar-se de mulheres fortes que criavam suas próprias identidades, mas o ímpeto para explorar esta mudança veio de um questionário completo escrito para uma reunião de 15 anos de formatura de sua turma da Smith College. As respostas recebidas de duzentas mulheres com educação de nível superior alertaram para uma terrível insatisfação entre as norte-americanas, que não poderia ser simplesmente descartada por má educação ou baixo estrato social. Quando sentiu que ali teria uma matéria, o instinto jornalístico tomou conta e ela o seguiu como faria qualquer bom repórter, sabendo o impacto que teria nas mulheres norte-americanas, incapazes de definir muito bem o fastio que as afligia.

Porém, embora o livro falasse a um vasto segmento da população, teve lá seus detratores. Os que tiveram sua visão de mundo patriarcal atacada na obra viram falhas não só na mensagem, mas também na tendência da autora em fazer generalizações amplas, confiar em estatísticas ilusórias e demonstrar certa tendência à hipérbole, o que, por si, enfraquecia suas intenções.

Muitas donas de casa não se identificaram com o retrato de Friedan: pacotes ambulantes de neuroses que se sentem humilhados por preencher o formulário do censo com "Ocupação: dona de casa", e acharam que o livro, na melhor das hipóteses, desvalorizava o árduo trabalho de cuidar da casa e criar uma família e, na pior, excluía as mulheres do lar de sua cota de emancipação. Cronista norte-americana das mãos que lavam a louça, Erma Bombeck escreveu sobre a atração imediata pelo trabalho de Friedan entre seu séquito de donas de casa, mas descobriu posteriormente que o livro depreciava as tarefas domésticas. "Estas mulheres", escreveu Bombeck sobre Friedan e suas seguidoras "lançaram-se a uma guerra e não nos convidaram. Isso foi muito errado da parte delas". (Porém, este sentimento pode ter surgido por Friedan ter escrito que mesmo o melhor e mais divertido trabalho da "dona de casa escritora" é análogo ao de um subserviente "Pai Tomás" — maldade.)

É tentador atacar o livro por abordar questões importantes de modo inadequado, mas está claro que a redefinição dos papéis femininos — em casa e no trabalho — não poderia ter começado sem a ousadia de *Mística feminina*. Antes de plantar as fundações, é preciso fazer o árduo trabalho de escavação. E como Betty Draper — e pelo menos mais um personagem — aprende ao longo da série, esse tipo de trabalho extenuante leva apenas a um trabalho ainda mais extenuante.

O futurista Alvin Toffler escreveu, numa frase famosa, que o livro de Friedan "puxou o gatilho" da história, mas o que a levou a carregar a arma? Escritora, mãe, dona de casa e veterana do jornalismo em revista, ela notou uma estranha tendência nos artigos que abordavam a vida da mulher do lar. Embora houvesse matérias nas revistas *Ladies' Home Journal* e *McCall's,* que celebravam a esposa e mãe feliz dos subúrbios norte-americanos (com títulos como "Cozinhar, para mim, é poesia"), notícias publicadas no jornal *New York Times* e exibidas na rede de TV CBS (por exemplo, a reportagem "The Trapped Housewife" [A dona de casa aprisionada]) mostravam uma realidade mais sombria e problemática.

Friedan realizou uma pesquisa informal de artigos e matérias de 1939 publicados em revistas como *Good Housekeeping* e *Woman's Home Companion,* e descobriu que a maioria das protagonistas mostradas em suas histórias eram mulheres de carreira com gosto pela vida e aventura que foi melhorado — e não impedido ou definido — pelo amor de um homem.

Em seguida, Friedan analisou o conteúdo de uma edição da revista *McCall's* de julho de 1960 e, na comparação, observou uma queda acentuada nesse tipo de reportagem. Entre as matérias, estavam um glamouroso texto de quatro páginas ensinando a "reduzir [perder peso] como fazem as modelos" e um conto sobre uma adolescente que não vai para a faculdade, mas rouba o homem de uma universitária inteligente.

Sem dúvida, a disparidade era impressionante, mas, se a abordagem não científica gerou dúvidas por parte dos críticos, o fato de a autora se basear em depoimentos também foi motivo de grande preocupação. Talvez Friedan tenha percebido isso, decidindo, então, encher o primeiro capítulo de estatísticas que indicavam a diminuição da média de idade em que as mulheres se casavam, a taxa comparativa de homens e mulheres com diploma de ensino superior e a crescente porcentagem de mulheres que largaram a faculdade para se casar — tudo no mesmo parágrafo. Os detratores imediatamente denunciaram os números como injustos ou enganadores, crítica válida para *qualquer* estatística, mas um argumento que não aborda o cerne da tese de Friedan.

Mais desfavorável era o senso geral de desdém pela dona de casa que surgia desta obra seminal. Certamente Betty flertou com o mal-entendido (ao escrever que o trabalho da dona de casa com educação formal não está à altura *dela*, em vez de não estar à altura da *capacidade* dela, por exemplo), mas parece que o desprezo às donas de casa dentro do movimento feminino (ou a aparente existência de tal sentimento) resulta do que veio depois deste livro. As feministas que seguiram Friedan nutriam grande animosidade em relação às mulheres que trabalhavam em casa, muito mais do que qualquer palavra escrita na obra que deu o impulso para a Segunda Onda.

O que alguns podem ter desprezado como parte da base falaciosa do trabalho de Friedan acabou sendo seu ponto forte, não só por ter relevância até hoje, como pelo contraponto à visão aceita na época sobre o desdém da autora pela dona de casa. Os depoimentos de mulheres do lar (pessoais e reveladores devido, sem dúvida, ao anonimato oferecido pela autora) dão grande peso a seus argumentos. É difícil alegar que as mulheres não se sentem presas aos seus papéis limitadores de mãe e esposa quando dizem isso repetidas vezes. Esses depoimentos em primeira pessoa também revelam muita empatia da parte de Friedan. Não só essas entrevistas são a parte principal do livro, como a autora cede tempo e espaço a esses sentimentos, recusando-se a dividi-los em citações menores para apoiar uma ideia, optando por deixar os pensamentos se desenvolverem desimpedidos ao longo de vários parágrafos. Se Friedan não consegue convencê-las a cantar, pelo menos pode lhes dar um lugar para aquecer a voz. No fim das contas, a autora reserva sua ira para a máquina da sociedade e do capitalismo que as confinou em casa, como em: "A atuação como repórter, que me ensinou a seguir as pistas que apontam para o lado oculto da realidade econômica." E mesmo sendo possível ver a gênese dessa ideia no envolvimento de Friedan com grupos marxistas na juventude e por seus textos em periódicos com tendências esquerdistas, sua alegação de que as aspirações de uma mulher são atrofiadas pela "falta de sentido" de aquisição de bens materiais — "dois carros, duas televisões, duas lareiras", ainda soa verdadeira quase cinquenta anos depois (exceto, talvez, por não ser mais um problema específico das mulheres).

A afirmação definitiva da tese de Friedan é confirmada a tempo: mesmo que a discriminação baseada em gênero ainda seja uma força atuante, muitos de seus argumentos — educação para dar poder às mulheres, casamento deve ser uma parceria, e a mulher que trabalha deve ser alvo de celebração em vez de escárnio — são amplamente aceitos como verdades ou ideias sensatas. E por tudo o que já foi escrito sobre o lugar da autora na incitação do movimento feminista, isso não significa necessariamente que as ideias dela sejam ruins. Afinal, nada revela mais a saúde intelectual de um movimento do que um debate empolgado entre seus integrantes.

O fato de a própria Betty Friedan ter se referido à *Mística feminina* como "um problema de identidade" indica a importância da obra para Matthew Weiner criar *Mad Men*. Além da busca de Don Draper no sentido de conciliar o homem que é com o que já foi e quer ser, a série também está preocupada com a busca de Betty Draper por realização num mundo que lhe diz repetidas vezes que ela tem tudo.

Betty Draper tem diploma de curso superior e já trabalhou como modelo, mas se casou e formou uma família muito jovem. Ela sofre de uma ansiedade inominável e crê que seu marido perfeito, sua linda casa e renda cada vez maior são embotados pela existência de um companheiro reticente, lar frio e estilo de vida vazio. Ela mata o tempo fazendo compras, cozinhando e servindo de motorista para as crianças, mas até essa carga de trabalho é retirada quando os Draper contratam uma empregada. Depois disso, andar a cavalo e ter longos almoços ocupam apenas parte de seu dia. A Sra. Draper é uma mulher desejada, mas considera inadequada a atenção esporádica do marido e sua duplicidade, inexplicável.

Em quase todos os aspectos, Betty Draper é o resumo perfeito de *Mística feminina* sobre "o problema da dona de casa". Contudo, Peggy Olson ocupa um espaço no capítulo final, "Um novo plano de vida para as mulheres". Friedan aconselha as mulheres em alguns pontos que não se aplicam diretamente à jovem redatora (encarar o problema e admitir que o trabalho doméstico não é lugar para criatividade, mas uma tarefa a ser cumprida de modo rápido e eficiente), porém a preocupação com os passos necessários para fazer a transição de trabalho para uma carreira num mundo dominado por homens se aplica à personagem. A autora sugere que, devido à *Mística feminina*, a transição de amadora para profissional é a parte mais difícil desse avanço. Apesar de sua ascensão rápida na hierarquia, Peggy enfrenta declarações condescendentes desde o início da carreira, como se seu lugar na equipe criativa da Sterling Cooper fosse apenas a versão para a agência de publicidade da prática teatral de escalar um ator conhecido para um papel pequeno. Mesmo quando aborda Roger Sterling em busca de reconhecimento por seu trabalho árduo, ele considera "bonitinho" o comportamento "agressivo" dela.

A busca pela identidade por meio do trabalho criativo é um tema recorrente em *Mística feminina* e, apesar de Peggy apresentar uma relação interessante com o trabalho, pelo menos ela tem mais acesso ao trabalho criativo (não que isso tenha vindo sem sacrifícios). Betty Draper, por sua vez, ainda tem uma longa estrada até sair de seu "confortável campo de concentração", mas isso renderá uma viagem bem mais interessante para o espectador.

1.10 Long Weekend [Fim de semana prolongado]

DATA DE EXIBIÇÃO ORIGINAL NOS EUA: 27 de setembro de 2007
ROTEIRO: Bridget Bedard, André e Maria Jacquemetton, Matthew Weiner
DIREÇÃO: Tim Hunter

> "Convenhamos. Uma garota ascensorista?
> E branca? Eu quero trabalhar nesse lugar."
> Roger Sterling criticando o filme *Se meu apartamento falasse*

Don fica na cidade durante o feriado prolongado. Relutantemente, ele acompanha Roger numa "pescaria exploratória" durante a escolha de elenco para um comercial de folha de alumínio dupla face. Roger ultrapassa os limites e enfrenta as consequências.

Roger Sterling sempre teve um brilho perverso nos olhos, ao mesmo tempo enlouquecedor e agradável. Ele também é o príncipe herdeiro da devassidão no escritório, o que significa muito no estonteante (alguns diriam hedonista) mundo da Madison Avenue na década de 1960. Seja bebida, cigarro ou sexo, Roger jamais conheceu um vício de que não gostasse.

126

Mas há algo diferente nesse episódio, um desespero para saciar essa compulsão, e não surpreende que haja um preço a ser pago pelas transgressões. E isso basta para lhe tirar o brilho dos olhos.

Tudo cintila na superfície, como a fachada de uma comédia leve de Billy Wilder. Joan resiste aos avanços de Roger para ficarem juntos no feriado prolongado do Dia do Trabalho devido, em boa parte, a *Se meu apartamento falasse*. Ela foi acometida por uma justificada indignação diante do tratamento dispensado à personagem de Shirley MacLaine no filme, no qual é passada de mão em mão entre os insensíveis executivos como se fosse uma revista pornográfica. Apesar da esnobada, Roger considera o teste de elenco para o comercial de papel-alumínio dupla face (e a imaginação preguiçosa de Freddy Rumsen que levou a chamar duplas de gêmeas para o papel) suficiente para animá-lo.

Billy Wilder também aparece no título do episódio, que ecoa o filme de horror feito em 1945 pelo versátil e alcoólatra diretor, *The Lost Weekend* [Tradução literal: *O fim de semana perdido*. No Brasil, *Farrapo humano*] (coincidentemente, Wilder filmou várias cenas no anteriormente mencionado P.J. Clarke's). Se Roger passar os três dias do feriadão como deseja, será exatamente igual ao título do filme em português, só que sem os debilitantes *delirium tremens*.

Outro tipo de delírio, por sua vez, afeta o eleitorado norte-americano. Roger, Don e o resto dos rapazes da Sterling Cooper se preocupam com a disputa apertada entre Kennedy e Nixon nas pesquisas. Além de Pete, ninguém consegue entender o apelo do garoto que estudou em uma universidade de elite diante do estadista e herói de guerra que foi vice-presidente por oito anos. Embora a balança sempre penda para o lado de quem serviu (seja na Segunda Guerra ou na Coreia), os veteranos descobrem que o respeito automático demonstrado pelos homens de farda pode estar mudando de direção.

O grande sacrifício de homens e mulheres que serviram na guerra não pode ser menosprezado, mas muita gente pode achar que homens como Roger, que tratam o serviço militar como "férias de marinheiro" com duração de vinte anos, prestam um desserviço à farda. O temperamento da época também indica que o chamado "herói de guerra" está perdendo seu apelo. Talvez a guerra tenha acontecido há muito tempo para que o povo aprecie o dom que lhes foi dado pelos militares. Quando o presidente norte-americano Eisenhower (um general condecorado, não se esqueçam) não consegue pensar em nada de bom para dizer sobre Nixon, isso parece colocar o último prego no caixão da mística do soldado que volta para casa, e também nas esperanças presidenciais de seu vice.

Don enfrenta momentos difíceis com o ataque cardíaco e a subsequente vulnerabilidade de Roger (que pergunta: "Você acredita em energia... Em alma?"). E parece enfrentar algo ainda mais difícil ao ver imagens do estrago causado pela famosa entrevista coletiva do presidente Eisenhower. Don sai correndo do hospital e busca refúgio nos braços de Rachel Menken, que parece ser a única capaz de ajudar Don a assimilar a confirmação da mortalidade: ele tenta se abrir com Betty, mas ela só consegue falar de sua falecida mãe e do comportamento embaraçoso do pai com a nova namorada. É difícil saber o que choca mais: a fragilidade que ele demonstra diante da Rachel, contando detalhes de sua juventude — especialmente sobre a mãe prostituta, que morreu o dando à luz e a posterior criação pelo pai biológico e a esposa dele — ou o cabelo de Don, sempre impecável, mas que nessa cena está simbolicamente despenteado.

John Slattery interpreta Roger Sterling como um indecente e agradável libertino até este momento. Seu medo diante da perspectiva da morte e as lágrimas nos braços da esposa e da filha ficam ainda mais dolorosos. Até esse episódio, Roger representava o id sem limites do homem norte-americano pós-Segunda Guerra. De agora em diante, parece frágil como um pássaro ferido.

No fim das contas, o que se inicia neste episódio como um cântico sobre ceder aos vícios termina como uma fábula cuja moral aborda o legado que tal fraqueza pode deixar. Seja o ataque cardíaco de Roger ou os interesses extraconjugais de Don (um homem que nasceu para ceder ao desejo), "Long Weekend" trata do custo que isso pode ter tanto para quem cede quanto para as pessoas a seu redor.

A FILOSOFIA DE *MAD MEN* — ROGER STERLING: "Estar com um cliente é como estar num casamento: às vezes você diz sim pelos motivos errados e, em algum momento, acaba levando um tapa na cara."

FATOS DA ÉPOCA: Betty estimula o pai, que é diabético, a adoçar o café com pílulas de sacarina em vez de açúcar. Esse produto foi descoberto em

1879 e usado para substituir o açúcar durante as guerras mundiais, sendo também um eficaz conservante.

A sacarina tornou-se popular nas décadas de 1950 e 1960 não só por ser um adoçante seguro para os diabéticos, mas também por ser uma forma de controlar o peso. A Food Drug Administration (FDA) fez uma emenda na Lei de Alimentos, Fármacos e Cosméticos em 1958, de modo a exigir que substâncias criadas antes do ano da mudança da lei fossem aprovadas antes de serem lançadas no mercado. Porém, os produtos "geralmente reconhecidos como seguros" ou GRAS, na sigla em inglês, não estavam sujeitos a esse escrutínio e, por isso, a sacarina permaneceu disponível para os consumidores.

No início da década de 1970, a FDA começou a testar essas substâncias consideradas GRAS de modo a certificar-se de que eram realmente seguras. Quando os testes realizados de 1972 a 1973 relacionaram o uso da sacarina ao aumento do câncer de bexiga em ratos de laboratório, a FDA lançou um alerta. Enquanto verificavam os dados dos testes, alguns dos quais indicavam que o câncer era causado por impurezas, um estudo canadense realizado em 1977 descartou o argumento das impurezas e afirmou que a relação entre sacarina e câncer de bexiga era "convincente". Como o produto foi banido no Canadá, o congresso americano sugeriu proibição semelhante naquele mesmo ano, mas não encontrou apoio do público, presumivelmente porque os diabéticos e vigilantes do peso acostumaram-se ao adoçante de caloria zero.

A sacarina é proibida no Canadá até hoje. Ainda assim, em 2000 o congresso norte-americano não aprovou uma lei exigindo um rótulo em todos os produtos com sacarina que avisasse ao consumidor os riscos à sua saúde.

VENDENDO O PEIXE: Pete Campbell se deleita ao dar a má notícia a Don sobre a perda da conta da Dr. Scholl, contando que o cliente considerou o trabalho criativo da agência "maçante e sem humor". A Exercise Sandal, que Don tanto menosprezou, foi lançada em 1959 e logo virou um sucesso na linha de produtos da Dr. Scholl. Fãs célebres como as modelos Twiggy e Jean Shrimpton deram à sandália o status de última moda.

Por falar em maçante e sem humor, um anúncio impresso da época empolgou o mercado com o seguinte texto instigante: "A revolução silenciosa do Dr. Scholl cria linhas de farmácias lucrativas com base nos calçados para o dia a dia." Uau!

DRINQUE DA VEZ: O infarto de Roger Sterling pode não ter sido causado por seu hercúleo consumo de álcool (embora isso possa ter ajudado — bem como o sexo fora do casamento e todo aquele creme e manteiga), mas ao ser internado num hospital em 1960 ele pode muito bem ter recebido um tipo bem diferente de coquetel.

A terapia com Glicose-Insulina-Potássio ou GIK (o elemento químico para o Potássio é o *K*) era o tratamento para infarto do miocárdio mais popular na época. Apesar de ter saído de moda pouco depois, foi revisitado no fim dos anos 1990 como um método barato para interromper os danos causados por um ataque cardíaco e reduzir a taxa de mortalidade ao fornecer "suporte metabólico ao miocárdio isquêmico".

Antes da Sterling Cooper — Filme Recomendado: "Se meu apartamento falasse", de Billy Wilder

As vantagens de se trabalhar na gigante de seguros Consolidated Life of New York são consideráveis, desde que você seja um alto executivo. Ou, se você for C.C. Baxter (Divisão de Contabilidade Premium, mesa 861, salário de US$94,70 por semana) e estiver disposto a emprestar seu apartamento à alta gerência para encontros extraconjugais, poderá desfrutar de alguns benefícios extras.

Se meu apartamento falasse, de Billy Wilder, oferece muitos desses benefícios ao espectador. É um filme que faz uma crônica do mundo dos negócios e dos relacionamentos amorosos de Nova York em 1960 e, embora represente bem a sua época, é inteligente, engraçado e humano o suficiente para parecer atemporal.

C.C. Baxter (Jack Lemmon) é funcionário na imensa firma de seguros nova-iorquina Consolidated Life. Ele trabalha arduamente em sua mesa todos os dias, tem uma queda pela simpática ascensorista Fran (Shirley MacLaine) e geralmente segue sua desinteressante vidinha sem grandes movimentações. Mas após um dia difícil de trabalho ele não consegue nem ao menos apreciar a paz de sua própria casa, pois criou o hábito de emprestar seu apartamento a vários executivos da Consolidated Life para que eles possam ter seus casos extraconjugais longe dos olhares curiosos. Baxter sempre recebeu a promessa de promoção em troca do desconforto causado e como prêmio pela discrição, mas ela parece nunca vir. Contudo, quando o diretor da empresa Jeff Sheldrake (Fred MacMurray) mostra interesse nesse acordo, Baxter, feliz, observa sua perspectiva profissional melhorar, só para descobrir logo em seguida que a amante de Sheldrake é ninguém menos que sua paixão do trabalho, a ascensorista Fran.

O filme de Wilder tem muito em comum com *Mad Men*, pelo menos superficialmente: aborda a negociação com uma política corporativa implacável, o papel do álcool no trabalho e no lazer e a dificuldade das mulheres determinarem o próprio destino. Há também uma afinidade estética em termos de design da produção, tanto no estilo quanto nos personagens e na capacidade de ir da comédia ao drama (às vezes na mesma cena). O dócil C.C. Baxter não se parece com o arrogante Don Draper (embora os dois tenham a boa educação de tirar o chapéu num elevador), mas vivem no mesmo mundo. É o suficiente para fazer você desejar que a AMC exibisse *Mad Men* em preto e branco.

Embora Don seja mais parecido com Sheldrake do que com Baxter, ele não envolve subordinados na intrincada rede de sua complexa vida pessoal, a não ser em caso de emergência (vide a estada de Bobbie Barrett no apartamento de Peggy Olson em "The New Girl" [A Nova Garota]. Essa discrição se deve menos à cortesia profissional do que a uma aversão à vulnerabilidade. Ao calcular os resultados possíveis, Don sempre pensa nas consequências e em quem sairá ganhando.

O único personagem com quem Don se parece, estranhamente, é Fran. No filme, ela é a personificação das frustrações femininas quanto às dores profissionais e românticas da época. Joan Holloway pode ter se identificado com essa personagem ("Como ela passava de mão em mão entre os homens, como se fosse uma bandeja de canapés") a ponto de sua opinião sobre o filme começar uma discussão com seu então amante Roger Sterling, mas a tristeza por trás do comportamento alegre de Fran é da mesma esfera existencial de Draper. Fran se sente tão atormentada pelo passado quanto Don ("Fui amaldiçoada desde o começo: meu primeiro beijo foi num cemitério"). E embora o executivo jamais tenha pensado em suicídio, a decisão da ascensorista de engolir um frasco inteiro de calmantes na véspera do Natal não está tão distante assim da tendência dele a desparecer.

Os filmes de Billy Wilder costumam ser lembrados pelos diálogos ágeis e humor sofisticado. Mas além de ser um mestre reconhecido em vários gêneros (o filme *noir* de *Pacto de sangue*, o mistério de guerra de *Cinco covas no Egito*, a cinebiografia edificante de *Águia solitária*, o suspense de tribunal de *Testemunha de acusação*), seus melhores filmes estão sempre envoltos em melancolia. Na verdade, tentativas frustradas de suicídio costumam ter um papel vital em seus filmes (*Crepúsculo dos deuses; Amigos, amigos, negócios à parte; Pacto de sangue, Farrapo humano*). Esse toque trágico amplifica em vez de dominar sua visão de mundo ressentida porém cômica, um ponto de vista complicado atribuível, em parte, à perda de três membros da família em Auschwitz.

A cenografia que Wilder deixou a cargo de Edward G. Boyle (com direção de arte de Alexandre Trauner) consegue proeza semelhante à realizada por Dan Bishop a pedido de Matthew Weiner em *Mad Men*, embora por meios diferentes. No filme, as janelas dos escritórios executivos da Consolidated Life, semelhantes a um aquário, indicam um mundo em que nenhum segredo é guardado por muito tempo, enquanto o teto baixo e o emaranhado de mesas ilustram o anonimato de um grande ambiente corporativo. (Wilder chegou a fazer um pedido apócrifo para colocar anões no ponto de fuga das mesas para dar a impressão de um local ainda maior.) Os escritórios da Sterling Cooper não são tão ameaçadores ou impessoais, estilo adequado a uma agência de publicidade de médio porte. Nele, portas sólidas e janelas foscas escondem os escritórios dos executivos, configuração apta a um mundo em que o segredo é corriqueiro, mas cuidadosamente mantido.

Tanto *Se meu apartamento falasse* quanto *Mad Men* conquistaram prêmios por sua direção de arte, sendo parceiros perfeitos no sentido de que o estilo jamais se destaca; apenas serve às necessidades da trama e dos personagens, a saber: as relações humanas são frágeis e o custo por não valorizá-las é alto.

1.11 Indian Summer [Mudança de Clima]

DATA DE EXIBIÇÃO ORIGINAL NOS EUA: 4 de outubro de 2007
ROTEIRO: Tom Palmer, Matthew Weiner
DIREÇÃO: Tim Hunter

"Você é o seu pior inimigo."
Biscoito da sorte de restaurante chinês

Don e Rachel caem nos braços um do outro. Peggy começa a carreira como redatora em tempo integral trabalhando num produto com um "benefício" muito peculiar. Betty convida um vendedor de ar-condicionado a entrar em sua casa.

O desejo reprimido se abate sobre as mulheres como a onda de calor de outubro no Hemisfério Norte, que dá título ao episódio.

Betty está enfrentando uma longa seca num calor opressivo; Don não fica muito em casa e, quando fica, parece não estar lá. Ele não se deu tempo o suficiente para viver o luto pelo fim de seu caso duradouro com Midge e mergulha de cabeça no caso com Rachel Menken, que rouba sua disponibilidade emocional e também seu ardor sexual. Betty abre a porta para um vendedor de ar-condicionado insistente e bonitão e, embora o rapaz pareça pensar apenas em trabalho, Betty dispensa o bom-senso e permite que o homem entre em sua casa. Na metade da escada rumo ao quarto para fazer as medidas do aparelho, ela para e pede que ele saia. Seja devido ao aparente conforto que sentia ao lado dele ou pelo simples fato de vestir um roupão, Betty não queria transmitir a impressão errada ao rapaz.

Por isso, quando a máquina de lavar quase sai correndo pela área de serviço, a dona de casa faz o que pode para impedir, bloqueando a passagem com o próprio corpo. O fato de ela achar a máquina mais atenta aos seus desejos do que o marido não surpreende, mas imediatamente fantasiar com o vendedor de ar-condicionado é algo mais revelador. Uma jovem esposa de beleza próxima à de Grace Kelly, Betty Draper certamente nunca se imaginou como dona de casa desvalorizada com tendência para heroína de Tennessee Williams, apavorando qualquer entregador que passe pela vizinhança.

O episódio faz algumas menções ao papel da fantasia romântica na vida de uma mulher. Ter passado algum tempo sem a atenção do marido deu tempo a Betty de criar uma fantasia em que o vendedor de ar-condicionado chega perto de assumir um papel importante, quase ajudando a pular da fantasia para a realidade. Rachel também luta com situação semelhante, pois se preocupa com o impacto que encenar uma fantasia pode ter no mundo real, não importa o quanto o sexo seja excelente.

"O que ocorre quando uma mulher baseia toda a sua identidade em seu papel sexual, quando o sexo é necessário para fazê-la 'sentir-se viva'?", pergunta Betty Friedan em *Mística feminina*. É uma questão com a qual Betty Draper se identifica bastante. Friedan sugere que não chega a ser chocante o fato de uma dona de casa, que é exigida a se definir exclusivamente por meio da criação dos filhos e do orgulho do lar, encher-se de expectativas quanto à "feminilidade" de seu papel conjugal (e aumentar as expectativas quanto à "masculinidade" do marido). E, no caso de Betty, uma mulher que admite num episódio anterior que passa os dias fantasiando sobre a volta do marido e o sexo que a trará de volta à vida ("só penso nisso, o dia todo") acharia tudo ainda mais difícil de suportar quando o marido não consegue cumprir essa tarefa. Submergir nos assuntos de família só preenchem o vazio até certo ponto.

Assuntos familiares, por sua vez, nem passam pela cabeça de Peggy enquanto trabalha diligentemente na campanha de um dispositivo esdrúxulo que desnorteou todos os homens da Sterling Cooper: o Relaxacisor, um estimulador muscular elétrico feito para perder peso por meio de "ginástica passiva". Embora ninguém possa fingir saber se aquilo realmente elimina os quilos a mais, todos os homens concordam que Peggy pode ter uma perspectiva especial sobre o que o inventor do aparelho promete — em parte, por ser mulher, mas principalmente por seu súbito ganho de peso.

Uma observação interessante neste episódio é a reação dos homens ao que consideram assuntos da "arena feminina". Embora não tenham escrúpulo de fazer as insinuações sexuais mais descaradas, a possibilidade de mencionar diretamente o peso de Peggy deixa os rapazes da Sterling Cooper constrangidos. E, embora eles fiquem felizes ao se gabar de suas conquistas sexuais, reais ou imaginárias, a ideia de ser substituídos por uma máquina os deixa aturdidos e prontos para a luta (vide Freddy Rumsen e o imprudente Ken Cosgrove). A perspectiva única que eles esperavam obter da redatora era previsível (e um prenúncio dos estimuladores musculares elétricos como ferramentas de autossatisfação que viriam décadas depois), mas sua capacidade de apresentar o mote para vender o aparelho e o texto para isso impressiona a todos, até mesmo o ressentido Pete Campbell.

Tudo isso não significa que os rapazes da Sterling Cooper tenham pouco a fazer neste episódio: Roger tenta mostrar a Lee Garner Sr., do Lucky Strike, que, ataque cardíaco à parte, ele está pronto para trabalhar, o que só leva a outro ataque cardíaco; Don se beneficia da enfermidade do amigo sendo promovido a sócio, enquanto Pete enfrenta um dilema moral por uns sessenta segundos diante da oportunidade de pegar um pacote destinado a Don, posto no correio pelo meio-irmão dele, Adam Whitman, no começo do episódio.

Embora o fim da onda de calor traga alívio aos homens, as mulheres acham um paliativo diferente, que "rejuvenesce" e "revigora", mesmo sem a presença de homens.

A FILOSOFIA DE *MAD MEN* **— DON DRAPER:** "Apenas pense profundamente nisso e depois esqueça... Aí uma ideia vai brotar."

FATOS DA ÉPOCA: Quando Roger cumprimenta o chefão do Lucky Strike, Lee Garner, Sr., sobre o resultado do recente processo que eles enfrentaram, a noção de "responsabilidade sem culpa" é tratada como vitória — por Roger, ao menos. Na verdade, quando o júri decidiu sobre o caso de Edwin Green contra a American Tobacco, os dois lados disseram ter vencido.

Edwin M. Green entrou com uma ação em 20 de dezembro de 1957, no Southern District da Florida Miami Division, alegando que, "como resultado de fumar Lucky Strikes (...), o autor sofreu lesões, pois desenvolveu câncer de pulmão". Green exigiu US$1,5 milhão em danos morais como resultado do subsequente "embaraço, humilhação e grande instabilidade emocional" e pelo fato de sua "expectativa de vida ter sido gravemente reduzida".

Green morreu em 1958, antes de o processo ser julgado, mas o caso foi levado adiante pela viúva, Mary. O advogado do autor da ação, Larry Hastings, alegou que os cigarros Lucky Strike "causaram ou contribuíram" para o câncer de pulmão que se mostrou fatal. Segundo ele, embora Green estivesse ciente dos efeitos danosos antes de 1954, a American Tobacco errou ao não avisá-lo quanto aos perigos do fumo.

Já o advogado de defesa David W. Dyer alegou que nenhum médico poderia compreender a natureza do câncer, o "grande mistério do século". Segundo ele, quaisquer fatores externos poderiam ter causado a doença que tirou a vida de Edwin Green, como radiação, hereditariedade e poluição atmosférica, entre outros. A única relação encontrada em testes controlados de laboratório entre o uso de cigarro e as taxas de câncer ocorreu em animais, que não poderiam ser atribuídas facilmente a seres humanos. O júri teve de responder, essencialmente, a quatro perguntas:

1. O falecido Green teve câncer primário no pulmão esquerdo?
2. Se teve, o câncer foi a causa ou uma das causas de sua morte?
3. Em caso positivo, fumar os cigarros Lucky Strike foi responsável pelo câncer no pulmão esquerdo dele?
4. Se sim, o réu poderia ter consciência de que fumar este produto poderia resultar no câncer que o matou?

Em 2 de agosto de 1960, diante do representante dos jurados, Henry J. Ayres, o júri disse "sim" às três primeiras perguntas e "não" à quarta. Num caso marcante para associar o fumo ao câncer, esta resposta final impediu o espólio de Edwin Green de ganhar danos morais no caso. Os oponentes das grandes empresas de tabaco acharam a vitória moral suficiente para clamar vitória e, embora as empresas de cigarro tenham assumido a vitória em público, muitos viram o julgamento como um indício do que estava por vir.

IMÓVEIS DE MANHATTAN: Quando Adam envia o pacote incriminatório para o escritório de Don, é possível ler o endereço da Sterling Cooper no embrulho de papel pardo: *405 Madison Ave., Nova York, 17 NY.*

Os turistas que chegam a Manhattan interessados em ver o arranha-céu barulhento com o presunçoso saguão de mármore mostrado no episódio-piloto ficarão decepcionados (ou, para quem sabe lidar com o Google Maps, a decepção pode ser sentida em casa mesmo). O mais perto que se pode chegar desse endereço em Nova York é um caixa eletrônico do Chase Manhattan localizado na esquina a sudeste da Madison Avenue e da 48th Street. O lado positivo é que os ônibus expressos BM1 a BM5 da Manhattan Transit Authority passam no ponto de ônibus dessa esquina, mas só deixam e pegam passageiros nos arredores (de Mill Basin a Spring Creek).

VENDENDO O PEIXE: O Relaxacisor gera alguns momentos constrangedores e bochechas coradas (especialmente em Peggy), mas o aparelho não é fruto da imaginação.

Apresentado como dispositivo de "ginástica passiva", esse estimulador muscular elétrico (EME) foi lançado nos anos 1960, com a promessa de fornecer o tônus muscular de um atleta sem esforço. Embora tenha recebido o Selo de Aprovação da revista *Good Housekeeping*, em 1972, a Food and Drug Administration (FDA) baniu o aparelho, considerado perigoso. Essa decisão veio de um processo na Califórnia no ano anterior, no qual o Juiz William P. Gray declarou que o aparelho "poderia causar abortos" e agravar doenças existentes como "hérnia, úlcera, varizes e epilepsia".

O uso criativo que Peggy descobre para o aparelho não foi um caso isolado. Dispositivos de EME foram eufemisticamente adquiridos por toda aquela década até 1971, quando o regulamento da FDA entrou em vigor. Mas depois que o dispositivo foi declarado inseguro, uma nova versão surgiu na forma do Transcutaneus Electric Nerve Stimulation (TENS) [Neuroestimulação elétrica transcutânea]. Embora o aparelho ainda seja usado por fisioterapeutas no tratamento da dor crônica, quem buscava "rejuvenescimento" acabou adaptando o TENS às suas necessidades.

Após outra proibição por parte da FDA na década seguinte, outras versões da máquina de "ginástica passiva" continuavam a aparecer. Seja pelo charlatanismo (a corrente elétrica necessária para beneficiar os músculos seria "torturante"), seja pelo pioneirismo sexual, a ideia de um gerador portátil de corrente elétrica não deve desaparecer tão cedo.

Olhando pelo lado bom, é menos incômodo do que uma máquina de lavar com defeito.

DRINQUE DA VEZ: Durante um encontro com um caipira sério e conservador, Peggy tenta parecer uma nova-iorquina cosmopolita e sofisticada ao torcer o nariz para a forma como seu Brandy Alexander foi preparado.

1 dose (60ml) de conhaque

½ dose (30ml) de licor de cacau

1 dose (60ml) de creme de leite fresco

Mexa com cubos de gelo, sirva em copos gelados e salpique com noz-moscada.

1.12 Nixon vs. Kennedy

DATA DE EXIBIÇÃO ORIGINAL NOS EUA: 11 de outubro de 2007
ROTEIRO: Lisa Albert, André e Maria Jacquemetton
DIREÇÃO: Alan Taylor

> "Kennedy parecia vigoroso e atlético (...) Por mais que adorasse esportes, Nixon não tinha qualquer capacidade ou graça atlética."
> Michael O'Brien, no livro *John F. Kennedy*

Pete quer ser nomeado diretor de contas e tenta chantagear Don para conseguir isso. Vemos também como Don se tornou o Tenente Don Draper, na Coreia. As moças e os rapazes da Sterling Cooper se reúnem para acompanhar a apuração das eleições.

Um brilho verde assustador emana de "Nixon vs. Kennedy" e aparece em todas as contradições simbólicas associadas a essa cor.

Pete Campbell se torna um monstro verde de inveja, cobiçando a posição de diretor de contas que se abriu com a promoção de Don a sócio. Pete pensa no pacote incriminador que recebeu no escritório e analisa qual será o próximo passo. Desesperado para afirmar seu valor, o jovem está furioso porque Draper nem ao menos o cogitou para o cargo. Quando lança a bomba e diz conhecer o segredo de Don, Pete finge sentir desgosto pelas próprias ações, mas a ganância o cega. E quando o superior o segue até seu escritório para confrontar Campbell, o potencial do mais velho para a violência fica bem claro, assim como a incapacidade do mais jovem de entender a situação. Acuado diante do ataque, Pete até levanta as mãos defensivamente, mas seu objetivo é ver o esquema de chantagem chegar ao fim desejado, mesmo temendo pela própria segurança.

A disputa entre Nixon e Kennedy fornece um pano de fundo interessante para os conflitos em jogo aqui. Na superfície, a batalha entre o profissional mais velho e experiente *versus* o jovem iniciante e ambicioso que surgiu do nada encontra reflexos na dinâmica entre Draper e Campbell. Mas o resultado se parece mais com o que *deveria* ter acontecido na corrida presidencial, na opinião de muitos: a experiência e o amadurecimento de Don no mundo dos negócios lhe são úteis nos contratempos do escritório, enquanto a inexperiência de Pete diminui o alcance de suas ações.

Por falar em ações, Paul Kinsey enfrenta as consequências do antigo romance com Joan e não se sente feliz quando a natureza e o objetivo de seu relacionamento com a gerente administrativa são revelados. A "boca grande" de Kinsey ao revelar sua conquista surpreende a princípio e, embora ele "não se orgulhe" disso, o Paul que vimos perto do fim desta temporada é diferente do que conhecemos no início da série. Suas inclinações artísticas e sua sensibilidade (mais visível perto da "nova garota" Peggy) esfarelaram-se. Afinal, se um idiota como o Ken Cosgrove pode ser publicado na *Atlantic*, então há poucas esperanças de realizar seus desejos. Ao final da temporada, Paul é o primeiro a se envolver em conversas grosseiras e apelar para a puxação de saco descarada.

É possível ter um vislumbre de seus sonhos literários na encenação improvisada da peça de um só ato encontrada em seu escritório na noite das eleições. É artificial e didática (e certamente não foi ajudada pela interpretação exagerada do Sal, cujo ápice foi o beijo desajeitado dado em Joan, que subitamente parece ter descoberto *tudo* sobre ele), mas dá uma ideia da forma como Paul vê o mundo ("Galt é um criminoso").

A cena tranquila entre Paul e Joan, quando todo o escritório dorme após passar a noite acompanhando a apuração, movido pelo suprimento

de licor de menta fornecido por ela, revela muito sobre o romance deles — e também sobre Joan. Embora ela se mostre uma calculista devoradora de homens, essa atração por Paul (e a mágoa por ele ter traído a confiança dela) indica que ela pode tomar decisões com o coração, não só com os quadris. Como ele certamente não tem o poder, a influência ou a riqueza pelos quais ela declara ser atraída, isso significa que a gerente administrativa cede às emoções tolas de vez em quando. Talvez a personagem *vamp* do escritório seja mais guiada por proteção do que por desejo.

É difícil para Don se proteger, tanto da política profissional nociva de Pete quanto do segredo outrora bem guardado que a inicia. A verdade sobre a súbita transformação em "Ten. Don Draper" é revelada, e no flashback da Coreia ficamos surpresos com o comportamento juvenil de Dick Whitman, um contraste absoluto em relação ao confiante e ousado Don Draper. Quando desce do caminhão de transporte, seu tom de voz é alto e inseguro. A inocência de Whitman combina bem com sua nova farda cáqui. Talvez a relação entre soldados jovens e velhos esteja dentro do próprio Don. Dick Whitman, como ele aparece na Coreia, é só um garoto simplório e desafortunado cujas ações (embora acidentais) resultam na morte de um oficial superior mais experiente. Porém, quando Whitman assume a identidade de Draper, torna-se uma versão melhor de ambos — indo além do Draper original, que desejava ser engenheiro ("eu deveria construir piscinas, não latrinas") e do despossuído Whitman, que anseia mais da vida, com uma sofreguidão ainda maior que sua inocência. Essa inocência do jovem Whitman encontra complemento em Peggy, cujo desgosto com a atitude infantil presente no escritório durante a noite da apuração aparece como antiquado e digno de uma solteirona. O estado do escritório e o roubo de seu armário levam Peggy a chamar a segurança do prédio no dia seguinte, mas em vez da punição aos ladrões ocorre a demissão de dois funcionários negros. Ela chora com a injustiça que acusa inocentes, enquanto os culpados andam por aí impunes. Não é justo, diz ela. E um Don, envergonhado, concordaria.

Sem saber, ela inspira Don a enfrentar Campbell ("Você não pensou nisso direito"). A tentativa desse rapaz imaturo de envergonhar Don sai lindamente pela culatra: o confronto no escritório de Bertram Cooper termina de um jeito que Pete não teve a imaginação de prever. Só um devoto de Ayn Rand poderia acreditar que um homem que se reinventou não seria capaz de contra-atacar ("Este país foi construído e governado por homens com passados piores") e poderia encontrar mais motivos para admirar tal homem.

A FILOSOFIA DE *MAD MEN* — DON DRAPER: "Se as suas informações são poderosas o suficiente para que [alguém] faça o que você quer, o que mais essa pessoa pode fazer?"

FATOS DA ÉPOCA: Quando Don apresenta Herman "Duck" Phillips a Cooper, diz que ele trabalhou em Londres com a Young & Rubicam. "Então vir pra cá não é dar um passo para trás?", pergunta Cooper.

Talvez não, mas dá para entender o ponto de vista do velho. A Young & Rubicam nasceu, como geralmente acontece, da união de dois colegas decepcionados. Raymond Rubicam era redator da N.W. Ayer Company e ganhou notoriedade por duas campanhas que fizeram dele um forte candidato ao cargo de redator-chefe ("Instrument of the Immortal" [Instrumento dos imortais] para os Pianos Steinway e "Priceless Ingredient" [Ingrediente que não tem preço] para os medicamentos de venda livre do laboratório Squibb). Quando o cargo foi para um colega mais velho, Rubicam saiu para tentar a sorte por conta própria, levou junto o executivo de contas John Orr Young e, em 1923, a agência Y&R foi inaugurada.

Conhecida pela atmosfera corporativa frouxa e por deixar a criatividade livre, a agência iniciante logo conquistou a empresa alimentícia General Foods como cliente, e seu trabalho para várias marcas (como o cereal

Grape-Nuts, a gelatina Jell-O e o café descafeinado Sanka) levou a um crescimento sem fronteiras que resistiu à crise econômica da Grande Depressão. Em 1937, a Y&R conquistou clientes de prestígio como a petrolífera Gulf Oil, o laboratório farmacêutico Bristol-Meyers e os carros Packard, e teve faturamento acima de US$22 milhões.

Um período de expansão consistente se seguiu. Aquisições de várias agências de publicidade menores pelo mundo resultaram numa presença verdadeiramente global para a Y&R e, em 1975, ela atingiu o topo da pirâmide publicitária norte-americana, com faturamento de US$477 milhões.

Na década de 1990, a Y&R se envolveu em problemas jurídicos com acusações de suborno relacionadas à conta de turismo da Jamaica. Em consequência disso, encerraram-se as parcerias com duas agências: a japonesa Dentsu e a Eurocom, do Reino Unido. Apesar disso, a Y&R afirmou sua resiliência por meio de uma fusão com a Dentsy e da compra de agências e empresas de relações públicas na Ásia, África e América Latina. Em 2000, a Y&R foi adquirida pelo grupo WPP de Londres pelo valor de US$4 bilhões, no que foi chamado o maior negócio da história da publicidade.

Entre as semelhanças interessantes entre a Y&R e o mundo de *Mad Men,* estão uma participação da agência real nas campanhas presidenciais de Eisenhower e outras campanhas republicanas para o senado dos EUA entre 1949 e 1961 e ter a American Tobacco (fabricante do Lucky Strike) como cliente, embora a empresa tenha desistido da conta do cigarro Pall Mall em função da incessante bisbilhotice do dono da empresa, George Washington Hill.

IMÓVEIS DE MANHATTAN: Cooper relata ter ido a um salão de fumo no Waldorf na noite da eleição onde estavam "todos os republicanos notáveis, exceto McCarthy e Jesus".

O Waldorf=Astoria (301 Park Avenue) é o padrão máximo em termos de hotel de luxo. Inicialmente estabelecidos na 5th Avenue, os dois hotéis uniram forças e, no momento da inauguração, em 1º de novembro de 1897, tornaram-se o maior hotel do mundo. Até então, os hotéis eram feitos principalmente para caixeiros-viajantes ou moradores provisórios (como o Hotel Brighton, onde Adam Whitman passou seus últimos dias). Em vez de fornecer um serviço utilitário, esse novo tipo de alojamento cosmopolita era um ponto de encontro social e cultural. Numa edição de 1900 da revista *Harper's Bazaar*, o hotel era chamado de "a moda de Nova York e a Meca dos visitantes (...) o ponto de encontro da sociedade nova-iorquina, que vem aqui para ver e ser vista".

Em 1929, o prédio foi demolido para dar espaço ao Empire State Building. Os arquitetos Leonard Schultze e S. Fullerton Weaver projetaram e construíram o atual endereço da Park Avenue em grande estilo *art déco*. A elite de Nova York e o mundo seguiram alegremente este salto paralelo à Madison Avenue.

O duplo hífen em Waldorf=Astoria entrou para a cultura popular norte-americana, quando as pessoas passaram a falar "Encontro você no hífen", que era a representação tipográfica do corredor que unia os hotéis Waldorf e Astoria e é oficialmente descrito como um duplo hífen.

VENDENDO O PEIXE: Duck Phillips pode ter trazido a American Airlines para a Y&R enquanto esteve em Londres, mas será que eles foram responsáveis pelo slogan da década de 1960 "America's Leading Airline" [A companhia aérea líder dos Estados Unidos]? A Young & Rubicam *pode* ter criado a campanha para a American Airlines, mas outras possibilidades envolvem a veterana empresa de publicidade TM Advertising (criada em 1934 como Glenn Advertising) ou a McCann Erickson (atualmente dona da TM, mas sem a interferência direta na empresa). Na verdade, porém, a Doyle Dane Bernbach pegou a conta da American Airlines em 1961, um passo grande o bastante para levar a pequena e criativa agência a um novo nível de aceitação no mundo da publicidade.

DRINQUE DA VEZ: O crème de menthe é um tipo de licor de menta feito com hortelã fresca, açúcar, água e álcool (embora as receitas mais antigas exijam aguardente). Esse confeito bebível vem em três cores — verde, vermelho e branco —, porém é mais conhecido pela variante cor de esmeralda.

O crème de menthe aparece em vários drinques, mas para combinar com este episódio achei melhor manter a cor verde do Grasshopper:

½ dose (30ml) de creme de leite fresco
½ dose (30ml) de licor de cacau branco
1 dose (60ml) de crème de menthe verde
Sacudir com cubos de gelos e servir em copo gelado.

Nixon, Kennedy e a nova face da política norte-americana

O contexto é tudo, especialmente quando se trata de números.

119.450.

Se a quantia acima representasse passos entre a sua casa e o poço mais próximo ou a quantidade de dólares em sua conta bancária, pareceria um número grande, sem dúvida. Mas no contexto de uma vitória política nacional é uma quantidade pequena e, quando posta ao lado do resultado final de 68.836.385 votos computados, é quase ínfima. Em termos de voto popular na eleição presidencial de 1960, representa uma margem de menos de 0,1% de diferença entre John F. Kennedy e Richard M. Nixon. E, embora a contagem do Colégio Eleitoral vencida pelo candidato democrata (303 contra 219 do republicano) sugira uma vitória mais enfática, o magro triunfo pelo voto popular ainda é um dos aspectos mais lembrados dessa eleição, que foi a mais apertada da recente história política norte-americana até Bush ter enfrentado Gore em 2000.

Uma estatística frequentemente esquecida da eleição presidencial norte-americana de 1960 é a quantidade recorde de eleitores qualificados, que passou dos 63%, taxa não alcançada desde a vitória de William Howard Taft em 1908 e que permanece inigualada. A porcentagem histórica de norte-americanos que votaram (o voto nos EUA é facultativo) e a margem apertadíssima de vitória de Kennedy bastam para sugerir que o país estava num momento de virada, enfrentando um dilema sobre qual caminho deveria seguir. Kennedy representava o idealismo e a esperança de novos rumos, mas os especialistas desde o início apostaram metade de seu dinheiro na virada ideológica para a direita que Nixon enfrentaria se tivesse a chance de sair do banco do carona do presidente Eisenhower e pusesse as mãos no volante.

A boa sugestão — no papel, pelo menos — do então vice-presidente Nixon parecia uma ideia óbvia para o cargo mais alto do país. Capitão de corveta na Marinha dos Estados Unidos durante a Segunda Guerra, Nixon voltou aos EUA com duas Medalhas de Serviço de Guerra e uma indicação para a Medalha do Mérito Naval. Após sair da Marinha, ele passou a representar o 12º Distrito Eleitoral da Califórnia no Congresso, vencendo um candidato democrata que já conquistara o cargo cinco vezes. Durante seu mandato de congressista, ele ganhou fama nacional como patriota e anticomunista fervoroso por sua colaboração para desvendar o caso em que Alger Hiss foi acusado de espionagem. Em 1950, Nixon tentou uma vaga no Senado e ganhou reputação de operador político casca-grossa na campanha contra Helen Gahagan Douglas, a quem ele rotulou de simpatizante esquerdista no famoso escândalo Pink Lady (Dama Cor-de-Rosa, pois Nixon usou folhas de papel cor-de-rosa para divulgar que Helen não era vermelha como os comunistas, mas "cor-de-rosa até as calcinhas"). O político ganhou a vaga, continuou a enfrentar os comunistas e chamou a atenção do General Dwight D. Eisenhower, que o escolheu para vice na corrida presidencial de 1952. Durante os dois mandatos no cargo, Nixon cultivou uma imagem de estadista internacional e fez diversas viagens oficiais pelo mundo, fortalecendo-se na política externa num confronto direto com Nikita Khruschev. Durante a abertura da American National Exhibition [Exposição Nacional dos Estados Unidos] em Moscou, o então vice-presidente se engajou num debate improvisado com o líder soviético e se saiu maravilhosamente bem, enaltecendo as virtudes do capitalismo sobre o comunismo durante o amplamente divulgado "Debate da Cozinha".

Richard Nixon: herói de guerra, político experiente, diplomata, patriota. Como não achar que um vice-presidente com essas qualidades seria a escolha natural para assumir o cargo mais poderoso do mundo?

Em comparação, John F. Kennedy parecia ser a zebra, com poucas chances. Bem-nascido, erudito, inexperiente, bonito, imaturo politicamente e católico — muitos norte-americanos consideravam justo rejeitar e desprezar o candidato democrata.

Porém, Kennedy ganhou de Nixon.

Se até a mais maçante disputa eleitoral pode ter seu resultado explicado pela conjunção de vários fatores, imagine esta, que foi tudo menos maçante. O motivo para essa eleição ter sido tão disputada não foi o choque de propostas totalmente divergentes — os dois candidatos tinham propostas similares, principalmente no sentido de proteger o país da ameaça comunista e levá-lo a um rumo positivo —, mas a época em que foi realizada. Um candidato a presidência no início da década de 1960 precisaria convencer o público de sua capacidade para proteger o país da sombra atômica duradoura que pairava sobre os EUA na Guerra Fria, e também de sua disposição em se adaptar às mudanças que certamente aconteceriam na década seguinte. O vencedor também precisaria se mostrar igualmente hábil para transformar o que poderia ser percebido como fraquezas em vantagens.

Kennedy fez isso. Nixon, não.

John F. Kennedy enfrentou muitos desafios em sua campanha presidencial, mas a forma como enfrentou três deles especificamente ajudou a defini-lo como verdadeiro líder aos olhos de muitos norte-americanos e também um verdadeiro líder para a época.

MEIOS DE COMUNICAÇÃO

A importância dos debates transmitidos pela TV entre os candidatos está clara, mas, dos quatro debates, o primeiro teve maior impacto, maior audiência e mostrou um dos candidatos como conhecedor da importância desse novo meio, enquanto o outro não conseguiu reconhecer isso e perdeu a oportunidade de causar uma primeira impressão marcante.

Há o inevitável fator sorte, tanto para o bem quanto para o mal, e ele foi distribuído igualmente entre os candidatos. Kennedy transmitia o vigor e a robustez de alguém dez anos mais jovem, enquanto Nixon, em seus melhores momentos, parecia modesto e frágil, um homem dez anos mais velho do que realmente era. Na verdade, a diferença entre os dois era de apenas quatro anos: Kennedy tinha 43 anos e Nixon, 47.

Nixon também teve azar nas circunstâncias anteriores ao debate. Uma simples lesão no joelho se transformou numa infecção que exigiu diversos antibióticos e uma internação de duas semanas no Walter Reed Hospital. Não só isso lhe deixou em maus lençóis no que diz respeito ao debate, como também significou um bom tempo fora da campanha, fato que Kennedy e sua equipe usaram a seu favor.

O mau desempenho no debate transmitido pela TV não pode ser considerado apenas obra do acaso. Os executivos da CBS convidaram Nixon para conhecer o local do debate e verificar as câmeras de iluminação, mas ele se recusou. Também rejeitou a oferta de ser maquiado por um profissional, optando por chamar um assessor não qualificado para lhe aplicar uma densa camada de maquiagem, a fim de esconder a barba que teimava em crescer. E sem ter um assessor de imprensa experiente, não havia ninguém na equipe para dissuadi-lo de usar o terno cinza que o ocultou diante do fundo monocromático.

Os executivos da emissora ofereceram as mesmas gentilezas a Kennedy, que aceitou.

Kennedy não apenas visitou o cenário do debate junto com seu veterano assessor de imprensa democrata, J. Leonard Reinsch, como também escolheu um terno azul-marinho para obter um contraste melhor e aceitou a aplicação de maquiagem por um profissional (embora tenha aparecido tão bronzeado e descansado no estúdio que o maquiador pouco trabalhou).

Porém, a história envolve mais do que problemas de óptica. Kennedy descansou e se preparou para o debate, enquanto Nixon não fez ou não pôde fazer o mesmo devido à sua infecção. E a preparação é a melhor arma contra o nervosismo. Pronto para a batalha, o democrata continuou tranquilo e consistente em seus comentários e críticas das respostas do adversário. Em contraste, Nixon, cujo rosto parecia tenso e carrancudo, pouco fez para explicar suas propostas e traiu seu passado como membro da equipe de debates na faculdade: em determinado momento, ele respondeu a uma pergunta de Kennedy com um lacônico "Sem comentários".

75 milhões de pessoas assistiram ao primeiro debate, que, apesar de não ter sido exatamente memorável em termos de conteúdo, marcou a guinada imediata de Kennedy rumo ao estrelato. Vários governadores sulistas que recusaram apoio ao mais jovem passaram a recomendá-lo entusiasticamente depois do debate. A multidão em seus comícios crescia exponencialmente, semelhante, como escreveu o jornalista Theodore White, a "um ídolo da TV ou do cinema".

É preciso deixar bem claro que Nixon não era tolo. Ele se preparou imensamente para os outros três debates e nunca mais cometeu o mesmo erro, mas era tarde demais. Apesar de sucessivas alegações de que era impossível prever o resultado de cada debate, o consenso era que Kennedy ganharia todos.

RELIGIÃO

A ideia da fé de um político desempenhar papel importante ao levar em conta sua capacidade para o governo pode surpreender nos dias de hoje, mas não deveria. Uma eleição recente teve um exemplo similar (com várias manchetes na linha "Os Estados Unidos estão prontos para um presidente mórmon?") e o povo norte-americano ainda nem teve a opção de votar num comandante-em-chefe judeu. A cautela dos eleitores quanto a ter um presidente católico no Salão Oval pode estar relacionada às características comuns da intolerância: tradição e ignorância.

Os Estados Unidos jamais declararam uma religião oficial e, obviamente, colocaram a liberdade religiosa nos ossos constitucionais do país, mas a religião estabelecida não oficialmente era a protestante. Das restrições frias dos calvinistas e presbiterianos do norte à teatralidade exagerada dos batistas e pentecostais no sul, várias vertentes do protestantismo coexistiam no país e eram consideradas parte da cultura norte-americana. Talvez isso tenha a ver tanto com tradição quanto com o espírito rebelde de Martinho Lutero, que pendurou suas teses na porta da igreja e marcou o início da independência de um corpo governamental opressor e corrupto. Afinal, um país que nasceu da independência do imperialismo britânico poderia muito bem se identificar com tal espírito pioneiro.

Também importante é a visão do catolicismo como religião de "estrangeiros". Bem estabelecido como país protestante após a revolução que lhe deu a independência, o fluxo de imigrantes católicos para os Estados Unidos (da Irlanda e Itália especificamente) apontou aquela fé como pertencente ao "outro" e, portanto, merecedora do desdém e desprezo por parte dos norte-americanos "estabelecidos". Essa intolerância era facilmente disfarçada por preocupações patrióticas em relação aos novos cidadãos, liderados pela infalível figura papal que vivia num país distante.

Al Smith foi o primeiro católico a tentar uma vaga na Casa Branca com sua indicação a candidato democrata em 1928. Produto de Tammany Hall, que conseguiu sair ileso da corrupção associada àquela máquina política, o democrata conquistou um mandato como o 42º governador de Nova York de olho na presidência do país. E, embora seu oponente republicano Herbert Hoover tenha se beneficiado do clima econômico favorável herdado do colega de partido e então presidente Calvin Coolidge, Smith não conseguiu superar o preconceito contra os católicos. De que outra forma um político experiente como ele perderia para um homem como Hoover, que servira ao país como ministro do Comércio, mas nunca disputara uma eleição na vida?

O fantasma da derrota de Smith em 1928 muito preocupava o Senador John F. Kennedy. Além disso, o "problema" de sua religião dominava as conversas estratégicas desde o início da campanha, pois sua candidatura ressuscitara o sentimento anticatólico no país, alimentado pela propaganda criada pelo National Council of Citizens for Religious Freedom (Conselho Nacional de Cidadãos pela Liberdade Religiosa). Essa organização de nome aparentemente inofensivo era formada, em sua maioria, por protestantes evangélicos e alegava que Kennedy não era adequado para ocupar a presidência, por ser católico, pois "sua igreja insiste que ele é obrigado a se submeter aos seus direcionamentos".

O sentimento anticatólico era tão difundido no país que vinha das fontes mais inesperadas. O Dr. Norman Vincent Peale, autor de *O poder do pensamento positivo*, membro do conselho citado anteriormente, foi tão atacado pelos provocadores anticatólicos que acabou saindo da organização e pedindo desculpas públicas. Até o pai de Martin Luther King Jr. declarou que jamais votaria num católico.

"Imagine só, logo o Martin Luther King ter um pai intolerante", comentou Kennedy. "Bom, todos nós temos pais, não é?"

O ponto de virada neste debate ocorreu no Texas, quando Kennedy falou na Greater Houston Ministerial Association em 12 de setembro de 1960. Muitos conselheiros de sua campanha se preocuparam com o fato de o candidato responder na TV a perguntas não avaliadas previamente vindas de uma multidão nem um pouco amigável quanto à religião. A preocupação não era necessária. O candidato católico respondeu às perguntas, e suas considerações iniciais à congregação foram calculadas e apaixonadas.

"Acredito num país em que a separação entre igreja e Estado seja absoluta — em que nenhum prelado católico diga ao presidente (caso ele seja católico) como agir e nenhum ministro protestante diga aos membros de sua congregação em quem votar (...) em que nenhum homem será impedido de concorrer a cargos públicos simplesmente porque sua religião não é igual à do presidente que poderá nomeá-lo ou do povo que poderá elegê-lo."

Kennedy continuou admoestando gentilmente os que poderiam usar a religião como fator para decidir quem deve governar o país, o que não chegou a surpreender. O hábil trabalho de um manipulador contumaz se deu quando ele transformou o "defeito" de ser católico em algo favorável, conseguindo redefinir o voto para ele não como voto no "candidato católico", mas um voto *contra* a intolerância. Ele conseguiu, ainda, convencer os católicos de que, do contrário, poderiam votar nos republicanos e dar aos protestantes com visão de mundo mais liberal a chance de desprezar essa tradição que os limitava, pois os republicanos são conservadores.

Os conselheiros, que temiam ver a multidão hostil intimidá-lo na frente das câmeras, também mudaram de opinião. Cenas desse discurso apareceram na televisão pelas sete semanas seguintes em quarenta estados.

ETNIA

O chamado "voto negro" era fundamental para Kennedy vencer as eleições. Novamente, a história recente obscurece o passado — afro-americanos votaram predominantemente nos democratas nos últimos tempos, mas nem sempre foi assim. Na verdade, o trabalho do Kennedy durante a campanha de 1960, bem como a legislação de direitos civis aprovada na administração dele e de Lyndon Johnson, iniciou a associação entre os afro-americanos e o Partido Democrata norte-americano.

A fidelidade ao partido republicano pode ter começado com Lincoln, e a admiração e o respeito por seus esforços para acabar com a escravidão, embora as raízes sejam mais profundas, mais uma vez, podem ter origem na religião. As correntes mais conservadoras do protestantismo norte-americano encontraram um parceiro ideológico nos republicanos, e a ideia de alianças políticas e religiosas não exige grande esforço de lógica. Por isso, a afiliação religiosa e política fez de Kennedy um candidato improvável para os afro-americanos. Não só o fato de ser democrata o descartaria para grande número de negros que frequentavam a igreja, como o fato de ser católico o tiraria da disputa de uma vez por todas.

Richard Nixon também tinha a vantagem de cortejar o voto negro, por seu vasto histórico de apoio aos direitos civis e por ter desenvolvido uma boa relação com Martin Luther King Jr. (muito melhor que a de Kennedy, por sinal), tendo, inclusive, recebido apoio do pai de King em 1960.

A oportunidade de adaptar-se veio em outubro de 1960, quando Martin Luther King Jr. foi preso por fazer uma manifestação numa parte "apenas para brancos" do Magnolia Room, na loja de departamentos Rich's, em Atlanta. Detido junto com alguns estudantes negros, King não foi solto com eles. Como já era líder, rosto e voz do movimento pelos direitos civis, ele foi mantido na cadeia sob a alegação de ter violado os termos de uma sentença de 12 meses que recebera por dirigir sem carteira, mas fora suspensa. As autoridades o transferiram para uma prisão distante na Geórgia, a fim de que ele cumprisse quatro meses de trabalho forçado e recebesse toda sorte de ameaças à sua segurança num sistema prisional racista.

Nixon hesitou. Apesar de sua relação com King e de ter o Ministério da Justiça a seu dispor como vice-presidente, teve medo de afastar os eleitores brancos do sul e nada fez.

Kennedy agiu. Quando soube da prisão de King pelo conselheiro de direitos civis Sargent Shriver (via Harris Wofford, que recebeu uma ligação de uma chorosa — e grávida — Coretta Scott King), o democrata deu um telefonema. Ele falou com a Sra. King, expressou sua preocupação e ofereceu toda a ajuda que pudesse dar para que o marido dela retornasse em segurança.

Esperando encontrar resistência de seus assessores mais próximos, Shriver apelou diretamente a Kennedy quando ele estava sozinho. O candidato respondeu de um jeito que estava além das simples manobras políticas. Como o próprio Dr. King revelou mais tarde, Kennedy reagiu com uma "preocupação moral" que, por acaso, também era "politicamente sólida".

Shriver também devia saber que o efeito colateral de passar por cima dos conselheiros mais próximos de Kennedy seria grande. Essa ousadia deixou Robert Kennedy furioso e com medo de Nixon passar a frente nessa corrida apertada. Em um determinado momento, ele até disse que Shriver e Wofford "tinham lançado uma bomba". Mas depois de muito refletir, a injustiça do tratamento dado ao Dr. King irritou Robert Kennedy e ofendeu seu senso de justiça.

"Você não pode negar fiança para uma contravenção", disse ele, e ligou para o juiz superior. Pouco depois, o juiz concordou em soltar o Dr. King.

A equipe de Kennedy teve o cuidado de não divulgar a história para a grande imprensa, com medo de afastar os eleitores brancos do sul dos EUA, mas jornais negros e editores do norte publicaram a notícia, elogiaram o político por seus esforços e, tão importante quanto os elogios, bateram em Nixon por seu silêncio. Dois milhões de cópias de um panfleto intitulado *O caso de Martin Luther King Jr.* foram distribuídos nas igrejas negras dos estados do norte dos EUA, onde Nixon "Sem Comentários" sofreu muito em comparação a Kennedy, "um candidato que tem coração".

Foi o bastante para fazer a balança pender para um dos lados na eleição. Kennedy deu aos afro-americanos um motivo para votar num democrata católico, e eles o fizeram em massa.

O sucesso da campanha de Kennedy, no fim das contas, pode ter se baseado tanto na sorte quanto no carisma. Os dois aspirantes à presidência falaram de política externa e interna em termos similares, e é interessante observar que uma olhada mais aprofundada em suas plataformas revela mais semelhanças que diferenças (certamente mais do que foi visto entre os dois partidos desde então). Isso não é apenas uma análise bem-feita depois de vários anos, pois muitos acharam o mesmo na época. O jornalista Eric Sevareid escreveu no *Boston Globe* que via poucas diferenças entre os dois candidatos, pois ambos eram exemplos da "revolução gerencial" recém-chegada à política e da qual "Nixon e Kennedy são seus primeiros produtos totalmente prontos".

Talvez a grande vantagem de Kennedy sobre o Nixon não tenha sido o maior domínio da política ou a perspicácia legislativa. Em palavras e atos, o democrata mostrou durante a campanha ter um projeto não só para o futuro dos Estados Unidos, como uma nova ideia para a presidência em si, que reconhecia a mudança de atitude dos anos 1960 e compartilhava esse desejo de mudar. Seja no campo interno (ao tratar das questões de direitos civis), internacional (sua ideia de enviar jovens pelo mundo como embaixadores do Peace Corps), ou interplanetário (a corrida à Lua), o presidente Kennedy celebrou a grandeza de seu país e indicou o quão longe a nação poderia chegar.

1.13 THE WHEEL [INVENTANDO A RODA]

DATA DE EXIBIÇÃO ORIGINAL NOS EUA: 18 de outubro de 2007
ROTEIRO: Matthew Weiner, Robin Veith
DIREÇÃO: Matthew Weiner

> "… Uma vibração contínua de espíritos animais através destas fibras no meio do cérebro na qual agarram-se os traços marcados das ideias da Pátria."
> Johannes Hofer, "Dissertação médica sobre a nostalgia", 1688

Don escolhe Duck Phillips como diretor de contas. A Kodak quer uma campanha empolgante para seu novo acessório de projetor de slides. Draper começa a se arrepender de não ter dado atenção à família quando Peggy enfrenta uma situação familiar inesperada.

A família não é apenas um clube no qual se entra sem pedir. A maioria das pessoas tem oportunidade de formar a própria família, mas muitos se esquecem do quanto esse laço é precioso. Don Draper deveria saber disso — afinal, ele inventou todos os aspectos de sua vida —, mas esta é uma sabedoria que lhe escapa.

Num delicado momento de nostalgia, o publicitário tenta entrar em contato com o irmão Adam, ligando para o Hotel Brighton, e descobre que ele se enforcou no pulgueiro sujo. Mesmo assim, apesar da angústia, Don não consegue perceber que corre o risco de perder a família que criou. Ele já usou seu novo cargo de sócio para fugir do jantar de Ação de Graças com a família de Betty. Ela não consegue compreender por que o marido não adota a família dela como sua.

Betty, por sua vez, primeiro tem de se preocupar com a vizinha Francine ("Ela é uma irmã para mim"), que descobriu a infidelidade do marido. O instrumento dessa descoberta é mais pungente por sua banalidade: um número estranho na conta de telefone. Betty não resiste a olhar a conta do marido e encontra evidência não de uma amante, mas de outro tipo de traição: a de seu terapeuta, Dr. Wayne. Numa tentativa de se comunicar com o marido, ela revela para o médico as suspeitas que sente quanto à infidelidade de Don, sabendo muito bem que isso chegará aos ouvidos dele. Se o impassível Dr. Wayne tivesse a mínima ideia do distúrbio que está tratando, certamente isso o faria se sentar e finalmente fazer uma pergunta, para variar.

As sessões com o Dr.Wayne podem ter resultados questionáveis, mas quando Betty esbarra em Glen Bishop esperando pacientemente pela mãe num estacionamento, a Sra. Draper faz mais progresso emocional em poucos minutos do que em horas no divã do psiquiatra. Embora muitos espectadores tenham considerado a cena horripilante e inadequada, não há dúvida da tristeza genuína mostrada quando Betty admite não ter ninguém com quem conversar, ninguém que a "conheça". O fato de uma mulher adulta (que costuma ser acusada de agir como criança) buscar a afirmação de uma criança ("Por favor, diga que eu vou ficar bem") é quase trágico e sublinhado pela resposta sincera do menino ("Quem dera eu fosse mais velho").

De volta a Sterling Cooper, Harry Crane aparentemente confessou à esposa sua infidelidade impulsiva na noite das eleições. Morando no escritório e zanzando entre as mesas em trajes íntimos, ele não parece exatamente ser um tipo nos moldes do ator William Holden.

A reação emocionada de Harry ao tocante monólogo de Don para o pessoal da Kodak ("O produto não se chama 'A Roda' [...] Chama-se 'O Carrossel'") é sincera e compreensível. Ao início do discurso, Don parece falar sobre propaganda do jeito que deveria falar da família, considerando que mostrou slides de Betty e das crianças durante a apresentação. Como todas as melhores defesas de campanha, esta tem o toque da convicção pessoal.

Já Peggy tem o próprio problema familiar, gerado por ela mesma. Muitos fãs tiveram dificuldade com essa situação. Embora a década de 1960 fosse mais inocente, essa explicação soa forçada. É possível ser tão ingênua a ponto de não perceber a própria gravidez até dar à luz? Embora este fenômeno ocorra até os dias de hoje, a maioria das mulheres que chega ao fim da gravidez inadvertidamente tem o fato disfarçado pela obesidade. Com a jovem, o ganho de peso ocorre junto com o período de gestação. A resposta provável para o parto misterioso é um talento para a negação, como se ganhasse peso num esforço inconsciente para esconder a gravidez dos colegas e de si mesma.

Não importa se a causa da rejeição foi camuflagem biológica, o estresse no trabalho ou pura negação, ela é incapaz de aceitar sua nova família ao final do episódio. Quase tão dolorosa quanto esta é a cena final de Don, numa casa vazia. A tocante defesa de campanha do "Carrossel" trai o desejo por uma época mais simples, talvez aquele breve momento em que ele teve a família que sempre quis, antes de começar a usar o trabalho como desculpa para se afastar ou como álibi para paixões clandestinas. Ao entrar na casa vazia (ainda mais deprimido após a fantasia de uma triunfante volta para casa), ele parece perceber que a culpa pode causar uma dor mais profunda e mais séria do que a nostalgia.

Sentado, sozinho, nos degraus, ele percebeu que os laços familiares são frágeis, não importa se lhe foram dados por direito de nascença ou criados. Será tarde demais para Don Draper?

A FILOSOFIA DE *MAD MEN* — DON DRAPER: "[O Carrossel] nos faz viajar como uma criança. Roda, roda, roda, e nos leva de volta para casa [...] para um lugar no qual sabemos que somos amados."

FATOS DA ÉPOCA: O sogro de Pete, Tom Vogel, diz que Nixon nunca teve chance na eleição, sem citar comerciais de campanha ou suspeitas de fraude, mas sim um jogo de futebol americano. O destino do time Washington Redskins no último jogo em casa previu corretamente o resultado "das últimas seis eleições". A lenda diz que, se os Redskins perderem o jogo, então o último presidente ou partido na Casa Branca perderá; se eles ganharem, então o líder ou a organização mais recente continuará a governar.

Verdade? Embora seja possível argumentar se isto é a causa ou apenas o arauto do resultado, o fato é que o Sr. Vogel tem razão. Ainda mais impressionante é que o resultado do jogo continuou a acertar até 2004. Contando a eleição mais recente, os Redskins têm um histórico de 18 acertos em 19 previsões.

IMÓVEIS DE MANHATTAN: Duck Phillips comanda uma nada simpática reunião inaugural como diretor de contas, deixando claro que todos da equipe precisam conquistar novos clientes. Para fins de exemplo, Duck diz aos garotos que passou noventa minutos fazendo sauna no Athletic Club, perdeu quase 2 Kg e ainda descobriu que a conta do projetor de slides da Kodak estava disponível.

O New York Athletic Club (ou NYAC, 180 Central Park South) tem como sede um prédio de 21 andares no estilo renascença italiana projetado pela firma York & Sawyer, equipe responsável também pela Brooklyn Trust Company e pelo Federal Reserve Bank of New York.

O NYAC foi criado em 1868 por Henry Buermeyer, John Babcock e William Curtis como centro para o desenvolvimento do esporte amador nos Estados Unidos, e as instalações de restaurante a alojamento serviram para fazer dele o sonho de consumo em termos de *networking* (o tipo de lugar onde é possível, como diz o Duck, "esbarrar nas pessoas"). Entre os membros ilustres estão John F. Kennedy Jr., o boxeador Jack Dempsey, o dono do time de beisebol Yankees George Steinbrenner e o jornalista Peter Jennings. O compromisso com o esporte amador levou os membros do NYAC a ganhar várias medalhas olímpicas (123 de ouro, 39 de prata e 52 de bronze).

REGISTRO DE PREVISÃO DAS ELEIÇÕES PRESIDENCIAIS NOS EUA PELOS REDSKINS

Ano	Contra	Acertou o resultado?	Vencedor	Perdedor previsto
2008	Perdeu para os Steelers	Sim	Obama (D)	Sen. John McCain
2004	Perdeu para o Green Bay	Não	G. W. Bush (R)	Sen. John Kerry
2000	Perdeu para o Titans	Sim	G. W. Bush (R)	V-Pres. Al Gore
1996	Ganhou do Colts	Sim	Clinton (D)	Sen. Bob Dole
1992	Perdeu para o Giants	Sim	Clinton (D)	Pres. George H.W.Bush
1988	Ganhou dos Saints	Sim	G.H.W. Bush (R)	Gov. Michael Dukakis
1984	Ganhou dos Falcons	Sim	Reagan (R)	Sen. Walter Mondale
1980	Perdeu para o Vikings	Sim	Reagan (R)	Pres. Jimmy Carter
1976	Perdeu para o Cowboys	Sim	Carter (D)	Pres. Gerald Ford
1972	Derrotou o Cowboys	Sim	Nixon (R)	Sen. George McGovern
1968	Perdeu para o Giants	Sim	Nixon (R)	V-Pres. Hubert Humphrey
1964	Ganhou do Bears	Sim	Johnson (D)	Sen. Barry Goldwater
1960	Perdeu para o Browns	Sim	Kennedy (D)	V-Pres. Richard Nixon
1956	Ganhou dos Browns	Sim	Eisenhower (R)	Gov. Adlai Stevenson
1952	Perdeu para os Steelers	Sim	Eisenhower (R)	Gov. Adlai Stevenson
1948	Derrotou o Yanks	Sim	Truman (D)	Gov. Thomas Dewey
1944	Derrotou o Rams	Sim	Roosevelt (D)	Gov. Thomas Dewey
1940	Derrotou o Pirates	Sim	Roosevelt (D)	William Willkie
1936	Derrotou o Cardinals (como Boston Redskins)	Sim	Roosevelt (D)	Gov. Alf Landon

(D) = Democrata
(R) = Republicano

No primeiro ano de existência, o NYAC lançou a primeira corrida de bicicletas — ou "velocípedes", como eram conhecidos na época — nos Estados Unidos.

VENDENDO O PEIXE: Pete faz forte pressão para conseguir a conta do sogro depois que a Richardson-Ficks comprou o creme para acne Clearasil.

Inventado por Ivan Combe (que depois também seria responsável pelo talco para pés Odor Eaters, o creme vaginal Vagisil e a tintura para cabelos masculinos Just For Men), Clearasil foi especificamente projetado para tratar a acne em peles jovens, sendo o primeiro desse gênero. Ainda sob o comando da Combe Incorporated, o Clearasil tornou-se o segundo produto a patrocinar o programa de TV *American Bandstand*. Como patrocinador preferencial, o creme tinha um comercial feito no ar pelo apresentador Dick Clark. Assim, os adolescentes em busca de inspiração musical e de pele limpa encontravam ambos num só programa e as vendas decolaram.

Curiosamente, Ivan Combe trabalhava como profissional de atendimento responsável pelo merchandising da Raymond Rubicam na Y&R (ver "Nixon vs. Kennedy") em 1940.

DRINQUE DA VEZ: Ao descobrir a infidelidade há muito consumada de Carlton, Francine chega a cogitar a possibilidade de envená-lo como forma razoável de retaliação. "Ele é tão idiota que beberia qualquer coisa."

Talvez. Há uma grande quantidade de mulheres que se livraram dos maridos assim, e vários casos famosos ocorreram naquela época. Em 1954, Nannie Doss ou "A Vovó Risonha" confessou ter envenenado quatro maridos, bem como a própria mãe, a irmã, o neto e uma sogra em Oklahoma. Na Romênia, Vera Renczi matou 35 homens, incluindo dois maridos, um filho e 29 clientes durante as décadas de 1920 e 1930; jornais do mundo inteiro publicaram o crime. A espantosa quantidade de vítimas e o método preferido para o assassinato podem ter inspirado a peça de Joseph Kesselring, *Arsenic and Old Lace*.

Enquanto essas mulheres desprezíveis preferiam misturar álcool com algum reagente devastador (provavelmente para disfarçar algum gosto ou cheiro suspeito, embora um Ki-Suco aparentemente tenha o mesmo efeito), algumas ficaram conhecidas por misturá-lo às refeições que preparavam.

A dificuldade da vida de casada não deve ser deixada de lado, e o desespero causado por estar numa família problemática pode ter seus efeitos. Porém, o autor de forma alguma pode, em sã consciência, fornecer uma receita para esse coquetel mortal. Ele também gostaria de dizer que ama muito a esposa. Muito mesmo.

PARTICIPAÇÕES ESPECIAIS NA SEGUNDA TEMPORADA:

Mark Moses (Herman "Duck" Phillips), Joel Murray (Fred Rumsen), Gabriel Mann (Arthur Case), Missy Yager (Sarah Beth Carson), Channing Chase (Dorothy Campbell), Melinda McGraw (Bobbie Barrett), Patrick Fischler (Jimmy Barrett), Colin Hanks (Padre John Gill), John Getz (Dr. Eric Stone), Peyton List (Jane Siegel), Melinda Page Hamilton (Anna Draper), Sarah Drew (Kitty Romano), Ryan Cutrona (Gene Hofstadt), Darby Stanchfield (Helen Bishop), Marten Holden Weiner (Glen Bishop), Laura Ramsey (Joy), Philippe Brenninkmeyer (Willy), Sam Page (Greg Harris), Ryan McPartlin (Cavalheiro no bar)

2.01 For Those Who Think Young [Mente Jovem]

DATA DE EXIBIÇÃO ORIGINAL NOS EUA: 27 de julho de 2008
ROTEIRO: Matthew Weiner
DIREÇÃO: Tim Hunter

> "Agora espero calmamente até que
> a catástrofe de minha personalidade
> pareça bela de novo,
> e interessante, e moderna."
> Frank O'Hara, "Mayakovsky"

Apesar de seu instinto dizer o contrário, Don atende ao pedido de Duck Phillips por maior presença de jovens na equipe criativa da Sterling Cooper. Peggy se estabelece no posto de redatora, mas luta para que a máquina de Xerox não seja colocada em seu escritório. Betty reencontra uma velha amiga quando volta a ter aulas de equitação.

Enquanto a primeira temporada falava do início da mudança — a necessidade, o desejo e a disposição para tal —, a segunda diz respeito à aplicação prática dessa mudança. Quando a série recomeça, 18 meses após o fim da primeira temporada, vemos o começo das transformações em quase todos os níveis, da perspectiva do país quanto à presidência de JFK ao crescente movimento pelos direitos civis nos Estados Unidos. A Sterling Cooper parece um lugar tranquilo no começo da segunda temporada, mas certamente trata-se da calmaria antes da tempestade.

A natureza plácida do escritório parece um presente tanto para o público quanto para os personagens de *Mad Men*. Depois do soco dramático que a série levou no final da primeira temporada, um pouco de espaço para respirar se faz necessário. E, embora haja muitos fatos na cabeça do espectador exigindo uma explicação detalhada, o criador e produtor Matthew Weiner não tem a menor pressa de contar as novidades.

A parte principal do episódio aborda a sedução da juventude, resumida no anúncio da campanha da Pepsi que dá título ao episódio. Pela primeira vez, jovens começavam a ser ouvidos como vozes poderosas no âmbito social, político e econômico. E, embora o habitualmente prudente Don Draper desconsidere essa tendência, classificando-a como "moda", ele não está ciente da catástrofe em que vai se meter por subestimar o mercado jovem, e este é o primeiro sinal verdadeiro de sua falta de preparo para o resto da década que está por vir.

No meio dessa calmaria, está o nosso homem, Don Draper. Esforçando-se para ser um marido e pai melhor, mas parecendo mais afastado da família do que nunca, ele tenta se animar com um pouco de romance no Dia dos Namorados e, ao levar Betty para um jantar romântico, ela encontra uma antiga colega da época de modelo, Juanita Carson (Jennifer Sieber Newson). Don cita o fato de ela estar acompanhada por um homem bem mais velho como evidência de que Juanita está trabalhando, uma prostituta saindo para um "encontro" com um cliente. A esposa fica chocada, mas também curiosa.

A noite romântica segue para um quarto no Savoy, e tudo parece perfeito. Betty até se veste com um atrevido *négligé* (o tipo de roupa usado por Juanita, talvez?). Mas o marido não consegue concretizar o ato, e a noite encaminha-se para um fim cheio de lamúrias, com desejos e expectativas abafados — fato corriqueiro num casamento.

O trabalho de Don começa a ser afetado. Quer dizer, seria afetado se ele não fosse um mestre da manipulação. Embora quase sempre possa despistar uma ausência do escritório com uma viagem "à gráfica", ele começa a testar os limites de seus poderes quando a equipe está reunida para a reunião matinal e espera algumas horas, enquanto ele vai a uma matinê ou almoça num bar.

No bar, Don vê um homem lendo *Meditations in an Emergency*, de Frank O'Hara, que voltará a ser citado nesta temporada. O intelectual no bar que lê a coletânea de poesia verdadeiramente moderna de O'Hara diz ao publicitário que ele provavelmente não vai gostar (um julgamento instantâneo que o deixa mais chateado do que ofendido). Mas depois ele lê a obra com determinação, como se esperasse que o livro agisse como um prisma e filtrasse sua vida até os elementos mais facilmente identificáveis.

A juventude também está crescendo de outras formas. A indulgente esposa de Harry Crane está grávida, situação que leva a esposa de Pete Campbell, Trudy (ou "Tweety" ["Piu-Piu"], continuando no tema dos pássaros) às lágrimas. Tentativas infrutíferas de concepção podem aborrecer a esposa, mas Pete não está muito preocupado com isso. Ele até pergunta a Peggy se ela quer ter filhos e concorda com a colega quando ela diz "algum dia".

A nova carreira de Peggy como redatora atrai muita atenção. Não só em relação ao lugar dela na equipe criativa, como no trabalho, ao refinar o texto da campanha da Mohawk Airlines. Don continua a ensinar-lhe a arte da persuasão e usa o cartão que a filha enfeitou com macarrão para definir a diferença entre "sentimento" e "sentimental". Ele parece sugerir que as crianças são tudo para um homem, mas é difícil dizer se isso é um truísmo para ele ou apenas um ideal que espera alcançar.

Mas a questão mais intrigante, o ganho de peso e o subsequente emagrecimento da última temporada (disfarçada como uma criança nascida de um caso com Don ou uma estada numa "fazenda para gordos"), permanece dolorosamente intocada. Mais importante é o desenvolvimento da jovem como redatora e o respeito verdadeiro que Don demonstra ter ao não mimá-la nem evitar as críticas (sua resposta à declaração dela de que "sexo vende" é de uma franqueza brutal: "Só para você saber, as pessoas que falam isso acreditam que macacos podem fazer nosso trabalho"). Há uma relação mestre/discípula em desenvolvimento, que muitos no escritório só conseguem entender pensando o pior. Há uma ligação entre os dois, uma semelhança notada por Don, mas nada é explicado; mais uma vez, não há pressa.

Apesar de toda a sabedoria acumulada no mundo da publicidade, Don ainda está sem ritmo. A pedido de Duck Phillips, ele entrevista uma jovem equipe de redator/diretor de arte (mais por "consideração" do que por respeito ao trabalho deles) e parece resignado a deixar alguns garotos entrarem em seu reino. A experiência que ele tem é de um mundo em rápida mutação e, embora esteja claro que Don seria o primeiro a dizer que a juventude é desperdiçada nos jovens, pode acabar virando um belo exemplo de sabedoria sendo desperdiçada nos velhos.

Ah, e por falar nisso... Como assim o Sal é *casado*?

A FILOSOFIA DE *MAD MEN* — DON DRAPER: "*Você* é o produto. Você. Sentindo algo. É isso que vende."

FATOS DA ÉPOCA: A primeira máquina de Xerox do escritório, um equipamento do tamanho de um mamute e maior que uma casinha de brincar daquelas de montar no quintal, chega deslizando num carrinho. As estenógrafas se impressionam com a versatilidade do equipamento, mas Joan não consegue encontrar um lugar adequado para guardar o trambolho.

A Xerox 914 estava disponível no mercado em 1959 e foi a realização do desejo do inventor Chester Carlson de criar uma máquina que fornecesse cópias "secas" em papel comum. Porém, ele criara o processo primeiramente conhecido como eletrofotografia há muito mais tempo, em 1938, não tendo recebido a patente até 1942.

O vasto período de tempo entre a invenção e a viabilidade comercial foi consequência de um simples fato: Carlson havia inventado um processo (agora chamado "xerografia") que ninguém queria. Ele viajara grandes distâncias para convencer o mundo corporativo dos benefícios de uma máquina dedicada à duplicação rápida de cópias múltiplas, mas encontrou apenas indiferença a cada parada. Em 1944, o inventor conseguiu sua primeira oportunidade quando entrou num acordo de divisão de *royalties* com um grupo de pesquisa sem fins lucrativos chamado Battelle Institute. Três anos depois, o Battelle se uniu à empresa de papel fotográfico Haloid (depois rebatizada para Xerox), que autorizou o desenvolvimento da máquina copiadora.

O National Museum of American History (Museu de História Norte-Americana) do Smithsonian Institute atualmente tem uma Xerox 914 no

Kenneth E. Behring Center, em Washington, D.C. Saída da linha de montagem com o número 517, a máquina pesa quase 300 Kg e mede cerca de 1,1m de altura x 1,2m de largura x 1,1m de profundidade. Em potência máxima, a Xerox 914 podia produzir 100 mil cópias por mês.

VENDENDO O PEIXE: O público há muito conhecia a Pepsi como uma bebida barata que tentava alcançar a Coca-Cola no mercado de refrigerantes. Durante a Grande Depressão, a Pepsi lançou uma garrafa de 350ml que acabou com o crescimento da garrafa de 175ml da Coca-Cola. Quando a competidora decidiu cobrar o mesmo preço (5 centavos) pelo dobro de bebida, a Pepsi se posicionou como usurpadora do trono da Coca-Cola. Porém, mesmo quando as vendas atingiram 500 milhões de garrafas em 1936, a empresa ainda estava em segundo lugar, atrás da gigante consagrada.

Procurando um lugar para se fixar, a agência de publicidade BBDO desenvolveu uma estratégia audaz. Em 1960, os jovens dos Estados Unidos ainda eram considerados cidadãos de segunda classe, mas Philip Dusenberry, da BBDO, viu o potencial para a identificação massiva de um mercado. Ao colocar a Coca-Cola como uma bebida chata, dos caras velhos, a Pepsi tornou-se a marca para os jovens, robustos e vivazes. "Agora é Pepsi para quem pensa jovem!", proclamavam os anúncios.

A BBDO também criou a campanha Desafio Pepsi, que foi ainda mais longe para estabelecer a Pepsi como líder do mercado e estabeleceu seu espaço no inconsciente coletivo da cultura popular norte-americana.

Após 48 anos juntos, a Pepsi Co. mudou o marketing doméstico para a TBWA (principal líder de comunicação para a Pepsi e Diet Pepsi) e o Arnell Group (para fins de branding e embalagem).

IMÓVEIS DE MANHATTAN: O primeiro encontro de Don com *Meditations in an Emergency*, do O'Hara, acontece durante o almoço num bar. "Ele escreveu algumas partes deste livro aqui", conta o rapaz de óculos que lê o livro.

A maioria acha que o bar em questão é o Larre's (50 West 56th Street), situado na esquina do Museum of Modern Art, onde Frank O'Hara trabalhou como curador. O autor costumava almoçar e escrever no restaurante em surtos rápidos de criatividade, num contraste absoluto com a natureza meditativa dos poemas.

Muitos artistas de vanguarda almoçavam no Larre's, como os papas do surrealismo Max Ernst, Salvador Dali, Yves Tanguy, Arshile Gorky, Marcel Duchamp e o escultor Alexander Calder. O restaurante fechou no fim da década de 1970, e o prédio agora está repleto de consultórios médicos.

DRINQUE DA VEZ: Depois de uma desajeitada noite de paixão no Dia dos Namorados num hotel da cidade, Don liga para o serviço de quarto e pede dois Coquetéis de Camarão para Betty. É o mínimo que ele poderia fazer, no fim das contas.

10-12 camarões tigre, cozidos e descascados
2 colheres (sopa) de raiz-forte
½ xícara de tomates amassados
uma pitada de sal
pimenta em grãos recém-moída
gotas de molho inglês e tabasco
suco de meio limão
2 fatias triangulares de limão
Ramos de alecrim fresco

Misture a raiz-forte, tomates, sal, pimenta, molho inglês, tabasco e o suco de meio limão na tigela. Transfira para uma tigela própria para servir. Encha copos de martíni pela metade com gelo amassado, depois coloque os camarões na borda, acrescente as fatias de limão e o ramo de alecrim.

2.02 Flight 1 [Voo 1]

DATA DE EXIBIÇÃO ORIGINAL NOS EUA: 3 de agosto de 2008
ROTEIRO: Lisa Albert, Matthew Weiner
DIREÇÃO: Andrew Bernstein

> "Ninguém pode servir a dois senhores;
> porque ou há de odiar um e amar o outro,
> ou se dedicará a um e desprezará o outro."
> Mateus 6:24

Um desastre aéreo afeta diretamente Pete Campbell. Duck Phillips tenta transformar a queda do avião numa oportunidade de negócios, apesar da objeção moral de Don e de sua fidelidade a uma companhia aérea regional que é cliente da agência. A mãe de Peggy quer que ela a acompanhe à igreja.

Em *Mad Men*, palavras de um episódio anterior costumam reverberar no episódio atual, e o episódio "Flight 1" não é exceção. Quando Bertram Cooper sugere que Don mantenha o emprego de Pete Campbell porque "nunca se sabe como nascem as lealdades", essa pregação críptica fica bem clara quando Don e Duck Phillips involuntariamente lutam pela alma do jovem rapaz.

Palavras fortes? Sim, mas parecem adequadas a um episódio em que a triunfante parada na região sul de Manhattan para celebrar as três voltas ao redor da Terra dadas por John Glenn foi ofuscada por um jato da American Airlines que caiu em Jamaica Bay, matando as 95 pessoas que estavam a bordo, no pior desastre da aviação comercial até então. A tristeza na agência logo resvala para o humor negro e Pete também entra na onda, o que torna ainda mais chocante a aparição do pai dele na lista de passageiros.

Enquanto Don age rapidamente para retirar de circulação todos os anúncios da companhia aérea regional Mohawk Airlines, Duck Phillips sente o cheiro de uma oportunidade. Ele liga para um velho amigo na American e, ao receber a notícia de que a companhia aérea está buscando uma nova agência, começa a arquitetar um plano. O único obstáculo a essa oportunidade é o conflito com a Mohawk. A discussão entre Don e Duck é o primeiro sinal da tensão aparentemente natural que existe entre os executivos de conta e os criativos. Se a causa abraçada pelo publicitário de manter a companhia aérea regional é nobre, as exigências do negócio (e o sonho de Roger de ter uma casa de veraneio) parecem prontas para vencer a batalha.

Abalado, Pete entra no escritório de Don em busca de ajuda e encontra um ombro amigo e palavras de consolo. O jovem sempre buscou a aprovação de Draper (mesmo após sua tentativa de "matá-lo", no sentido freudiano) e, na ausência de um pai de verdade, a necessidade de tal figura é ainda maior.

Don tenta aconselhar Pete sobre o que fazer, pois a notícia deixou o jovem desnorteado. À primeira vista, a confusão de Campbell quanto às providências a serem tomadas parece ser causada pelo choque (e a preocupação em encaixar seu comportamento no padrão aceitável para o luto). Mas outra possibilidade é que ele não consiga localizar seu sentimento de perda porque, segundo ele mesmo, mal conhecia o homem. ("Acho que nem sei quantos anos ele tinha. Alguém vai perguntar isso.")

Duck, por sua vez, vê a recente tragédia ocorrida com Pete como uma oportunidade para conquistar a conta da American Airlines. O desconforto do jovem com a ideia é gratificante e parece ter sumido de vez com o diabinho que assopra no ouvido do executivo de contas. Porém, Pete comete o erro de abordar Don em busca de conselho a respeito do pedido de Duck sobre a American Airlines. Um conjunto elegante de cenas que se espelham — Pete falando com um atento Duck em seu escritório à meia-luz seguido por uma recusa fria de Don — inicia a virada em direção a Duck nos momentos finais do episódio.

Outros elementos abordados nesse episódio são a crescente desobediência de Bobby Draper e a verdadeira idade de Joan Holloway, mas a outra trama que se desenvolve fortemente é o alinhamento contínuo entre Don e Peggy. O diretor Andrew Bernstein mostra isso em outro conjunto elegante de cenas que se espelham: Don observa os filhos dormirem após uma discussão com Betty. Em seguida, vemos Peggy olhando pelas grades do berço uma criança que dorme. A informação sobre sua gravidez não foi dada, deixando o público com muitas perguntas. Será que Anita adotou o bebê descartado pela irmã Peggy? A redatora está deixando a criança com a irmã e a mãe, contribuindo para a criação do filho apenas nos fins de semana? É difícil saber e, como sempre, Weiner não tem a menor pressa de revelar.

Peggy também precisa lidar com a preocupação da mãe com sua alma. Dúvidas quanto ao estado mental da jovem surgiram durante sua internação, fato que Anita não se importa em mencionar à mesa do jantar num esforço para mostrar à irmã que ela não é tão boa assim. Além disso, Peggy não está frequentando a igreja, e isso, junto com a gravidez fora do casamento, aumenta a preocupação da mãe. Se a batalha pelas almas humanas não parece um bom tema para uma série dramática, é difícil usar esse argumento quando o episódio dá um close em Peggy sentindo-se culpada no banco da igreja enquanto o pastor recita a liturgia *Domine non sum dignus* ("Ó, Senhor, eu não sou digno"). E se fosse necessária outra evidência da elegância da série, esta é a terceira cena espelhada com Don, que deixa seu próprio templo (um bar) sentindo-se culpado após descartar um cliente leal pela oportunidade de ganhar outro com maior prestígio.

A lealdade e os problemas para manter esse ideal nobre formam o tema desse episódio. Pete perde um pouco de si mesmo ao lucrar com sua tragédia, enquanto Don está angustiado por ter de encerrar os negócios com a Mohawk Airlines. Ninguém disse que ser bom era fácil.

Uma observação pessoal: não sei se isso está mais visível nesse episódio ou se eu sou lento para perceber (estou achando que é a última opção), mas há algo quanto à prosódia dos atores que me chamou a atenção. Em *Mad Men*, diálogos são realizados com uma clareza rápida, sem quaisquer letras faladas incorretamente ou não pronunciadas; um tipo de discurso que, embora não seja teatral (no sentido pejorativo), certamente é ensaiado. Essa oratória afiada me lembra a linguagem estranhamente correta da Nova York de contos de fadas descrita pelo escritor Damon Runyon (no qual gângsteres de bom coração falam sem vulgaridade ou contradições), embora com um efeito diferente.

A qualidade do diálogo exige clareza (e tenho certeza de que Matthew Weiner também), mas à pronúncia perfeita somam-se a formalidade e o cenário alienígena da série, destacando a atração de um mundo no qual homens tiram seus chapéus e as mulheres usam luvas até a altura do cotovelo. Um mundo charmoso, apesar da ansiedade e da injustiça enervantes que borbulham por baixo de sua frágil superfície.

A FILOSOFIA DE *MAD MEN* **— DON DRAPER**: "Não acredito que faço papel de idiota por querer ser leal a essas pessoas."

FATOS DA ÉPOCA: Referências literárias profundas existem aos borbotões nessa série, mas uma passagem neste episódio merece destaque. Peggy pergunta à mãe se pode pegar algo na biblioteca para ela, mas a Mamãe Olson não aceita, pois ainda está mergulhada no livro sobre a relação tempestuosa entre Michelangelo e seu patrono, Papa Júlio II, e a encomenda para construir o túmulo do papa que se prolongou e acabou virando um trabalho de quarenta anos: "Tenho de renovar *Agonia e êxtase*. Estou levando *uma eternidade* para ler."

VENDENDO O PEIXE: A tentativa covarde de lucrar com a queda do Voo 1 gera muita preocupação neste episódio, mas esse tipo de navegação em águas agitadas faz parte do mundo dos negócios, em que dispensar uma conta menor por outra maior não é raro. O ponto de vista de Roger Sterling de que o simples fato de competir pela conta irá aumentar o status da agência também faz sentido.

Quando a agência Doyle Dane Bernbach adquiriu a conta da American Airlines em 1961, deu um salto imenso na própria imagem. O especialista em publicidade Tom Messner mencionou numa entrevista a Barbara Lippert que isso representava um grande salto para a agência pequena e criativa, colocando-a no "*establishment* dos Estados Unidos".

Na mesma entrevista, Messner diz que, depois do acidente em Jamaica Bay, a American *não* estava procurando uma nova agência de publicidade. Na verdade, John Dillon — redator da DDB e autor do romance de 1972 *The Advertising Man* — escreveu o texto de um pequeno anúncio para a American proclamando: "Não estamos buscando uma nova agência de publicidade. Já temos problemas suficientes com a que temos."

IMÓVEIS DE MANHATTAN: Duck encontra seu contato na American Airlines no University Club e pede a Pete para "tomar a frente". Nós só podemos supor que Duck tenha colado a língua bifurcada e venenosa antes de fazer tal pedido.

O University Club (West 54th Street, na 5th Avenue) foi criado em 1861 por um grupo de alunos de Yale para fortalecer a amizade depois de formados e para celebrar a união do dever cívico com o rigor intelectual. Por ser um clube exclusivo de elite, a maioria do público tinha de se contentar em apreciar de fora as esplendorosas maravilhas da arquitetura do edifício, que são várias. Projetado pelo arquiteto Charles McKim, sócio do clube, o palácio inspirado pela Renascença italiana é construído não de calcário, como muitos podem imaginar, mas de granito cor-de-rosa, vindo de Milford, no Maine. O prédio de seis andares parece ter apenas três, graças ao uso de portas e janelas altas em forma de arco. Ainda mais impressionantes são as varandas com grades de bronze (agora em tons de verde oxidado e desgastado) e as sancas de modelagem intrincada.

DRINQUE DA VEZ: Anfitrião de uma noite de jogo de cartas com Francine e Carlton, Don ensina a preparação de um Tom Collins perfeito — o fato de as instruções serem direcionadas à filha Sally é perturbador, mas o coquetel realmente parece delicioso.

1 dose (60ml) de suco de limão
½ dose (30ml) de xarope de açúcar
1 dose (60ml) de gim
½ lima-da-pérsia
club soda

Misture o suco de limão, o xarope e o gim num copo contendo gelo em cubos. Acrescente o suco de lima-da-pérsia, feito na hora, e complete com soda. Costuma ser decorado com a casca da lima-da-pérsia recém-espremida ou, na casa dos Draper, com uma cereja mantida "perto do alto do copo".

ANTES DA STERLING COOPER – FILME RECOMENDADO: "COMO VENCER NA VIDA SEM FAZER FORÇA", DE DAVID SWIFT

Quando o ano de 1967 se iniciava e Hollywood montava uma adaptação desse musical que ganhou o prêmio Tony, o gênero estava prestes a morrer. O péssimo resultado de uma adaptação sem brilho do musical de 1966 *A Funny Thing Happened on the Way to the Forum* (feita, por sinal, sem boa parte das músicas da peça) pouco fez para evitar que os estúdios produzissem filmes aos montes sobre festas na praia e veículos para a aparição de Elvis. Mesmo com *A noviça rebelde* tendo obtido ótimas críticas e sido um estouro de bilheteria dois anos antes, a fé nos musicais como fonte garantida de dinheiro começou a falhar e foi confirmada antes do fim da década por caros e exagerados fracassos de bilheteria de outras adaptações de musical: *Os aventureiros de ouro*, *O caminho do arco-íris* e *O fabuloso Doutor Doolittle*.

Entre a estreia na Broadway em 1961 e o lançamento em Hollywood em 1967 de *Como vencer na vida sem fazer força*, a indústria do cinema e os próprios Estado Unidos passaram por mudanças turbulentas bem maiores do que seis voltas no calendário possam sugerir. Esses seis anos foram agitados como os Estados Unidos não viam desde a Segunda Guerra. Nesse contexto, uma das baixas no mundo do entretenimento (além da diminuição do público de cinema resultante do forte apelo da televisão) foi o musical. Personagens alegres e pouco sofisticados que começam a cantar e dançar do nada não combinavam com um público cada vez mais cínico devido às revoltas civis e às imagens de guerra que viam pela TV durante o jantar.

Como um musical sobre a rápida ascensão de um lavador de janelas na hierarquia corporativa poderia ter sucesso quando havia um crescente apetite pelo realismo furioso (*No calor da noite*) ou por violência e sexo (*Bonnie e Clyde — Uma rajada de balas*), além do forte sentimento anticonsumista?

A receita pode ser mais ou menos assim: misture a história espirituosa de um jovem ambicioso que consegue uma ascensão rápida de lavador de janelas a vice-presidente de publicidade na World Wide Wicket Company, com letra e música de Frank Loesser (*Guys and Dolls*), baseie-se num *libreto* ganhador do Prêmio Pulitzer escrito por Abe Burrows (com Jack Weinstock e Willie Gilbert) e acrescente o inimitável Robert Morse. Misture bem, reserve e saia do caminho. O resultado é um musical esperto, atemporal e extremamente prazeroso de assistir.

O sucesso do filme nesse cenário hostil reflete perfeitamente a improvável ascensão corporativa de J. Pierpont Finch. O diretor David Swift (*Operação cupido, Pollyanna, Don Juan era aprendiz*) fez uma escolha ousada: reconheceu o momento de mudança sem deixar que isso atrapalhasse a diversão.

Os musicais clássicos de Hollywood nos anos 1950 — nos quais este filme claramente se inspira — costumavam ser escritos e encenados de modo brilhante e descuidado, mas eram limitados pelos sets cavernosos construídos em estúdio, a fim de conter a frivolidade. Sem dúvida, essa era uma escolha econômica (a fotografia em locação era proibitivamente cara), mas também tecnológica. A quantidade de luz artificial exigida para gerar uma imagem adequada em película (na clássica equação Hollywoodiana da iluminação: luz principal, de preenchimento e contraluz) exigia um espaço vertical quase ilimitado. O resultado é uma *mise-en-scéne* geralmente estática que imita a rígida apresentação no arco do proscênio das produções teatrais, mas sem a mesma rapidez.

Os melhores diretores de musicais dos anos 1950 se aproveitaram dessa artificialidade (Vincent Minnelli, Stanley Donen, Gene Kelly e o menos conhecido Charles Walters), mas o público jovem dos anos 1960 associou as cenas de estúdio a filmes enfadonhos e fora de sintonia com sua época. Ao mesmo tempo, surgiam avanços tecnológicos como câmeras menores e películas mais rápidas que exigiam menos luz. A filmagem em locação feita sem planejamento tornou-se sinônimo de filmes mais afiados e tensos.

O diretor Swift abre *Como vencer na vida...* com um ótimo trabalho de locação em Manhattan que situa muito bem o filme em uma época e um local que se fazem instantaneamente reconhecidos pelo público. Mas em vez da obrigatória sequência de abertura com cenas de Nova York sem os atores principais (vide *Volta meu amor*), Swift coloca o Finch de Robert Morse em plena 5th Avenue. E, em vez de limitar a exploração de Nova York apenas à abertura do primeiro ato, Swift leva a ação para as externas sempre que a trama permite.

O fato de Swift não perder o embalo quando o filme entra no estilo mais tradicional, em estúdio, é um testemunho à qualidade inigualável dos atores e compositores. Morse, Rudy Vallée (repetindo seus papéis na Broadway) e o rosto novo de Michele Lee em sua estreia nas telas preenchem a vasta tela Panavision com charme e técnica. Acima de tudo, é Robert Morse que consegue parecer ao mesmo tempo desesperançado e convincente, especialmente quando canta *I Believe in You* [Eu Acredito em Você] para seu próprio reflexo. O desempenho dele, grande sem ser espaçoso, pode ser a verdadeira razão pela qual o estúdio parece adequado às suas cenas. A abundância de espaço ao ar livre não é lugar para os holofotes, e sim para a ambição sem limites de Finch.

O trabalho do diretor de arte Robert F. Boyle (*Círculo do medo; Crown, o magnífico*) e o do decorador de set Edward G. Boyle (*Médica, bonita e solteira; Se meu apartamento falasse*) não exageram, um erro compreensível se mãos menos experientes tentassem abordar esse espetáculo ruidoso e divertido. Em vez de apertar os personagens num lugar cheio de corredores organizados de mesas com pé-direito baixo e iluminados por lâmpadas fluorescentes, os cenários são feitos com linhas sóbrias e modernas (embora a preponderância de tapetes grandes não tenha envelhecido bem). A paleta de cores é atenuada e jamais ameaça distrair o espectador do espetáculo (de novo, o carpete é o único problema, especialmente o vermelho-sangue, que ocupa todo o escritório do presidente da empresa interpretado por Vallée).

O peso de escalar o ícone Robert Morse no que ele chamou de "papel de CEO ao estilo Rudy Vallée" não é a única relação óbvia entre *Como vencer na vida...* e *Mad Men*. A ascensão meteórica da redatora Peggy Olson apresenta trajetória semelhante à de J. Pierpont Finch. Porém, Finch sobe na carreira de forma ágil, ouvindo uma informação privilegiada aqui e parecendo um funcionário que trabalha muito acolá, enquanto Peggy realmente tem valor para a Sterling Cooper e, mesmo que o talento a leve ao cargo de redatora, ela só continua a subir na empresa quando insiste em ter seus esforços valorizados.

Mas acredito que a relação mais natural é entre Finch e Pete Campbell, embora eles tenham nascido em circunstâncias completamente diferentes. Ambos são jovens que desejam o sucesso e acreditam que o simples fato de querer avançar na carreira é o suficiente para que isso aconteça. O fato de Finch progredir mais rapidamente que Pete consiste basicamente numa questão de tato, que sobra ao lavador de janelas e falta ao publicitário, mesmo que ambos sejam capazes de se colocar em situações vantajosas. Na linha do tempo de *Mad Men*, Robert Morse apareceria na Broadway como Finch na segunda temporada. Pode-se imaginar o tamanho da confusão que Campbell criaria se visse a peça. Porém, se ele esperar até 1967 para assistir ao filme, a sabedoria pode vir tarde demais.

2.03 The Benefactor [O Benfeitor]

DATA DE EXIBIÇÃO ORIGINAL NOS EUA: 10 de agosto de 2008
ROTEIRO: Matthew Weiner, Rick Cleveland
DIREÇÃO: Lesli Linka Glatter

> "Os velhos tempos eram os velhos tempos.
> E eram ótimos. Mas o agora é o agora."
> Don Rickles

Don passa uma tarde no cinema enquanto os problemas se multiplicam na gravação de um comercial. Ele tenta colocar o astro da comédia Jimmy Barrett na linha após ter insultado um cliente, mas esbarra em sua formidável empresária e esposa, Bobbie Barrett. Na hípica, Betty flerta com um jovem noivo em dúvida sobre o casamento que está por vir.

Algumas das críticas direcionadas a esse episódio após a sua primeira exibição diziam que ele não tinha objetivo, algo ainda mais visível numa série conhecida por seu ritmo casual. Muitos acharam que funcionava como um episódio isolado, um conto para distrair no meio de um romance. Essa é uma resposta míope, em minha opinião, porém compreensível se vista no contexto isolado. Analisando a temporada como um todo, conclui-se que é um episódio fundamental, pois apresenta personagens importantes e revisita temas cruciais.

Depois da pegada dramática do episódio "Flight 1", talvez apenas uma torrente dramática conseguisse impressionar o público. Há ainda uma surpreendente quantidade de tempo dedicada a Harry Crane, às voltas com a paternidade iminente e com o próprio valor e papel dentro da empresa. Ele recebe o cheque com o pagamento de Ken Cosgrove por engano e, apesar de seus instintos dizerem o contrário, abre o envelope. Chocado por descobrir que "um manequim como Ken Cosgrove" (palavras da esposa de Harry) ganha muito mais do que ele, Crane tem um surto de proatividade relacionado a um episódio de *The Defenders* que será exibido na TV. A iniciativa não rende nenhum fruto direto, mas abre caminho para sugerir a criação de um departamento de televisão no qual ele seria o chefe, o que Roger Sterling aprova dando sua bênção e um pequeno aumento salarial.

Na primeira temporada, Don pode ter definido o sucesso profissional como "a chave para seu o salário, status e autoestima", mas agora anda desmotivado com o trabalho. Um desastre acontece na gravação do comercial para as batatas fritas Utz Chips enquanto ele está sentado num cinema quase vazio assistindo a um filme francês em preto e branco. Quando Draper promete resolver a situação, recebe de Roger um seco "Onde você estava?" (que deveria ter sido dito há tempos, mas ainda assim soa estranho, considerando-se de quem veio), e por isso deve se perguntar como sua autoestima ficará se ele não conseguir resolver o problema.

Cosgrove e Freddy Rumsen também recebem um golpe na autoestima, pois levaram a culpa por terem permitido a visita do simpático casal Schilling da Utz Chips à gravação do comercial de seu produto, o que resultou na rotunda Sra. Schilling sendo vítima do escárnio do novo integrante do já variado elenco da série.

Jimmy Barrett costuma ser comparado ao mestre da comédia de insultos Don Rickles. Embora haja muitas semelhanças em nível superficial, Barrett continua sendo uma criação totalmente fictícia, bem diferente de Rickles e do estilo de comédia criado por ele. A "comédia de insultos" não deve ser confundida com sua encarnação anterior, conhecida por alguns com a alcunha pejorativa de "comédia doentia". Comediantes "doentios", como Tom Lehrer, Nichols & May, Don Adams e o rei desse tipo de humor, Lenny Bruce, geralmente eram ridicularizados por sua abordagem "de mau gosto" sobre questões delicadas como religião e política, temas não abordados pelos gigantes do humor norte-americano da época, Bob Hope e Jack Benny. Esse tipo de comédia surgiu da ansiedade de um mundo pós-nuclear em tempos de Guerra Fria. Ao explicar a necessidade desse estilo de humor, o romancista Nelson Algren disse: "Esta é a era do genocídio. Cair com uma casca de banana costumava ser engraçado, mas agora é preciso mais do que isso para nos chocar."

A comédia de insultos é uma réplica superficial dessa abordagem cortante, mantendo todo o ultraje com zero de peso. Sem Bruce, não haveria Rickles, mas a transição necessária para que o estilo fosse aceito pelo grande público diminuiu-lhe o teor de acidez (o que lembra uma velha piada de Woody Allen sobre a canja de galinha feita pela mãe dele, que não era servida sem antes passar pela máquina de tirar o sabor). Don Rickles sempre ocupou um lugar estranho no panteão da comédia de insultos. Embora seu trabalho não tenha o peso satírico de um Lenny Bruce ou Mort Sahl, ele não é um mero assassino de personagens. Os ataques raciais que dirigia aos membros da plateia pareciam mais uma demonstração do péssimo conceito que ele tinha da humanidade, pontuado pelos sinceros epílogos de fim de esquete que retratavam a erosão das fronteiras interraciais no calor da batalha pelos direitos civis.

Jimmy Barrett pode ter a energia inquieta de Rickles e até um leve jeito descolado no estilo do Rat Pack e até cita o fato de Sinatra gostar de seu drinque favorito. O cantor era um dos maiores fãs de Rickles e abriu o caminho para o sucesso do comediante em Las Vegas. Mas Barrett quer sangue: o cara que enfrentou um severo regime de agressões quando criança se recriava agredindo os outros. Ele é um atirador de elite que escolhe os alvos certos para sua vingança. Porém, Rickles tem uma bela visão de si mesmo, além de ser muito esperto: ele insultou Sinatra no palco, mas tornou-se amigo dele na coxia.

As noções de valor e autoestima são avaliadas nesse episódio, que é memorável não pelos eventos, mas pela forma como contribuiu para construir a narrativa da temporada como um todo.

Porém, há duas exceções: o hobby equestre de Betty com a amiga Sarah Beth continua, e embora a Sra. Draper consiga encontrar uma válvula de escape momentânea ao correr com seu cavalo na pista (animal que também volta a uma vida restrita após a aula), ela tem a oportunidade de conversar sozinha com a paixonite da amiga Sarah Beth na pista de corridas, Arthur Case. Mesmo que ela seja culpada por ter flertado levemente com o rapaz, não espera a resposta positiva que recebe de Arthur, especialmente depois de ter conhecido a noiva dele no mesmo dia. Ele se sente atraído por Betty devido à sua tristeza profunda, mas ela recusa tanto a abordagem quanto a avaliação de seu estado de espírito ("Não", responde ela. "É que sou descendente de nórdicos").

O outro ponto importante da trama é o jantar no Lutèce que Don convoca para resolver o mal-estar entre Jimmy Barrett e os Schilling. Embora Draper seja um personagem complicado, igualmente fácil de gostar e de detestar, a brutalidade casual da cena com Bobbie Barrett choca mais do que qualquer insulto quando ele tenta conseguir um pedido de desculpas do Jimmy pelas próprias mãos.

A FILOSOFIA DE *MAD MEN* — **DON DRAPER:** "Todos nós trabalhamos para alguém."

FATOS DA ÉPOCA: O episódio de *The Defenders* que dá uma oportunidade a Harry Crane obviamente existiu, porém o mais importante é a relação entre esse drama da era de ouro da TV e *Mad Men*. Ambos vieram de uma tradição centrada em personagens que ficariam mais à vontade no teatro ou na literatura do que na televisão, e ambos ficaram famosos em meio a um mar de programação medíocre, composta por gêneros formulaicos e game shows insípidos.

Outro ponto interessante: qual é o título do polêmico episódio de *The Defenders* citado em *Mad Men?* "The Benefactor".

VENDENDO O PEIXE: A Utz realmente existe, é uma empresa familiar com mais de oitenta anos de história. Conhecida pela alta qualidade de seus salgadinhos sempre frescos, a empresa se recusa a enviar os produtos feitos nas fábricas de Hanover Pennsylvania para qualquer lugar mais longe que a Costa Leste dos Estados Unidos.

O ex-funcionário de fábrica de sapatos William Utz decidiu largar o emprego em 1921 e começar a própria empresa vendendo batatas fritas feitas pela esposa Sallie, especialista na cozinha estilo "Pennsylvania

Dutch". Ela fritava e ele vendia para feiras-livres e mercados em Hanover e Baltimore. Em 1936, eles ampliaram a produção de um cômodo na casa para uma fábrica erguida no fundo do quintal da residência. Em 1949, a empresa cresceu tão rápido que Utz construiu uma fábrica numa área de 40m². Como as vendas continuaram a crescer, ele aumentou a linha de produtos, mas jamais se afastou de sua restrita área de mercado.

Isso deu origem a uma famosa campanha criada pela veterana agência Grey-Kirk-Vasant chamada "Não existe Utz em Paris", que mostrava um francês de boina preta dando um ataque porque as batatas fritas Utz Chips não eram vendidas na França. Outras edições do anúncio mostravam Los Angeles e Dakota do Norte.

Em 1998, Utz trocou esta agência por outra firma de Baltimore chamada MGH Advertising. Além de a natureza familiar do negócio não ter mudado até hoje, a embalagem das batatas fritas permanece praticamente a mesma que vimos nesse episódio de *Mad Men* e ainda tem o logotipo da "Garota Utz", conhecido pelos outdoors em todo o nordeste dos EUA. Diz a lenda que a própria Sallie Utz serviu de modelo para esse logotipo regionalmente famoso.

IMÓVEIS DE MANHATTAN: O restaurante francês Lutèce é mencionado no primeiro episódio da temporada (Roger diz a Joan que vai levar a esposa Mona ao local "para saber o que os vivos estão fazendo"), mas o encontro com intuito de selar a paz entre os Schilling e Jimmy Barrett marca a primeira visita da série a esse baluarte norte-americano da cozinha francesa.

Aberto em 1961 por André Soltner, o Lutèce (249 East 50th Street) ganhou fama rapidamente pelos pratos campestres como a torta-quiche de cebola da terra natal do chef, a Alsácia. Junto com o La Côte Basque, o Lutèce ajudou a transformar um jantar de alto nível em Manhattan em sinônimo da elegância do velho mundo. Em determinado momento, a festejada chef Julia Child declarou que aquele era "o melhor restaurante dos Estados Unidos".

Infelizmente, os almoços caríssimos que davam lucro a esse ícone nos últimos anos desapareceram após os atentados de 11 de setembro, levando ao fechamento do restaurante em 2006.

DRINQUE DA VEZ: Antes que o "Monsieur Gambá", como o garçom foi chamado pelo humorista, possa levar o pedido, Jimmy precisa de algo porque está "umas dez doses abaixo do normal". Ele bebe dois Johnnie Walkers com gelo, mas Bobbie escolhe um aperitivo mais chique. Embora existam várias receitas para servir o Dubonnet, a maioria dos aficionados só aceitaria algo preparado do jeito pedido por Sra. Barret: com gelo e uma fatia de limão.

DINHEIRO PARTE DOIS — QUANTO ELES GANHAVAM NA ÉPOCA E QUANTO GANHAM AGORA

Inflação à parte, é interessante pensar em quanto os personagens de *Mad Men* ganham e comparar esses valores, não só em relação ao salário dos outros profissionais da Sterling Cooper (por que o Cosgrove ganha bem mais que o Pete?), como também aos valores praticados atualmente no mercado.

Funcionário & Cargo	Salário Semanal na Época	Salário Semanal Atual
Peggy Olson, secretária	US$35	US$732
Peggy Olson, redatora	US$40	US$931
Pete Campbell, executivo de contas	US$75	US$765
Harry Crane, chefe do Departamento de Televisão (fora as bebidas)	US$225	US$883
Ken Cosgrove, executivo de contas (e manequim)	US$300	US$765
Don Draper, Diretor de criação e sócio	US$865 (mais 12%)	US$918
		(Don sabia mesmo negociar um aumento!)

2.04 THREE SUNDAYS [TRÊS DOMINGOS]

DATA DE EXIBIÇÃO ORIGINAL NOS EUA: 17 de agosto de 2008
ROTEIRO: André e Maria Jacquemetton
DIREÇÃO: Tim Hunter

> "Não é bom vosso orgulho. Não sabeis que um pouco de fermento faz levedar toda a massa? Alimpai-vos, pois, do fermento velho, para que sejais uma nova massa, assim como estais sem fermento. (...) Por isso façamos a festa, não com o fermento velho, nem com o fermento da maldade e da malícia, mas com os ázimos da sinceridade e da verdade."
>
> Coríntios 1 5:6-8

Peggy segue obedientemente a mãe à igreja, onde encontra o jovem e moderno padre que foi recentemente designado para a paróquia. Todos na Sterling Cooper trabalham no fim de semana, às voltas com a grande defesa de campanha para a American Airlines. Don ajuda Bobbie a pôr em prática a ideia de uma série de TV estrelada por Jimmy.

A dor do parto é famosa, mas o fardo do renascimento é algo bem diferente. Don e Peggy, almas gêmeas metafísicas, lidam com o passado e o esforço exigido para deixá-lo para trás rumo a um novo futuro.

Betty não consegue entender por que Don se recusa a lidar com o recente surto de desobediência do filho e puni-lo para que o garoto saiba o que é certo. O estresse da campanha para a American Airlines (que, devido à saída extemporânea do contato de Duck Phillips por lá, Shel Keneally, ainda nem começou ou está "natimorta", como diz Don) soma-se ao turbilhão pessoal por ter sucumbido ao caso extraconjugal com Bobbie. Mesmo assim, Don reluta em erguer a voz e muito menos a mão para agredir o filho. Da mesma forma, a esposa parece ser excepcionalmente dura com o garoto e fica difícil dizer se é uma animosidade disfarçada em relação a Don ou simples frustração com a vida doméstica. As tensões fervem entre o casal (especialmente quando o assunto é a criação dos filhos) e, embora ele se recuse a espancar o filho, sacode Betty com força no calor da discussão, pouco se preocupando com o bem-estar dela.

Porém, o publicitário dá um grande passo quando, enfim, confessa ter sofrido uma infância repleta de agressões pelas mãos do pai, que o levavam a "fantasiar sobre o dia em que eu poderia matá-lo". A vulnerabilidade de Don logo apaga a fúria de Betty, mas não leva a querer saber mais, talvez por ter ficado tão aturdida pela visão do marido indefeso que não soube o que fazer e teve medo de que mais perguntas pudessem levá-lo a fechar-se em si mesmo como um caracol.

Uma confissão formal feita pela irmã mais velha de Peggy, Anita, ao novo pároco, Padre Gill, aumenta nosso conhecimento sobre o filho da jovem redatora. Peggy continua indo à igreja com a mãe e a irmã e isso não pode ser simplesmente em função da culpa. Ela acha o sermão sobre "malfeitores e atos maléficos" difícil de lidar e tenta sair da missa, mas esbarra no novato Padre Gill. Ele é o tipo de sacerdote que flerta com o estilo "moderninho" — sai para fumar escondido durante a missa e toca violão —, mas há algo nele que Peggy considera genuinamente encantador. Ela pode não se ver como católica, mas não contesta o padre quando ele diz que o encontro deles foi providencial ("É assim que Deus age").

Anita está cansada e furiosa com a irmã, mas não sabemos bem o motivo. Seria a capacidade da outra em conseguir tudo o que quer? Ou ela está realmente cuidando do bebê de Peggy? Anita também sente um pouco de ciúme do interesse que o Padre Gill demonstra por Peggy e, apesar de seu amor verdadeiro pela "Pegs", ela não consegue resistir à tentação de macular sua imagem aos olhos do padre na confissão. O sacerdote não parece julgá-la, mas faz a jovem perceber que ele está ciente de sua situação, sendo que esta é um problema que ela luta em deixar para continuar sua vida fabulosa de redatora em Manhattan.

A American Airlines busca um renascimento após o desastre de Jamaica Bay. Eles adiantam a data para a Sterling Cooper apresentar a campanha, levando as equipes de atendimento e criação a trabalhar longas horas num Domingo de Ramos a fim de se preparar. Bobby Draper queima-se na frigideira em que Don prepara panquecas e, enquanto Betty o leva para o hospital, Sally tem de se juntar ao pai no escritório. Sua notória habilidade ao manusear bebidas alcoólicas leva a um primeiro drinque e a faz desmaiar no sofá, fato assustador para uma menina que ainda está no ensino fundamental.

"Pagam os filhos pelos pecados dos pais", essa parece ser a mensagem deste episódio. Não que seja mais fácil para os pais: Peggy acredita não ser digna de um filho e se retira da vida dessa criança, enquanto Don faz de tudo para limitar a dor que os filhos possam enfrentar. As duas ações causam ainda mais danos num primeiro momento, especialmente aos pais.

Vale notar como os roteiristas da série continuam a recompensar quem presta atenção nos detalhes. Como prólogo para sua canhestra tentativa de cantada, Arthur Case menciona a novela de F. Scott Fitzgerald *O diamante do tamanho do Ritz* em "The Benefactor". Betty pode até fingir desconhecimento, mas certamente ela leu *O diamante do tamanho do Ritz e outros contos* de Fitzgerald (cujo título original, *Babylon Revisited and Other Stories* [Babilônia Revisitada e Outros Contos] lembra o título de um episódio da primeira temporada, "Babylon"), coletânea que contém a história mencionada por Arthur.

A FILOSOFIA DE *MAD MEN* — DON DRAPER: "Não existe isso de História dos Estados Unidos... Há apenas uma fronteira."

FATOS DA ÉPOCA: A ideia de Bobbie Barrett de fazer uma série de TV estrelada por Jimmy é exatamente o que Don acha que as redes de televisão estão procurando — "um produto derivado com um toque a mais". A ideia de uma série de câmera oculta tendo o humorista como apresentador apenas "sendo Jimmy... Sabe como é, ofendendo" marca uma diferença astuta de uma premissa que, naquela época, já era clássica.

Candid Camera começou no rádio — como se pode imaginar, como *Candid Microphone* [Microfone Oculto]. O apresentador Allen Funt queria captar a reação de pessoas comuns quando eram jogadas em circunstâncias incomuns, e disse numa entrevista à revista *Psychology Today* ter mudado para a TV movido pela vontade de "registrar o que as pessoas faziam: seus gestos, suas expressões faciais, confusões e alegrias".

A ideia surgiu do trabalho de Funt como assistente de pesquisa na Cornell University, onde ajudou o psicólogo Kurt Lewin a registrar o resultado de experimentos feitos com mães e seus filhos. Funt também se inspirou na época em que serviu no Batalhão de Comunicações do Exército dos Estados Unidos e gravou soldados lendo suas cartas para a família e os amigos em casa.

Candid Camera passou por vários canais de televisão com graus variados de sucesso, mas encontrou um lar fixo na CBS em 1960, onde teve uma bem-sucedida estada pelos sete anos seguintes. Geralmente é citada como a série de mais longa duração na história da TV norte-americana, pois variações do conceito foram exibidas em algum momento ao longo das décadas de 1940 a 1990.

VENDENDO O PEIXE: Embora a campanha da American Airlines tenha se mostrado "natimorta", conseguimos dar uma olhada no impressionante conjunto de arte e texto preparado pela Sterling Cooper. O anúncio atende ao desejo de Don de "saber como será o ano de 1963". A arte que Sal cuidadosamente põe na moldura é avançada sem ser futurista: contém uma bela ilustração de um jato comercial e a frase "Esta é a American Airlines" — um texto ousado em sua simplicidade.

O slogan utilizado pela American do início dos anos 1950 até a década de 1960 era: "A principal companhia aérea dos Estados Unidos", seguido em 1963 pelo confuso e sem imaginação "A American criou uma companhia área para viajantes profissionais". Pena que Shel Keneally foi demitido e acabou com as chances da Sterling Cooper.

IMÓVEIS DE MANHATTAN E DO BROOKLYN: Peggy passa boa parte da época da Páscoa tendo de lidar com as expectativas da mãe e com a própria culpa sentida na igreja.

A Church of the Holy Innocents (279 East 70th Street) foi fundada em 1909, perto da Beverly Street, e batizada em homenagem ao Dia dos Santos Inocentes, 28 de dezembro (antigamente chamado de "Childermass" nos EUA), data escolhida para lembrar o assassinato de todos os meninos de Belém com dois anos ou menos a mando do Rei Herodes, numa tentativa malfadada de evitar o nascimento de Jesus. Em 1922, a igreja recebeu a aprovação para expandir-se (ficando com 1.100 lugares) e construir uma paróquia eclesiástica no lote já existente. O projeto era uma homenagem tardia ao estilo gótico feita por Helme & Corbett, também responsáveis pela St. Gregory's Church, outro templo localizado no Brooklyn.

Um órgão Skinner pode ter fornecido a bela música de Domingo de Páscoa que foi executada nesse episódio. Ao ser instalado em 1922, o órgão tinha 30 registros e 27 fileiras de tubos, num total de 1.176 tubos. Dois armários de madeira de cerca de 10m de altura guardam todos os tubos e mecanismos na galeria.

DRINQUE DA VEZ: Sally Draper continua sua perigosa carreira de bartender (ela começou a atender a pedidos de drinques em "Flight 1") fazendo um Bloody Mary de causar lágrimas nos olhos, de tão carregado na vodca e leve no tomate (e nas especiarias).

1 dose (60ml) de vodca

Um copo *highball* com gelo (e não um misturador, como fez Sally Draper)

Suco de tomate (primeiro ponha a vodca e complete até o alto do copo — e não o contrário, como fez Sally Draper)

1 pitada de sal de aipo

1 pitada de pimenta

1 gota de tabasco

2 gotas de molho inglês

1 pitada de suco de limão ou lima-da-pérsia

Sirva depois de sacudir ou mexer.

2.05 The New Girl [A Nova Garota]

DATA DE EXIBIÇÃO ORIGINAL NOS EUA: 24 de agosto de 2008
ROTEIRO: Robin Veith
DIREÇÃO: Jennifer Getzinger

> "É algo poderoso quando feito corretamente."
> Bobbie Barrett

Depois que uma rede de televisão aceita produzir o programa de Jimmy, Don e Bobbie levam a comemoração para a estrada e sofrem as consequências. Joan anuncia seu noivado com o namorado médico e acha a secretária perfeita para Don. Freddy Rumsen toca Mozart com seu zíper.

Nova York é a Meca da reinvenção. Por ser na prática a capital dos Estados Unidos, isso faz sentido. Pessoas de todo o mundo são atraídas pelo ar cosmopolita e pela agitação do comércio, que serve de camuflagem perfeita para reescrever suas biografias. Uma cidade tão agitada — onde nenhuma história é excêntrica demais, nenhuma personalidade é radical demais — é o lugar perfeito para criar uma nova identidade, com base nas cores do arco-íris de opções que a cidade oferece.

Bobbie Barrett sabe muito bem o que é reinvenção. Seja como "apenas" esposa, "irmã" ou empresária sem papas na língua de Jimmy Barrett, ela faz o que for necessário para conseguir o que quer. O segredo está na negociação, diz ela, seja para evitar uma multa de tráfego ou para conseguir um episódio-piloto para a série *Grin and Barrett*. Sua filosofia profissional seria facilmente aceita por Don, mas quando se trata de negociação ele pensa diferente e acha um tédio.

Don pode discordar de Bobbie tão facilmente por saber que, em grande parte, os dois são iguais. Ele se sente confortável com ela de um jeito que não acontece com outras mulheres de sua vida (algo fácil de deduzir, mesmo que ele tenha o hábito de ser um homem diferente para cada mulher), mas há semelhanças reconfortantes na forma como eles veem o mundo. O publicitário pode não ter encontrado uma alma gêmea, mas encontrou uma pessoa com os mesmos interesses.

Por outro lado, Draper pulou da cadeira quando viu alguém passando pelo salão do Sardi's. Era Rachel Menken, que ele encontrava pela primeira vez em muito tempo... e ela parecia ótima. Rachel ganhou um pouco de peso, mas não foi na cintura, e sim no dedo anelar. Agora ela é a Sra. Katz, e o ex-amante não consegue disfarçar sua decepção. Este é um daqueles breves momentos que tornam a série significativa para mim. Afinal, as pessoas do passado aparecem de repente, não só num momento inoportuno como na hora exata para acabar com a alegria do presente, maculada por lembranças do passado e do que poderia ter acontecido. É o tipo de irregularidade nas margens da vida que dá riqueza e complexidade à *Mad Men*, algo que falta a outros seriados de TV.

Também inesperado é o acidente de carro que atrapalha os planos de Don de seguir rumo ao mar (ele chegará lá, mas não agora). Para quem também é fã da outra série produzida por Matthew Weiner, esse acidente não chega a ser uma surpresa. Num episódio de *Família Soprano* chamado "Irregular Around the Margins", Tony Soprano leva a namorada do sobrinho para fora de New Jersey em busca de cocaína e, fica subentendido, de uma noite de sexo. Um acidente de carro estraga os planos do chefão, mas não as perguntas surgidas com essa situação comprometedora.

Muitos fãs trouxeram à tona essa semelhança em blogs e fóruns de discussão, menos para reclamar e mais para indicar uma ligação entre as duas séries. Weiner já declarou que Don é diferente de Tony por nunca ter matado ninguém... Com as próprias mãos, pelo menos. Acredito que ambos sejam governados por um exagerado senso de merecimento que não consigo definir se é infantil ou sociopata.

Diferentemente da primeira temporada, Draper paga o preço por suas transgressões. Ele pode achar a negociação um tédio, mas ter talento para ela viria a calhar quando se vê diante de um policial por causa do acidente. Bobbie espertamente alega que a garrafa de bebida é dela, mas seu acompanhante não passa no teste de sobriedade e o policial não quer deixar esse gato arredio da cidade grande se safar apenas com seu charme. O agente da lei está bem feliz por fazer Don passar por esse constrangimento.

À primeira vista, há várias pessoas para quem Draper poderia ligar pedindo ajuda: Roger Sterling resolveria tudo sem abrir a boca, mas Don cairia alguns pontos no conceito do amigo e ele dá valor à aprovação de Sterling tanto quanto Pete anseia pela aprovação de Don; e até alguns subalternos do escritório poderiam ser chamados e posteriormente silenciados com um olhar fulminante dele.

A chegada de Peggy à delegacia surpreende e cria mais perguntas e nuances em relação ao parto e sua estada no hospital. E o que estava no ar nessa situação acabou servindo para destacar as semelhanças entre Don e Peggy.

Os detalhes da convalescença e recuperação da moça são da seara das novelas e uma solução dramática fácil demais para uma série tão elegante quanto *Mad Men*. Em vez de uma cena mostrando a dificuldade de seu lento retorno à saúde, vemos Don visitando Peggy no hospital — não para oferecer flores, mas duras palavras de sobrevivência ("Saia daqui e siga adiante. Isso nunca aconteceu. Você vai ficar chocada com o quanto isso nunca aconteceu"). Pode-se argumentar que a disposição da redatora em seguir o conselho do chefe seria mais uma faceta de seu estado frágil do que qualquer outra coisa, mas a determinação com a qual ela leva o conselho adiante mostra que os dois sempre foram parecidos.

Bobbie só consegue pensar na relação entre Peggy e Don como romântica, mas sente que a jovem é sincera quando diz que eles "trabalham juntos". Mesmo que a jovem redatora desdenhe a veterana profissional, segue o conselho da Sra. Barrett praticamente ao pé da letra. Quando pede a Draper o reembolso pelo pagamento da fiança, não o faz para mostrar-se igual a ele, mas o chama de "Don" pela primeira vez e, em mais um sinal de maturidade, a sutileza não torna o ato menos desprovido de força.

Quanto à "garota nova", Joan pode ter encontrado a parceira profissional perfeita para Don na esquiva Jane Siegel (Peyton List). Talvez Joan a tenha escolhido pelo diploma de curso superior ou pela semelhança com ela mesma em termos de sensualidade (depois de Peggy e Lois não durarem muito na mesa de Don), mas ela pode ter escolhido alguém que também é adepta de usar os truques femininos no trabalho sem perceber que pode acabar não gostando da concorrência. Mesmo que Joan esteja nas nuvens com seu recente noivado, não está tão estratosférica a ponto de deixar o decote revelador da garota nova passar em branco, embora sua declaração de que a firma se baseia no "decoro profissional" seja memoravelmente interrompida pelo súbito recital de Mozart feito por Freddy Rumsen com o zíper da calça.

No fim das contas, o arco-íris que todos procuram sempre vai existir para os nova-iorquinos. Como a manta de lã multicolorida que vemos ao longo do episódio — primeiro em cima do sofá na casa de Peggy, depois com ela no hospital e, na cena final, pendurada numa cadeira na casa dos Draper —, as cores estão lá para os mais detalhistas.

A FILOSOFIA DE *MAD MEN* — **BOBBIE BARRETT**: "Isso são os Estados Unidos. Escolha um trabalho e se torne a pessoa que o faz."

FATOS DA ÉPOCA: Pete folheia algumas revistas para ajudá-lo a fornecer uma amostra para um teste de fertilidade. Após passar por *Nudi-Fax*, *International Nudistour Guide* e, talvez a mais sexy de todas, a *U.S News & World Report*, ele escolhe a *Jaybird USA*.

O lançamento da revista *Playboy* em 1953 ajudou a criar uma nova era de liberdades sexuais (para o bem ou para o mal), mas a publicação não podia mostrar a genitália ou os pelos pubianos sem descumprir a lei de obscenidade do país. O conjunto de leis federais e estaduais conhecido como Leis Comstock proibia a produção e distribuição de qualquer "livro obsceno, libertino ou lascivo", e também que tais publicações fossem "transportadas pelos correios". A definição de obsceno à época da criação da lei, em 1873, não englobava apenas descrições visuais, também incluía o erotismo literário, bem como cartas contendo "epítetos indecentes ou vulgares" ou "com a intenção de impedir a concepção ou buscar um aborto". Essa definição mudou ao longo do tempo e batalhas judiciais relacionadas às Leis Comstock enfatizaram essas alterações ocorridas com os anos.

Em 1958, a Suprema Corte norte-americana afirmou que as revistas mostrando nudez de maneira não sexual não eram obscenas. Como resultado disso, os editores de periódicos que cobriam a subcultura nudista (a *Sunshine & Health* era a mais conhecida na época) foram os primeiros a mostrar imagens explícitas de genitálias masculina e feminina. Embora os fotógrafos fizessem um esforço imenso para enquadrar seus modelos nus em cenários não eróticos (partidas de vôlei, banho de sol e o menos inteligente de todos: um churrasco), o uso desejado pela maioria da audiência não ia de encontro à descoberta da Corte Suprema.

A *Jaybird USA* era uma de várias revistas publicadas com esse nome, um truque dos editores para gerar interesses em "novas" publicações. *Jaybird Safari*, *Jaybird Happening* e *Jaybird Nude/Image* eram variações encontradas nas bancas de jornal. A primeira edição — intitulada *Jaybird Journal* — surgiu em 1965, o que tornaria sua inclusão no episódio anacrônica em pelo menos dois anos.

VENDENDO O PEIXE: Don tenta marcar posição quando encontra a Sra. Katz, mas só consegue alfinetar a firma que tomou a conta dos Menken da Sterling Cooper: "Como vão as coisas na Grey? Eles ainda estão levando o crédito por tudo o que fizemos?"

Atualmente conhecida como Grey Global e uma das maiores agências de publicidade do mundo, com escritórios em 83 países, a Grey Advertising de Larry Valenstein era, mesmo em 1962, uma veterana no jogo da publicidade. Batizada com a cor das paredes do primeiro escritório da agência, situado na 5th Avenue, Valenstein e o sócio Arthur Fatt adquiriram experiência no negócio de mala direta e na indústria de ornamentos (especialmente peles) e encontraram um nicho seguro como publicitários para mercadorias leves cujos produtos eram vendidos em lojas de departamentos.

Em 1956, a Grey Advertising começou um longo e lucrativo relacionamento com a Procter & Gamble e, em 1959, elas começaram a expansão mundial com a primeira filial internacional em Montreal.

IMÓVEIS DE MANHATTAN: Bobbie liga para Don, do Sardi's, onde diz estar "cercada de palhaços".

Talvez até estivesse, mas também estava cercada por famosas caricaturas de celebridades. Os famosos do palco eram atraídos pelo restaurante pelo hábito de Arthur Sardi de manter as portas abertas até tarde para atender ao horário dos artistas da Broadway.

Inicialmente, Alex Gard fez as caricaturas para enfeitar as paredes em troca de uma refeição por dia no restaurante. Seu primeiro desenho oficial foi de Ted Healey, um astro do *vaudeville*. Antes de sua morte em 1948, Gard desenhou cerca de 700 caricaturas. John Mackey, Don Bevan e Richard Baratz assumiram o papel e a caneta para o restaurante, o que resultou em mais de 1.300 desenhos atualmente em exibição.

No dia em que James Cagney morreu, um ladrão covarde roubou o retrato dele da parede do Sardi's. Desde então, quando um desenho é terminado, a equipe de Sardi imediatamente faz uma cópia, enviando o original para o retratado e deixando a cópia afixada na parede.

2.06 Maidenform [Para Entrar no Clube]

DATA DE EXIBIÇÃO ORIGINAL NOS EUA: 31 de agosto de 2008
ROTEIRO: Matthew Weiner
DIREÇÃO: Phil Abraham

> "As mulheres agora têm uma fantasia e não está lá no rio Nilo (...) Está bem aqui nos Estados Unidos. Jackie Kennedy e Marylin Monroe. Toda mulher é uma delas."
> Paul Kinsey

A Sterling Cooper desenvolve uma nova campanha para a Playtex que revela a existência dois tipos de mulher no mundo. Peggy sente-se frustrada por não ser incluída nas farras noturnas com os clientes. Don não gosta de saber o que as mulheres da cidade falam dele.

Os papéis nos quais os homens encaixam as mulheres são tão restritivos e desconfortáveis quanto as roupas íntimas em voga na época de "Maidenform". O desafio de publicidade que Don enfrenta consiste em encontrar um novo rumo para a campanha da Playtex ("Nada serve melhor aos dois lados de uma mulher do que Playtex"), que dá um belo destaque ao complexo de santa/prostituta enfrentado pelas mulheres. Enquanto isso, a sessão criativa que leva à ideia de Jackie Onassis durante o dia e Marilyn à noite grita o quanto é absurdo uma indústria predominantemente masculina tentar vender um produto como este ("Sutiãs são para os homens", afirma Paul Kinsey).

A série critica essa visão limitada e não tem medo de dizê-lo em alto e bom som. Como acontece em outros episódios, o comentário ou resultado é oferecido antes da revelação total do problema (vide o episódio anterior, quando Don liga para Peggy a fim de tirá-lo da cadeia antes do flashback da visita que ele fez à redatora no hospital). Nesse caso, a montagem de abertura se adianta ao argumento. Três mulheres se contorcem para caber em suas roupas íntimas, mas, enquanto Betty e Joan se encaixam perfeitamente na dicotomia Jackie/Marilyn, Peggy é uma dissidente isolada. Também é revelador que, num episódio em que espelhos têm um papel temático tão importante, a redatora é a única das três que não se veste na frente de um deles.

A música tocada na montagem é estridente, não só no som quanto no contexto. Conhecida pela atenção meticulosa aos detalhes históricos, *Mad Men* utiliza a trilha sonora da mesma forma. Porém, o uso da música "The Infanta" do grupo The Decemberists enfureceu alguns fãs que se acostumaram a escolhas musicais que não contradiziam o que estava nas paradas da *Billboard* na época. Uma escolha tão flagrante causa estranheza no espectador, mas, se as batidas eletronicamente artificiais do RJD2 não estabelecem uma visão irônica da época retratada, a astuta e bem-humorada abertura deveria fazê-lo a cada episódio. Além do mais, não é a primeira vez que uma faixa de outra época foi usada no contexto da série: a música do Cardigans chamada *The Great Divide*, que fecha o episódio "Ladies Room" da primeira temporada, também não é dos anos 1960.

First Star*... A nova fúria adolescente da Maidenform (mostrada na modelo)... Formas recortadas horizontalmente e bojos alinhavados definem as curvas mais *divinas* que existem! First Star Regular, US$ 1,50. Ou First Star Contour (a espuma secreta se alinha para preencher as necessidades de uma figura mais esguia), com bojos brancos AA ou A, tecido de seda de alta qualidade com um pequeno laço, US$ 2,00.

O uso de "The Infanta" entra na categoria de anacronismo estratégico (e que era para ter aparecido antes: mais precisamente no episódio "Shoot", que circulou em cópias para a avaliação da imprensa, mas foi retirado quando foi exibido na TV). A música dos Decemberists consegue a proeza de relacionar as preocupações das mulheres de 1960 com as de hoje, de forma similar à abertura contemporânea do filme de época dirigido por Jane Campion, *Retratos de uma mulher*.

Peggy não se encaixa em nenhum dos arquétipos sonhados pelos homens (ela é mais "Gertrude Stein", segundo Cosgrove) e também tem dificuldade para se enturmar com os rapazes do escritório. O brainstorm para a Playtex ocorreu durante uma reunião após o expediente, e a moça fica furiosa por ter sido excluída ("Acredite em mim", diz Freddy, "você não ia querer estar *naquele* bar"). Ela é pioneira no escritório, mas não se fazem manuais para esse tipo de viagem exploratória. E, embora se mostre ansiosa pelo sucesso e esteja disposta a agir contra seu caráter para tê-lo, em consequência disso ela precisa lutar para descobrir a própria identidade.

Joan, por outro lado, não poderia estar mais segura de seu lugar no mundo, solidificado com seu recente noivado. O conselho que ela dá a Peggy em sua busca pelo respeito no local de trabalho é ácido e possivelmente motivado pela suspeita em torno de sua carreira como redatora ("Pare de se vestir como uma garotinha").

Um conselho de outro tipo atinge Betty em cheio. Ela compra um biquíni num desfile de moda do clube campestre e decide usá-lo. A reação de Don ao ver a mãe de seus filhos em traje sexy é péssima, e sua definição cruel ("desesperada") é o bastante para fazê-la se sentir suja. Há ciúme nesse comentário, e ele se mostra tão preocupado com os olhares predadores dos "salva-vidas de 15 anos" quanto com os "milionários desocupados". Muitos dizem que um homem quer uma dama na sala e uma meretriz no quarto, desde que mais ninguém veja o lado devasso dela.

Isso leva a um assunto interessante a respeito da campanha Jackie/Marylin para a Playtex. Como muitos homens, Draper tem dificuldade em conciliar a atração pelos dois tipos de mulher no mesmo pacote e talvez isso profetize o fracasso da campanha. A natureza dúbia do anúncio do Playtex vai contra a maneira como os homens veem as mulheres: eles geralmente querem uma ou outra, não a santa e a prostituta na mesma lingerie. (Lembram-se da súbita impotência do publicitário no Dia dos Namorados quando Betty usou aquele ousado espartilho?)

Outro tema interessante desse episódio é a presença de JFK. Nome recorrente ao longo da primeira temporada, raramente foi mencionado no segundo ano da série, após ter sido eleito. Mas o simples fato de a presidência de Kennedy existir parece dar credibilidade à campanha para a Playtex, visto que ele de fato *teve* as duas mulheres (com Jackie sendo a santa e Marylin, a prostituta). E talvez os executivos da Playtex tenham sido inteligentes ao recusar a campanha. O assassinato de Kennedy, perto do fim de 1963, certamente faria a equipe criativa correr para retirar os anúncios da campanha fictícia envolvendo Jackie/Marylin do mesmo jeito que fizeram quando o Voo 1 da American Airlines caiu em Jamaica Bay e foi preciso sumir com os anúncios da companhia aérea regional que era cliente da Sterling Cooper.

Apesar de toda a preocupação com o fato de o biquíni afetar a "reputação" de Betty, Don é quem tem uma reputação, além de ser o único homem da série a lidar com o dilema de "dois pesos e duas medidas" relacionado às mulheres. Ele impôs a si mesmo uma vida dupla, mas começa a sentir-se esmagado por ela, a ponto de não suportar o olhar amoroso da filha (sem contar o respeito dado a ele como veterano no clube campestre). A revelação de Bobbie Barrett de que outras mulheres falaram sobre ele como um *connoisseur*, um esteta, o fez pensar em seus atos pela primeira vez em muito tempo. Muitos fãs da série não souberam o que pensar quando Draper responde ao comentário de uma de suas fãs citadas por Bobbie com um espantado "Não sei do que você está falando". Uma mulher na Random House roubou a história de uma amiga que saiu com ele? Ele apagou essa mulher da memória, como faz com muitos atos condenáveis. Ou são os feitos do *outro* Don Draper complicando-lhe a vida?

Seja lá qual for a resposta, a situação intrigou o público e se constitui na primeira dica sobre a outra face da moeda no dilema do personagem. Na cena final, quando ele se senta no vaso sanitário ladeado por seu reflexo, é a primeira vez que sua preocupação principal não diz respeito ao fato de alguém descobrir sua verdadeira identidade. E se parte daquela vida surge para atrapalhar sua existência atual? Ele é confrontado com seu reflexo, enxergando nele uma extensão de como é visto pelos outros. E não gosta disso.

A FILOSOFIA DE *MAD MEN* **— DON DRAPER:** "Jacqueline Kennedy. Marilyn Monroe (...) as mulheres têm sentimentos sobre essas mulheres porque os homens também têm. Como nós queremos ambas, elas querem ser ambas."

FOTOS DA ÉPOCA: No clube campestre, Don consegue uma informação privilegiada de um ex-empregado sobre a recente reformulação ocorrida na firma de relações públicas Lem Jones and Associates — e como isso ficou "queimando atrás dele".

Em 1960, quando Lem Jones era o esteio das relações públicas em Nova York e secretário de imprensa da esperança presidencial republicana de 1940 chamada Wendell Willkie, fez um acordo com a CIA para representar exilados cubanos a fim de contra-atacar a campanha política e midiática feita por Fidel Castro contra o estilo de vida americano. De quartos de hotel à lotada Estação Grand Central, encontros clandestinos com agentes da CIA se sucederam com a intenção de montar uma propaganda bem-sucedida contra o carismático líder cubano.

Essa ofensiva não começou bem. Castro liderou uma delegação às Nações Unidas em setembro de 1960. A CIA lançou uma "Caravana da Tristeza" para rebater a oratória incendiária do líder do Partido Comunista Cubano: dois ônibus lotados de mães de exilados cubanos saíram de Miami com a intenção de fazer os apelos mais emocionados e capazes de render boas imagens na TV, mostrando o lado sombrio do comunismo e a encenação política de Fidel. Infelizmente, a CIA não conseguiu colocar um agente em cada ônibus e acabou perdendo o contato com a caravana por dois dias. Agentes desesperados da agência de inteligência norte-americana entraram em contato com Jones em busca de ajuda. Ele sugeriu que os ônibus fossem parados na Filadélfia, com receio de que a caravana chegasse a Manhattan na calada da noite sem qualquer cobertura de imprensa. Os ônibus finalmente entraram em Manhattan na manhã seguinte e a imagem de uma das mães rezando na igreja de St. Patrick's chegou aos jornais de Nova York.

A formação do Conselho Revolucionário Cubano, apoiado pela CIA, foi anunciada numa coletiva de imprensa organizada por Lem Jones. Em 16 de abril de 1960, a invasão da Baía dos Porcos começou e o secretário de imprensa passou a lançar comunicados sob o manto do CRC que eram ditados a ele por agentes da CIA, especificamente um tal E. Howard Hunt, que mais tarde surgiria como principal coconspirador no roubo e acobertamento de Watergate. Embora a agência Lem Jones and Associates não seja responsável pelo fracasso na invasão da Baía dos Porcos, a firma passou por um intenso escrutínio pós-invasão motivado pelas críticas quanto ao envolvimento obscuro da CIA na propaganda e por ele ter enviado os comunicados do CRC à imprensa de seu escritório na Madison Avenue.

VENDENDO O PEIXE: A campanha "Eu sonhei..." da Maidenform catapultou a empresa ao segundo lugar no ramo de roupas íntimas nos Estados Unidos e gerou quantidades iguais de elogios e críticas. A agência de Norman, Craig & Kunnell foi responsável pelo anúncio lançado em 1949 e permaneceu em vigor, de várias formas, por quase vinte anos, estabelecendo-se como uma das campanhas de maior duração na história da publicidade. Nos anos 1970, a Maidenform abandonou o tema da fantasia para mostrar as mulheres que trabalham fora, como médicas, advogadas e árbitras de basquete.

Infelizmente, o desejo de divulgar seus produtos gerou anúncios com homens totalmente vestidos cercados por moças usando apenas lingerie. Muitas mulheres sentiram-se ofendidas e, no início dos anos 1980, um grupo nova-iorquino chamado Women Against Pornography [Mulheres Contra a Pornografia] criticou a Maidenform pelo sexismo na publicidade.

DRINQUE DA VEZ: Devido à luta de Duck Phillips para manter a sobriedade nesse episódio, esta seção fica adequadamente abstêmia. Tente uma club soda com limão.

2.07 THE GOLD VIOLIN [O VIOLINO DE OURO]

DATA DE EXIBIÇÃO ORIGINAL NOS EUA: 7 de setembro 2008
ROTEIRO: Jane Anderson, André e Maria Jacquemetton
DIREÇÃO: Andrew Bernstein

> **Ken Cosgrove:** Você não é como as outras pessoas daqui.
> **Salvatore Romano:** Não sei se isso é verdade.

Don pensa em comprar um Coupe de Ville, lembrando seus tempos como vendedor de carros. Sal lê o novo conto de Ken e o convida para jantar em sua casa. A visão de mundo jovem da dupla criativa Smitty e Kurt ajuda a definir o clima de uma nova campanha para o Martinson's Coffee. Jimmy Barrett força Betty a encarar seu maior medo.

Entender por completo a profundidade da expressão (e das expressões, por sinal) é a principal motivação existente em "The Gold Violin".

Don anseia por comprar um carro que mostre adequadamente o quanto ele "chegou lá". Até observa o Coup de Ville 1962, mas não quer se comprometer com tamanho sinal exterior de riqueza (enquanto observa outro homem "namorar" um carro dourado, mais modesto, na concessionária). Roger flerta com a possibilidade de ficar "profundo demais antes da hora dos drinques" (ver a "Filosofia" mais adiante) e estimula Draper a se arriscar e comprar o carro.

O diretor de criação também precisa lidar com o pessoal do Martinson's Coffee, que está tendo dificuldades com sua participação no mercado, porque os jovens não bebem mais café. Smith & Smith, os jovens anti-*establishment* de plantão na Sterling Cooper, que evitam a roupa-padrão do escritório em prol de camisas sem gravata e macacões, preparam uma defesa de campanha que vende um produto a uma geração que não quer ser vendida. Smitty (sem gravata) mostra um manifesto de sessenta páginas feito pelos Students for a Democratic Society [Estudantes para uma Sociedade Democrática] enviado por um amigo que ainda estuda "lá em Michigan". Don parece gostar do idealismo, mas só está interessado no documento como opinião de um grupo de discussão. Ele não pode (ou não quer) perder muito tempo num conceito que o jovem, maravilhado, chama de "profundo".

Já a profundidade exigida para entender a nova pintura de Mark Rothko no escritório de Cooper vem de um lugar inesperado. Harry Crane teme que Cooper utilize o quadro como forma de testar as habilidades dos funcionários para afastar filisteus que não "entendem" a obra. A aparentemente evasiva Jane Siegel convence Crane, Cosgrove e Salvatore a invadir o escritório de Cooper para dar uma olhada. O desenvolvimento de Cosgrove como uma alma estranhamente sensível continua (dicotomia atleta/poeta, talvez?) quando ele consegue apreender mais sobre a pintura, sugerindo que ela não é feita para *significar* algo, tendo sido criada para causar uma resposta emocional. "Como se você estivesse olhando para algo muito profundo... Tão profundo que pode cair nele."

Igualmente profundo é o conto dele que dá título ao episódio. Ele pressente que Sal é sensível o bastante para fazer uma avaliação crítica de seu último trabalho (ou, mais provavelmente, elogios bajulatórios). O último, ainda impressionado com a obra anterior de Ken (definida por ele como "bela e triste"), fica feliz da vida com a oportunidade de fazer uma crítica e aproveita a ocasião para convidá-lo para jantar em sua casa. Finalmente conseguimos ver Sal como homem casado e os custos terríveis impostos a ele por ter uma vida falsa. Ele não consegue deixar de se deliciar com a presença de Ken à mesa — ou de repreender Kitty, a pobre esposa, quando ela tenta entrar na conversa. Assim como ocorre com algumas falsidades, seu casamento de fachada não tem a intenção de ferir, apenas de fornecer um disfarce, mas isso não ajuda a mitigar a bela e triste existência de Kitty.

Joan não precisa gastar muita energia para descobrir as intenções da garota nova no escritório. Ela pode ter medo de ser substituída por Jane (até seus nomes são parecidos), mas quando Joan tenta exercer seu poder demitindo-a pela aventura do Rothko a veterana se vê derrotada. Jane ataca a gerente administrativa apelando para a vaidade de Roger Sterling e salva seu emprego, numa manobra mais baixa que seu decote em "The New Girl".

Muitos espectadores ficaram impressionados com os meios utilizados por Jimmy Barrett para alcançar sua vingança. Quando surpreende Betty com a notícia de que a esposa dele e o marido dela têm um caso, muitos fãs sentiram uma estranha raiva dele por cometer tamanha tolice. Don obviamente nada tem de inocente e de forma alguma merece clemência, mas o fato de Jimmy atacar o homem que representa tudo o que ele mais despreza ("Fiquei atrás de caras como ele minha vida inteira.") é irritante. Mais ainda quando se leva em consideração que Jimmy deve muito de seu recente sucesso a Don. Alguns espectadores não tinham muita certeza se a raiva veio por pensar nos danos que a descoberta causaria no lar dos Draper, enquanto outros acharam que já estava na hora e era apenas uma questão de tempo até que os segredos do personagem principal se revelassem de forma destrutiva.

Um flashback dos tempos de Don como vendedor de carros usados dá uma dica de como o desejo de manter sua identidade a salvo é profundo, e o que ele é capaz de fazer para protegê-la. Nós vemos apenas a aparição de uma loura frágil que manca de uma perna, mas esse é o sinal para a revelação de um dos aspectos mais curiosos do enigma chamado Don Draper.

A FILOSOFIA DE *MAD MEN* **— ROGER STERLING**: "Eu preciso lembrá-lo da natureza finita da vida?"

FATOS DA ÉPOCA: Harry, Ken e Sal entram furtivamente no escritório de Cooper atrás da líder do grupo Jane Siegel para apreciar a misteriosa pintura do expressionismo abstrato que custa US$10 mil. "É um Rothko", reconhece Sal.

Nascido na Letônia, em 1903, como Marcus Rothkowitz, o autodidata Mark Rothko ganhou notoriedade com uma série de obras "abstracionistas mitomórficas", seguindo a onda de popularidade que a arte surrealista começou a ter em Nova York com exposições de Joan Miró, Max Ernst e Salvador Dali.

O artista se desviou do surrealismo mítico no fim dos anos 1940, quando redigiu com o colega artista Adolph Gottilieb um manifesto que foi publicado no *New York Times*. "Preferimos a expressão simples do pensamento complexo... Favorecemos as formas planas porque elas destroem a ilusão e revelam a verdade." O movimento de Rothko em direção à exploração das cores e formas (inspirada pelo pintor americano Clyfford Still) resultou nas obras "multiformes" das quais a aquisição de Bertram Cooper faz parte.

Embora tenha sido considerado líder da segunda onda do expressionismo abstrato, Rothko resistiu à aplicação de rótulos a seu trabalho. "Não me expresso em minhas pinturas", disse. "Expresso meu 'não eu'."

Cooper mostra-se vago sobre o que sente em relação ao quadro (não mais vago do que sobre qualquer outro assunto), mas fica feliz ao dizer que espera que o quadro dobre de preço no próximo Natal. Se o executivo continuar com o quadro até o início da década seguinte, o valor vai às alturas. O artista cometeu suicídio em 25 de fevereiro de 1970 e, um ano depois, a galeria Marlborough Fine Art vendeu cem quadros por um preço estimado de US$1,8 milhão, o dobro do valor das obras quando ele era vivo.

FATOS DA ÉPOCA 2: Smitty lê uma longa ladainha de um amigo de escola que pregava o "poder e a singularidade baseados em amor, transparência, razão e criatividade". Com isso, fica implícito que metade da equipe Smith & Smith conhece Tom Hayden, principal autor da *Declaração de Port Huron*, um manifesto idealista feito para o movimento ativista estudantil, que olhava "desconfortavelmente para o mundo" que estava prestes a herdar. Preocupações com o preconceito racial e os direitos civis para os afro-americanos, bem como com a questão das armas nucleares e as parcas perspectivas de paz são a principal motivação do documento. O manifesto também analisou o papel dos estudantes para criar um mundo de acordo com os princípios idealistas sobre os quais o país foi construído ("Todos os homens são iguais").

Talvez o Sr. Hayden também devesse se preocupar com os protestos impetuosos que enfrentaria por parte dos conservadores quando fosse senador pelo estado da Califórnia, ou com seu casamento, e posterior divórcio, com Jane Fonda.

VENDENDO O PEIXE: Don cita a tentativa fracassada feita pela Martinson's Coffee (ou Martinson, como o café ficou conhecido) de atingir o mercado jovem, particularmente os comerciais com fantoches.

Isso é verdade, mas não eram fantoches: eram os Muppets. Em 1957, o jovem Jim Henson criou 179 comerciais para Wilkins Coffee exibidos na região de Washington. Os filmes tinham apenas dez segundos (oito segundos de Muppets falantes e uma imagem do produto por dois segundos) e eram altamente eficazes. Henson aprimorou a ideia e vendeu-a para outros produtores regionais de café, incluindo a Martinson.

Os anúncios mostravam dois personagens, o alegre Wilkins e o ranzinza Wontkins. O primeiro, um ancestral do sapo Caco, exalta as virtudes do café Wilkins, enquanto o outro resiste. Wilkins argumenta tentando impor seu café de forma bizarra e violenta, incluindo golpes na cabeça, balas de canhão, tiros, guilhotina e jogar o Wontkins embaixo das rodas do Wilkins Coffee Bandwagon (todos os vídeos estão disponíveis no YouTube). Apesar dos métodos cruéis aplicados, há uma inegável maluquice nos filmetes, um indicativo do toque hábil que marcaria o trabalho de Henson nos anos seguintes.

IMÓVEIS DE MANHATTAN: O Stork Club é o cenário no qual Jimmy Barrett comemora seu novo programa (*Grin and Barrett*) e coloca em prática um plano sorrateiro para derrubar o casamento dos Draper.

A história do Stork Club e de seu proprietário Sherman Billingsley é especificamente nova-iorquina. Billingsley começou a carreira no contrabando quando criança, junto com os irmãos em Anadarko, Oklahoma. Os Billingsley vendiam uísque escondido em frasco de remédio em farmácias de Oklahoma City antes de levarem o negócio para os estados vizinhos, quando o governo aumentou o escopo da Lei Seca. Em 1926, Billingsley alugou um clube noturno na 132 West 52nd Street e abriu o local chamado Stork Club para vender bebidas alcoólicas ilegalmente na Era do Jazz.

Ele gerenciou o clube com sucesso durante a Lei Seca, apesar de vários atritos com a polícia, uma troca de endereço e um impasse com um sindicato controlado pelo implacável chefão mafioso Dutch Schultz.

Após a Lei Seca, o Stork tornou-se *o* ponto de encontro da elite nova-iorquina, com uma clientela de celebridades como Bing Crosby, Ernest Hemingway, o escritor Damon Runyon e o escritor-residente Walter

Winchell, que batizou o clube com a famosa frase: "O lugar mais nova-iorquino de Nova York na West 58th." Astros de Hollywood não eram os únicos frequentadores assíduos; o tenista Fred Perry uma vez deu ao maître, Victor Crotta, uma gorjeta de US$10 mil, que não foi a maior recebida por ele (um milionário menos conhecido e excessivamente generoso contribuiu com o dobro desse valor). O poder do Stork Club de atrair famosos era tão lendário que o proprietário apresentou um programa de TV ao vivo de mesmo nome entre 1950 e 1955, no qual ele circulava entre as mesas e entrevistava os famosos do dia.

Só em Nova York um ex-contrabandista de bebidas de Oklahoma poderia tornar-se o mestre de cerimônias da classe alta. Mas Billingsley também tinha inimigos, especialmente funcionários que se revoltavam com a lista de exigências e ameaças, que sempre começava com suas iniciais, "S.B.", com espaço suficiente para que um funcionário colocasse um O no meio, formando a sigla em inglês "S.O.B.", que corresponde ao palavrão "F.D.P." em português. Ele continuou suas lutas contra os sindicatos, que faziam piquetes frequentes no clube nas décadas de 1950 e 1960, e também enfrentou acusações de racismo, particularmente de Lena Horne e Josephine Baker.

Na Nova York dos anos 1960, o cenário dos restaurantes mudou, junto com o resto dos Estados Unidos, e o apetite pelo luxo existente na era de ouro diminuiu. Billingsley tentou salvar seu negócio oferecendo hambúrguer e batatas fritas a US$1,99 em 1963, mas isso foi apenas o primeiro aviso. Ele não teve escolha a não ser fechar as portas em 4 de outubro de 1965 e morreu um ano depois, com 66 anos. O prédio foi demolido naquele mesmo ano e agora é o Paley Park.

DRINQUE DA VEZ: Jimmy é gentil o bastante para oferecer uma taça de champanhe a Betty no Stork Club antes de contar a bomba da infidelidade.

O "vinho dos reis" é uma variedade de espumante que captura a fermentação secundária na garrafa para criar a carbonatação borbulhante, causada pela adição de levedura e açúcar em pedra antes de arrolhar. O nome é restrito ao vinho criado de acordo com a tradição, apenas na região de Champagne, França — uma designação protegida primeiramente pelo Tratado de Madrid, em 1891, e depois pelo Tratado de Versalhes após a Primeira Guerra Mundial.

2.08 A Night to Remember [Uma noite memorável]

DATA DE EXIBIÇÃO ORIGINAL NOS EUA: 14 de setembro de 2008
ROTEIRO: Robin Veith, Matthew Weiner
DIREÇÃO: Lesli Linka Glatter

> "Senhores, estamos numa situação precária.
> Devemos nos preparar para abandonar o navio."
> Capitão Edward John Smith, *Somente Deus por testemunha* (1958)

Betty oferece um jantar em casa que corre bem, mas termina em discussão. Joan tem uma jornada dupla como leitora de roteiros no novo departamento de TV da Sterling Cooper. Por insistência do Padre Gill, Peggy faz trabalho voluntário como redatora para a igreja.

O título desse episódio refere-se ao jantar dado por Betty e ao baile da Organização da Juventude Católica (OJC), para o qual Peggy faz seu trabalho voluntário, mas também lembra outra noite inesquecível, ainda mais emblemática deste episódio — o filme de 1958 de mesmo nome (em português chamado *Somente Deus por testemunha*), que abordou outro desastre: o naufrágio do Titanic.

Enquanto Betty digere a notícia com a qual Jimmy a atingiu no Stork Club em "The Gold Violin", outro golpe verde é dado nesse episódio, e dessa vez não foi de inveja. O peso de papel redondo e verde na mesa do Don entra em cena quando o diretor de criação e Duck Phillips discutem a miopia do pessoal da Heineken, que não consegue ver o efeito exercido por suas garrafas verdes nas donas de casa e o mercado inexplorado que isso representa ("Donas de casa adoram verde", diz Pete).

Dessa vez, a presença do verde não parece apenas representar inveja, ciúme e cobiça, associados naturalmente à cor nos Estados Unidos. Num episódio que foge do caminho mais fácil, faz sentido que o verde evoque uma emoção diferente — uma emoção respectivamente exótica, estranha e perturbadora.

A visão que as donas de casa abastadas têm da Heineken (ver a "Filosofia" mais adiante) é facilmente compreendida por Don, e o fato de sua intuição ter se confirmado no jantar em que Betty compra a cerveja como parte do cardápio "volta ao mundo" só aumenta a raiva da Sra. Draper. A briga começa com uma acusação de humilhação, mas logo sai do usual bate-boca indireto no estilo Matthew Weiner para um ataque com força total. A esposa parece mais chocada com a natureza da amante de Don ("Ela é tão velha") do que com o fato de ter sido traída.

Betty chafurda numa névoa embebida em vinho no dia seguinte, quando vasculha as roupas e a mesa do marido. Mais uma vez, Weiner e sua equipe recusam-se a seguir o caminho dramático mais simples: ela não encontra uma prova concreta, um colarinho sujo de batom ou um número de telefone escrito numa caixa de fósforos. Don mente bem demais para fazer isso, mas ela está absolutamente certa da infidelidade do marido — não por qualquer evidência reveladora, e sim pela sua percepção de como Don e Bobbie interagem, uma sutil nuance psicológica que tem mais a ver com o tipo de adivinhação que todos nós vivenciamos diariamente, mas não vemos em dramas televisivos.

Betty alega que não "quer que seja assim", e até parece possível minimizar o acontecido e enfiar a cabeça de volta na areia. Afinal, ela já suspeitou da traição do marido antes, dizendo ao psiquiatra que, quando ele faz amor com ela, "às vezes é o que eu quero (...) às vezes é obviamente o que outra pessoa quer" ("The Wheel"). Em vez disso, após pensar por um tempo, ela toma uma decisão bem diferente da Betty que vimos durante a primeira temporada. Ela não está mais satisfeita em ficar sentada e ver outras pessoas tomarem decisões a seu respeito e diz a Don que não quer que ele volte para casa. Agora ela tem de se preocupar se vai virar outra Helen Bishop, pária de sua vizinhança suburbana perfeita.

Joan também precisa sustentar o papel e a forma como ela é percebida. Ela está feliz da vida por ajudar Harry Crane a ler roteiros de televisão sem ganhar um tostão sequer a mais por isso e tem um grande êxito quando se reúne com um cliente e menciona a imperdível "trama de verão" que Crane jamais teria notado. Até mesmo seu noivo fica desconcertado com esse trabalho extra quando a vê lendo os roteiros em casa ("Joanie, você tinha de estar vendo esses programas, não lendo").

O sucesso dela parte ainda mais o coração do espectador quando o departamento de televisão é considerado lucrativo o bastante (devido principalmente à contribuição dela) para ter um segundo funcionário, um homem que Crane contrata aparentemente porque o conhece e por ser, bem, um homem. Ela pode manter o rosto tranquilo ao saber da notícia, mas secretamente ferve de ódio por ter tido seu valor desprezado.

Os segredos de Peggy invadem sua vida cuidadosamente estruturada. O padre Gill a convence (com seu jeito paciente) a doar tempo e talento para criar um panfleto incisivo para um baile da OJC. Os dois personagens não compartilharam uma cena desde o Domingo de Páscoa em que o padre deu a ela um ovo para "o pequeno" ("Three Sundays"). Peggy se comporta no trabalho, e também com o padre Gill e os intrometidos membros do Comitê da OJC, com força e segurança (dignas do próprio Don Draper), mas quando o sacerdote a pressiona sobre pecados que ela poderia ter que confessar acontece um breve tumulto. Embora ele alegue que "não há pecado grande demais para Deus", a jovem parece ter lá suas dúvidas. Antes que ela possa dizer algo, as cópias do folheto feitas na Xerox 914 da Sterling Cooper ficam prontas e Peggy as entrega ao padre Gill numa caixa verde, tão arrumada quanto a utilizada pela redatora para organizar seus pensamentos.

Os homens usam as mulheres ao longo do episódio para conseguir o que querem — Don usa Betty como teste de mercado, padre Gill usa Peggy por sua capacidade como redatora, Harry usa Joan para ler os roteiros — e, quando isso acontece, as mulheres são enviadas de volta a seus papéis limitados. Algumas (como Betty) lutam o quanto podem, outras (como

Peggy) conseguem se libertar e crescer, mas a maioria (como Joan) sente que não tem alternativa a não ser voltar ao seu lugar e viver num mudo desespero.

A FILOSOFIA DE *MAD MEN* — DON DRAPER: "Para as mulheres entretendo-se em casa, a Holanda é Paris."

FATOS DA ÉPOCA: Durante sua incrivelmente breve atuação como chefe de operações de TV, Joan lê roteiros em busca de possíveis conflitos com clientes da Sterling Cooper que patrocinam os programas. Ela alega que *As the World Turns* está prestes a se tornar "imperdível", mas pergunta ao noivo, futuro médico: "É possível alguém sair de um coma sem ter a menor lembrança de quem é?"

Irna Phillips entrou no ramo de novelas por meio do rádio, criando e estrelando *Painted Dreams* em 1930. Após uma disputa com a rede de rádios WGN, Irna passou para a concorrente WMAQ e criou outras radionovelas de sucesso: *The Guiding Light, The Road of Life* e *The Right to Happiness*. Ela criou o que acabou virando uma técnica padrão de novelas ao usar música melodramática de órgão para ligar as cenas e também trouxe suas manias para o trabalho: hipocondríaca notória, que consultava médicos diariamente, foi a primeira a fazer da medicina uma força central nos dramas radiofônicos.

A roteirista passou para a televisão, adaptando *The Guiding Light* em 1952. Nesse período, ela teve um relacionamento profissional de longo prazo com a Procter & Gamble, que patrocinava todas as suas criações, inclusive o trabalho de mais longa duração, *As the World Turns*, a novela de maior sucesso até o surgimento de *General Hospital*, no meio da década de 1980. Abordando os problemas familiares na fictícia cidade de Oakdale, Illinois, *As the World Turns* ultrapassou a duração de 15 minutos por capítulo, que era comum na época, sendo a primeira novela a ficar uma hora no ar.

Quanto à paciente em coma sobre a qual Joan pergunta ao noivo (e que acorda falando com um sotaque diferente do que tinha antes da tragédia), esse incidente surgiu numa trama que durou de agosto a novembro de 1962. A personagem Penny Hughes (depois conhecida como Penny Hughes Baker Wade McGuire Cunningham, mostrando que tem ótima resistência) estava grávida de Jeff Hughes (após a fuga deles para se casar ter sido anulada pelos pais da moça por ela ser menor de idade; apesar disso, a cerimônia ocorreu um ano depois, um adorável casamento na igreja), mas quando Jeff não conseguiu dirigir os negócios da família e saiu da cidade para tentar a vida como o cantor Jack Bailey, Penny teve pneumonia e sofreu um aborto. Quando Jeff voltou a Oakdale como músico bem-sucedido e se reconciliou com Penny, eles sofreram o acidente de carro que tirou a vida dele e a memória dela.

Quanto menos se mencionar o romance amnésico de Penny com Neil Wade, melhor.

VENDENDO O PEIXE: A necessidade de um chefe de operações surge quando ocorre um conflito entre o anúncio "Incrível Agitador" da máquina de lavar Maytag e o ABC Sunday Night Movie, que fazia várias referências a um "agitador comunista."

Enquanto isso, a agência Leo Burnett correu para atender às necessidades publicitárias da Maytag e quaisquer problemas que a empresa possa ter sofrido quanto a sua imagem pública em 1962 desapareceram cinco anos depois. Em 1967, Vincent Vassolo criou a clássica campanha com o subutilizado técnico da Maytag conhecido como Ol'Lonely. Primeiramente interpretado por Jesse White, a redundância do técnico da Maytag diante das lavadoras e secadoras duráveis virou um ícone da publicidade norte-america que se mostrou tão resiliente quanto o produto em si, que existe em várias versões há mais de quarenta anos. Quando White se aposentou, Gordon Jump (mais conhecido pela sitcom *WKRP in Cincinnati*) assumiu o papel em 1988. Em 2003, foi substituído por Hardy Rawls nas aparições impressas e ao vivo.

Em 2007, começou a busca nacional por um novo técnico da Maytag e, entre 1.500 concorrentes, Clay Earl Jackson conquistou o cobiçado papel.

IMÓVEIS DE MANHATTAN: Duck Phillips chegou tarde para o jantar dos Draper, mas pelo menos teve a oportunidade de apreciar a "bela viagem" ao longo da alameda Saw Mill.

A Saw Mill River Parkway (New York State Reference Route 987 D) tem esse nome em função do rio que corre paralelamente a ela e começa na fronteira entre Westchester e o Bronx, indo até Nova York com o nome de

Henry Hudson Parkway. Em 1955, o Condado de Westchester começou o plano de modernizar a estrada, que faria a ampliação para oito pistas, e futuramente para dez. Porém, grupos comunitários em Yonkers, Dobbs Ferry e Hastings-on-Hudson se engajaram numa forte campanha contra a modernização. Uma mudança positiva que surgiu dessas cinzas foi a construção de uma interseção de três níveis com a Taconic State Parkway. Isso substituiu o Hawthorne Circle, uma rotatória conhecidamente perigosa entre as estradas Saw Mill, Taconic e Bronx River Parkways.

A construção dessa melhoria não aconteceu até 1969, então, Duck Phillips deve ter passado por esse entroncamento traiçoeiro. Ele também deve ter desembolsado um pedágio de 25 centavos, instituído pelo Condado de Westchester em 1936. O Departamento de Transportes de Nova York assumiu o controle da estrada em 1980 e acabou com o pedágio em 1994.

DRINQUE DA VEZ: A Heineken é uma pilsener, uma *pale lager* com sabor de lúpulo e batizada com o nome da cidade em que foi criada, Pilsen, na República Tcheca. Esse é um drinque que deve ser bebido gelado e em caneca transparente, ideal para apreciar o tom dourado e a espuma cremosa.

Antes da Sterling Cooper – Livros recomendados: "Foi apenas um sonho" e "Disturbing the peace", de Richard Yates

O escritor dos escritores. Um elogio duvidoso? Código para "incansavelmente sombrio" ou "parcas vendas de livros"? Lamento por um visionário não reconhecido em sua época?

Muitos autores podem reivindicar um ou dois desses títulos, mas dos verdadeiros romancistas norte-americanos do século XX, Richard Yates tem a honra dúbia de marcar todas essas colunas. A publicação de seu primeiro romance, *Foi apenas um sonho* (1961), proclamou Yates como o cronista sem igual do mal-estar pós-Segunda Guerra Mundial e lhe rendeu uma indicação para o National Book Award junto com *Ardil 22*, de Joseph

Heller. Em *Foi apenas um sonho* e nos seis romances que se seguiram, Yates se mostrou uma testemunha determinada de que o Sonho Americano às vezes tem um núcleo podre. Ele pesquisou o declínio estrondoso da esperança e da inocência não só nos homens que andavam de trem do subúrbio para trabalhos burocráticos e monótonos em escritórios do centro, como também nas esposas que eles deixam para trás todos os dias. Esse mapeamento do coração humano — seja no frio emaranhado de ruas de Nova York ou nas flexíveis casas com cerca de treliça de New Rochelle — fez muitos o classificarem como o principal romancista da Era da Ansiedade.

Para um escritor tão particularmente norte-americano da paisagem norte-americana, talvez seja um pouco surpreendente que Yates tenha sucumbido a um fenômeno essencialmente colonial: Jovem Autor Não Consegue Atender às Expectativas, ou A Maldição do Segundo Livro. *Foi apenas um sonho* gerou muita empolgação entre os críticos, mas vendeu apenas 12 mil cópias em capa dura, quantidade que nenhum de seus romances conseguiria superar enquanto ele estava vivo. E, embora seu trabalho sempre tenha inspirado defensores convictos, os romances subsequentes como *A special providence* e *Disturbing the peace* geraram muitas resenhas negativas, levando à anexação do terrível epíteto "escritor de um livro só" ao seu nome (um estigma finalmente retirado com a publicação de *O desfile de páscoa,* em 1976). Após a morte do autor em 1992, seus romances desapareceram lentamente das prateleiras, mesmo com elogios apaixonados de autores como Tennessee Williams, Kurt Vonnegut e Richard Ford. As mesmas palavras elogiosas adornam as capas dos romances de Yates relançados para coincidir com a estreia da adaptação de *Foi apenas um sonho* para o cinema, num filme de mesmo nome estrelado por Leonardo DiCaprio e Kate Winslet. Sem dúvida, essas edições superaram as vendas de Yates em sua época.

Tanto o criador de *Mad Men,* Matthew Weiner, quanto Richard Yates viajaram pelas mesmas estradas em busca da resposta a uma pergunta totalmente norte-americana: o que acontece quando você consegue tudo o que sempre quis, mas isso ainda não basta? É mais interessante saber que, embora muitos tenham relacionado a ansiedade nebulosa de *Mad Men* com a ficção de Richard Yates (e January Jones recebeu um exemplar de *Foi apenas um sonho* na preparação para interpretar Betty Draper), Matthew Weiner não havia lido nada da obra antes de escrever o piloto.

"O pessoal do AMC me deu", disse Weiner numa entrevista à *Variety*. "Li no período entre escrever o piloto e começar a série. Minha reação foi: 'Se eu tivesse lido este livro antes de escrever a série, eu jamais teria escrito. Não iria competir com isso. Não tenho culhões para isso.'"

Em *Foi apenas um sonho*, o casamento de Frank e April Wheeler está se desgastando. Os problemas existenciais de Frank, que tem "o emprego mais maçante que você possa imaginar" na Knox Business Machines, em Manhattan, e sua vaga sensação de potencial grandeza ocupam a maior parte do romance. Porém, a verdadeira beleza e mágoa consistem no desejo de April Wheeler por uma vida mais completa, além dos sanduíches de pão sem casca e do sombrio teatro comunitário. O desejo por uma existência mais nobre — tanto para ela quanto para o marido — e seus esforços para possibilitar isso soam verdadeiros não só para as mulheres da época, como também para a jovem dona de casa Betty Draper. April e Betty têm esses conflitos em comum, além da caracterização complexa; por vezes doces, esperançosas, cruéis e manipuladoras, elas sempre conquistam a empatia do público graças à absoluta humanidade de suas virtudes e defeitos.

Há marcas da ficção da Era da Ansiedade, característica de Yates, refletidas em *Mad Men*. A natureza incansavelmente interna de suas investigações em *Foi apenas um sonho* são a faceta mais identificável da voz ficcional dele — um discurso que não se traduz bem para um meio visual. O escritor oferece uma contracorrente eficaz embora enervante para seu ponto de vista por meio da constante insegurança nos monólogos internos dos protagonistas, estados permanentes de crítica e dúvida capazes de gerar no leitor o desconforto existente nos personagens.

Porém, há um ritmo lânguido em *Mad Men* que busca traçar uma cartografia interna semelhante. Don Draper ou Peggy Olson costumam olhar fixamente para uma janela ou refletir no escritório vazio em cenas que ocupam tanto tempo e espaço quanto as cheias de diálogos e ação. Isso evoca uma emoção da mesma espécie da nervosa tagarelice interna de Frank ou April Wheeler, não só por sugerir momentos similares de insegurança dos personagens, como também pela quebra do ritmo rápido existente na maioria das séries dramáticas de TV, gerando certo desconforto no equilíbrio do espectador.

Uma das marcas registradas da Era da Ansiedade é a natureza inquietante de ser proprietário de uma casa, com os fardos financeiros bem reais oriundos da manutenção do lar e da evidente competição de consumo ostentatório para ver quem é a dona de casa suburbana mais orgulhosa, passando pelo papel metafórico na definição de Família Nuclear. Essa marca está notavelmente ausente em *Mad Men*. Os Draper têm uma casa bem equipada, mas não lutam para manter o padrão de vida devido ao nível salarial de Don, que cresce vertiginosamente ao longo das duas primeiras temporadas. Eles não sofrem quaisquer catástrofes domésticas e não se envolvem em demonstrações extravagantes de riqueza, além do fato de ele ter comprado um Coupe de Ville, que pode bancar com facilidade.

Situação bem diferente da vivida pelos Wheeler. Não só o Frank luta para retirar uma raiz de árvore fincada em seu terreno, como o faz apenas para colocar um sinuoso caminho de pedras do qual ninguém gosta. Não há fuga para o casal Wheeler, amaldiçoado por uma casa cujos defeitos são enumerados por um vizinho: "Molduras de janela tortas, porão inundado, marcas de lápis de cor nas paredes, manchas imundas em todas as maçanetas e utensílios." A vida que eles construíram está plantada em solo tão ácido que impede o crescimento de tudo, exceto da grama mais forte.

A famosa cena de abertura de *Foi apenas um sonho* — que descreve em detalhes excruciantes a aparição de April numa produção da peça *The Petrified Forest* que começa mal e termina ainda pior — define o tom do romance e de uma era. Embora Betty Draper não apareça numa peça atingida por um "vírus de calamidade", sofre uma infecção semelhante de dúvida que se espalha por seu casamento e ameaça corroê-lo por dentro.

Uma força destrutiva similar atua em *Disturbing the peace* (1975), mas em vez de corroer um casamento afeta um homem e lentamente espalha a ruína para as pessoas ao redor dele. John Wilder, de *Disturbing the peace,* é um cavalheiro da Nova York de 1960. Ele tem uma carreira promissora na publicidade, uma família linda, um belo apartamento em Manhattan e até uma casa no campo. Mas há algo errado por trás disso tudo, uma pressão inominável que nenhuma quantidade de álcool ou sexo sem significado possa entorpecer. E, embora John Wilder siga por um caminho evitado por Don Draper, o leitor se pergunta se há uma semelhança além da superficial entre esses dois homens.

O romance começa com Wilder, distraído e angustiado, chamando a esposa em seu apartamento em Manhattan. Voltando de uma viagem de negócios, ele não dorme há uma semana e está bebendo demais. Tudo isso junto o leva a um hospital psiquiátrico para tratamento de exaustão, onde passa mais tempo do que gostaria. Apesar disso, o tratamento parece lhe fazer bem. Quando sai, John põe tudo nos eixos com a família e começa a viver um inesperado bom momento no trabalho, vendendo espaço publicitário para a revista *American Scientist*. Mas em pouco tempo a inefável sensação de vazio retorna e ele embarca num caso com uma mulher mais jovem, tenta uma malfadada carreira como produtor de cinema e se vê mergulhando cada vez mais no caminho sinuoso que o leva à loucura, da qual poderá nunca mais voltar.

Como era de se esperar dessa trama, *Disturbing the peace* é um romance sombrio, incansável em sua descrição da rota tortuosa que envolve a degeneração da saúde mental, mas sem chafurdar na espiral decadente de John Wilder. Desde o início, não há dúvida de que os riscos são altos para o publicitário. E, embora o retrato pintado dele não seja nem um pouco lisonjeiro — ele pode ser ao mesmo detestável, cruel, pavio curto e indiferente —, há algo instantaneamente identificável nele. Boa parte de suas falhas de caráter podem ser atribuídas à doença, mas sua insegurança profunda é mais reveladora, o sentimento de ser "o estrume embaixo do pé de todos". A força na caracterização de Yates é que, quando tudo começa a ir bem para Wilder, o mau pressentimento é inevitável, gerando uma sensação de desamparo no leitor. À medida que a vida e a mente do personagem vão se revelando aos poucos, é como observar um personagem de filme de terror que faz um sanduíche, alegremente alheio ao assassino encapuzado que o espreita.

A relação desse livro do velho estadista da Era da Ansiedade com esse gênero mais visceral se encaixa bem. *Disturbing the peace* é lido como um arrepiante romance de terror vestido num terno de flanela cinza, uma história com personagens do contista John Cheever jogados num cenário psicológico sombrio, projetado pelo escritor de terror Jack Ketchum. A contagem de mortos é baixa, mas o preço, especialmente para John Wilder, é alto.

O retrato da Manhattan na época de *Mad Men* é muito bem-feito. Como Weiner definiu, "o cara estava lá", e *Disturbing the peace* tem uma verossimilhança sem esforços que a série conquista por meio da atenção dolorosa aos detalhes. Wilder chega ao Commodore, bar de Manhattan no qual seu ataque de nervos ocorre com força total e o leitor pode ouvir o ruído dos cubos de gelo no copo e sentir o cheiro de enxofre dos fósforos recém-acesos no ar, e de lá vai para o apartamento na Varick Street, situada no centro do SoHo, quando a área ainda era South of Houston Street. O personagem aluga o lugar com um amigo para ter encontros clandestinos longe dos olhares curiosos. Parece o tipo de esconderijo que muitos homens da época mantinham (na verdade, até o simpático vizinho Carlton Hanson se rende ao local quando a esposa Francine descobre o gosto dele pela infidelidade).

Há semelhanças superficiais entre os protagonistas; John é o perfeito executivo arrojado, de "terno bem-cortado, camisa impecável e gravata escura" e os cabelos lisos, dos quais cuida com uma meticulosidade que beira "o limite da vaidade" — palavras que poderiam muito bem descrever Don Draper.

Mas embora John Wilder construa a vida sobre areia movediça e lute para encontrar sua identidade e seu lugar no mundo, não resiste à pressão e é mandado para o hospital psiquiátrico Bellevue. Don aceita o espírito mutante de sua vida e pode recriar-se quando quiser, enquanto John é acossado por ilusões paranoicas e não tem a criatividade para resolver seus problemas ou pensar numa solução possível e colocá-la em prática. É como se esses dois homens representassem resultados diferentes da ansiedade típica da época. Draper pensa muito no problema e, quando uma ideia surge, ele a leva adiante, enquanto Wilder põe o problema numa esteira e corre até cair exausto.

No fim das contas, a obra de Yates tem impacto maior nas mulheres de *Mad Men*. Os homens de *Foi apenas um sonho* e *Disturbing the peace* mostram uma ingenuidade ou uma timidez jamais vista no personagem principal da série. Frank Wheeler percebe uma grandeza em si, mas não consegue localizar onde, enquanto Don não tem ilusões quanto ao seu talento e como usá-lo melhor. John Wilder enfrenta uma crise de identidade e cai no abismo, enquanto Don mergulha nele e nada de braçada. Por outro lado, April Wheeler e Betty Draper são bastante parecidas: mães jovens, delicadas e inteligentes, ambas encaram a longa estrada da maternidade que terminará antes de alcançarem os 50 anos.

De modo geral, podemos descrever melhor nesses termos: se Betty Draper e April Wheeler se esbarrassem andando a cavalo, certamente compartilharam uma bebida, um maço de cigarros e conversariam sobre o fardo que carregam na vida. Se Draper esbarrasse em Frank Wheeler e John Wilder num bar, desviaria do sonhador bêbado e do lunático irascível e seguiria para a matinê de *A noite*.

2.09 Six Month Leave [Seis meses de Aviso Prévio]

DATA DE EXIBIÇÃO ORIGINAL NOS EUA: 28 de setembro de 2008
ROTEIRO: André e Maria Jacquemetton, Matthew Weiner
DIREÇÃO: Michael Uppendahl

> "Três sábios de Gotham
> Foram ao mar numa tigela;
> Se a tigela fosse mais forte
> Minha história teria melhor sorte."
> *The Merrie Tales of the Mad Men of Gotham*

A bebida põe o emprego de Freddy Rumsen em perigo. Peggy assume a dianteira, salvando a conta da Samsonite. Roger toma uma decisão sobre seu casamento. Betty se distrai manipulando a velha amiga Sara Beth.

Era uma vez uma coleção chamada *The Merrie Tales of the Mad Men of Gotham*, que detalhava as desventuras dos aldeões "simples" de uma paróquia em Notthinghamshire. Há versões diferentes quanto à fonte de seus modos ridículos: alguns alegam que se fingiam de imbecis para evitar a fúria do rei, enquanto outros sugerem que a debilidade era genuína e atribuída à geografia (como acontece com os habitantes de Newfoundland no Canadá, ou com os residentes de Chelm no folclore judaico, grupos de pessoas conhecidos como munição para piadas).

Embora tenham sido creditadas há muito tempo ao escritor e médico charlatão itinerante Andrew Boorde, hoje em dia os acadêmicos concordam que as histórias são apócrifas. Outro escritor também lembrado quando surge a palavra "Gotham" é Washington Irving, que usou o nome da sonolenta paróquia para batizar seu vilarejo adotivo também repleto de tolos: Nova York.

De qualquer modo, a viagem dos sábios ao mar numa tigela faz parte de uma longa lista de histórias alegóricas. Contos sobre a "nau dos insensatos" contêm uma vasta seleção de personagens em pânico, à deriva no mar em um barco sem capitão. Nesses contos, há muitas oportunidades de satirizar figuras arquetípicas, com suas tolices exageradas ficando ainda mais evidentes numa viagem fadada ao naufrágio.

Essa avaliação é sabiamente aplicada no episódio "Six Month Leave", e embora citar um clichê possa parecer simplista, nada é exatamente o que parece (assim como os Sábios de Gotham que entram numa tigela). Não há finais felizes, e, nesse quesito, esse episódio lembra mais os Irmãos Grimm do que Hans Christian Andersen.

Era uma vez os Draper, que davam a impressão de ser um casal perfeito e feliz. Agora Don mora num hotel, mas tenta esconder seu novo endereço (grande surpresa). Quando Jane Siegel detecta algo errado e faz a previsão sensível que se esperaria de Joan (especialmente o ato de comprar camisas da Menken's para renovar o estoque da gaveta do escritório do publicitário), em vez de facilitar as coisas, gera desconforto. Ele pode até querer esse nível de cuidado e discrição de uma secretária e provavelmente acharia menos irritante se tivesse sido feito por Joan, mas como foi Jane, a nova funcionária da agência, isso o aflige, como se a mera noção de deixar outra pessoa entrar em seu mundo (não importa se apenas superficialmente) seja opressiva demais. Não surpreende quando Don exige a demissão de Jane (embora por motivos mais ligados ao caso de Roger com Jane e à subsequente separação da esposa, Mona).

Enquanto isso, Betty vagueia pela casa bebendo, fumando, espumando de raiva e lendo (o best-seller de Katherine Anne Porter, *A nau dos insensatos*, de 1962). Betty está tão furiosa com a traição implícita de seu casamento perfeito que tenta se consolar manipulando Sara Beth para que tenha um romance com o comprometido Arthur Case.

Era uma vez uma época em que afro-americanos não tinham papéis visíveis ou respeitáveis na sociedade dos brancos. *Mad Men* indica o crescente movimento pelos direitos civis e o choque tectônico prestes a ocorrer nos Estados Unidos ao mostrar personagens negros com mais diálogo nesse episódio do que em toda a série. Seja o ascensorista Hollis condoendo-se pela recente morte de Marilyn Monroe ("Algumas pessoas simplesmente se escondem a olhos vistos") ou a revelação de Carla, a empregada dos Draper ("Sou casada há quase vinte anos, sabia?"), a presença fantasmagórica de afro-americanos em *Mad Men* ganha visibilidade nesse episódio. Em seu passeio pela cidade com Freddy e Don, até Roger menciona que a BBDO contratou um "garoto de cor".

Era uma vez uma época em que Freddy Rumsen era considerado uma lenda pelos motivos certos. Atualmente notório por ser beberrão, ele urina em si mesmo no escritório e é mandado para a eufemística licença de seis meses que dá título ao episódio. Antes disso, porém, nossos três homens loucos embarcam numa última e alegre viagem em Gotham. E a importância de um nome a zelar é fundamental. Pense nos pseudônimos usados para ter acesso ao local do jogo clandestino: Don escolhe "Tilden Katz", nome do marido de Rachel Menken, e depois faz uma "verdadeira manobra digna de Archibald Whitman" quando bate em Jimmy Barrett. Um homem zela por seu nome, assim como por seus atos ("Se eu não for àquele escritório todos os dias, quem sou eu?"). Mais dolorosa que a despedida do Freddy num beco, só mesmo a defesa que Don faz da reputação de Rumsen ("É apenas um nome, não é?").

Se Freddy tivesse conseguido se controlar, talvez sua história contasse com melhor sorte.

A FILOSOFIA DE *MAD MEN* — **DON DRAPER:** "A vida é sua. Você não sabe quanto tempo vai durar, mas sabe que vai terminar mal."

FATOS DA ÉPOCA: Em vez de se despedir de Freddy de modo sentimental, Roger parte alegando que precisa "dar aulas de música a um chinês". Esse dito é uma antiga gíria britânica que se refere a urinar — a porcelana do urinol (*china*, em inglês) é o chinês em questão, enquanto o barulho da urina no toalete explica a lição de música. Felizmente, foi-se a época em que o uso do racismo casual para disfarçar uma necessidade fisiológica era considerado uma boa ideia.

VENDENDO O PEIXE: Antes de Freddy molhar as calças e sair da empresa, cita o anúncio que criou para a Samsonite Silhouette. "Acabei de comprar uma Samsonite Silhouette novinha... E odeio." O texto criado por Peggy salva o anúncio (e a apresentação dela salva o dia), mas o apelo do anúncio não diz respeito exatamente às viagens que a mala fará, nem aos objetos que serão postos nela.

Os anúncios da Samsonite na época realmente se concentravam na emoção exótica da viagem. Uma revista de 1960 sugeria que a Silhouette era o acessório perfeito para quem passa férias esquiando ("De Sun Valley à ensolarada Sorrento"), enquanto outro anúncio de 1964 relacionava as linhas suaves da bagagem à viajante que a utiliza ("A Silhouette é você... Esguia, rápida, de uma elegância ousada").

O interessante nessas três campanhas é o foco nas mulheres. Naquela época, os homens eram considerados provedores e o esteio financeiro da família, mas parece ser aceito que as mulheres eram responsáveis por decisões envolvendo a bagagem e, fica subtendido, que também eram responsáveis pelos planos de viagem.

IMÓVEIS DE MANHATTAN: Don passa o exílio conjugal no Roosevelt Hotel, onde o serviço de quarto inclui sapatos engraxados e um jornal com a notícia da morte de Marilyn Monroe.

O Roosevelt Hotel (45 East 45th Street) foi inaugurado em 1924 e projetado pela respeitada firma de arquitetura George B. Post & Sons (também responsável pelo prédio da Bolsa de Valores de Nova York, pelo New York Cotton Exchange e o Wisconsin State Capital). Conhecido pelo serviço de luxo que antigamente contava com uma passagem subterrânea para a Grand Central Station, o hotel também tem um pé na história de Nova York: Guy Lombardo começou a tradição de tocar "Auld Lang Syne" pelos alto-falantes do Roosevelt Grill no Réveillon. Foi lá onde o promissor candidato à presidência Thomas Dewey montou seu quartel-general eleitoral e também anunciou sua vitória por engano, pois, na verdade, havia perdido para o candidato à reeleição Harry Truman, em 1948.

DRINQUE DA VEZ: Em sua última volta pela cidade, Roger pede drinques para os três homens sábios, e escolhe um "Grand-Dad *on the rocks*" para Freddy.

O Old Grand-Dad Kentucky Straight Bourbon Whiskey é uma bebida confiável, porém nada marcante, com alto teor de centeio na mistura, o que o deixa com um sabor à moda antiga. Primeiramente produzido numa fábrica em Boston, Kentucky, em 1940, por Raymond B. Hayden e batizado em homenagem a seu avô Basil Hayden Sr. (um destilador conhecido por seus méritos), esse bourbon existe até hoje, tendo sobrevivido tanto à Lei Seca (quando era vendido como elixir "medicinal") quanto às mudanças de dono.

2.10 THE INHERITANCE [A HERANÇA]

DATA DE EXIBIÇÃO ORIGINAL: 5 de outubro de 2008
ROTEIRO: Lisa Albert, Marti Noxon, Matthew Weiner
DIREÇÃO: Andrew Bernstein

> "Tudo o que precisamos fazer é ir até lá,
> pegar a assinatura dela, viver o luto pela perda do que era
> nosso por direito e seguir em frente..."
> [ergue o copo] rumo ao fim da linha!
> Bud Campbell

Betty e Don se reúnem para visitar o pai dela, que se recupera de um derrame. Betty e Glen se reúnem quando ela o encontra morando na casinha de brinquedo de seu quintal. Pete tenta compreender o que o pai fez com a fortuna da família, enquanto se prepara para ir a uma convenção aeroespacial na Califórnia.

Herdamos muito de nossos pais — algumas dessas heranças são esperadas; outras, temidas. A pergunta mais direta feita nesse episódio é se lucramos com nossa linhagem ou se somos condenados por ela.

Os benefícios de ter um sobrenome forte são praticamente incalculáveis. Embora Pete Campbell possa vangloriar-se e colocar seu belo apartamento na Park Avenue na coluna das vantagens (ver "New Amsterdam"), as expectativas que acompanham tal sobrenome — sucesso, posição social — são um fardo pesado para o executivo de contas, que sempre parece mais jovem quando lida com sua família. Isso fica ainda mais claro quando ele e o irmão Bud galgam o penúltimo degrau rumo à maturidade: virar pais de seus pais. A perspectiva de "viver o luto" pela perda do que era deles por direito (graças aos atos libertinos do pai) e resistir às recriminações da mãe faz os irmãos sonharem com o último degrau da maturidade: tornar-se órfãos. "Você se lembra de *Festim diabólico*?", pergunta Pete. É estranho ver os dois rirem tão animadamente da associação com um filme sobre uma dupla de esnobes privilegiados que planejam e executam um assassinato apenas pela emoção fria e intelectual.

A expectativa de levar o nome da família adiante é a principal preocupação da Sra. Campbell. Sua visão horrenda da adoção (a única oportunidade de Pete de dar um filho à esposa Trudy) é característica de sua época e posição social. E mesmo que muitos ainda vejam a adoção como uma forma mais fraca de unidade familiar, a ideia de que abrigar uma criança abandonada é "pegar os restos" só deixa a confissão posterior de Pete de que "odeia" a mãe ainda mais compreensível.

Num episódio dedicado à natureza instável da hereditariedade, Don fica naturalmente à margem e, pelo menos nesse caso, pode se considerar sortudo. Como Gene Hofstadt deixa claro, o marido da filha "não tem ninguém" e, mesmo que a falta de histórico familiar possa parecer um fardo para o publicitário, também significa que não é preciso lidar com os aspectos mais difíceis da herança. Ele geralmente evita conflitos familiares, mas talvez deseje envolver-se no drama familiar de Betty em relação ao recente derrame do patriarca Gene, tentando fazer com que seus atos ao menos pareçam os de um homem casado, mesmo que seja apenas fachada. Por mais que o esforço para aparentar normalidade reine na casa dos Hofstadt, o cenário lembra a felicidade que outrora perfumava o lar dos Draper, mas que acabou ficando azeda e nociva.

Betty pode não gostar da segunda esposa de Gene, Gloria, por motivos puramente freudianos (seu complexo de Electra — embora Freud preferisse o termo "atitude edipiana feminina" — é bem óbvio), mas ela está certa ao ficar com raiva por ter recebido a notícia do derrame do pai. Como se não bastasse, durante essa visita de três dias, a Sra. Draper descobre que este não foi o primeiro acidente vascular cerebral do pai.

"Foram apenas uns pequenos derrames", diz Gene alegremente. "Está no sangue." Betty também não consegue suportar o desaparecimento das relíquias de família, seja o vaso, seja a poltrona "com pássaros". Ela também mostra seu lado repulsivo de criança-adulta, perguntando se terá de "andar por aí escrevendo meu nome em todos os objetos" que deseja. Mas a verdadeira angústia que a aflige é o medo subjacente de mudanças no lar onde passou a infância e nos pais que outrora considerava invencíveis. Ao ver o pai se perder no tempo (chamando Betty de "Ruth", o nome da primeira esposa) ou atacar Don (ver a "Filosofia" mais adiante), Betty se sente ainda mais isolada do que normalmente é.

Um adendo sobre o tratamento do derrame de Gene: várias séries de TV abusam da licença poética para abordar tais incidentes ou, pior ainda, mostram os personagens sofrendo um atraso no crescimento intelectual. Felizmente, Matthew Weiner é sábio o suficiente para evitar usar Hofstadt como oráculo inocente, amaldiçoado pelas limitações da doença, mas abençoado com habilidade sobrenatural para ter insights. Na cena em que ele ataca Don por seus segredos, não parece uma especulação misteriosamente saída de uma bola de cristal, e sim a expressão de um segredo há muito guardado ou o tipo de observação que casais compartilham apenas entre si.

Mais uma vez, Weiner usa *Mad Men* como uma faca para retirar as camadas de intimidade, intriga, mistério e traição que se descortinam ao longo da vida de casado — seja entre os afastados Betty e Don ("fingindo" durante sua estada com os Hofstadt) ou o adoentado Gene e sua esposa morta.

Nesse episódio, o público também recebe de herança várias referências à primeira temporada. Betty dispara um súbito ataque a Don quando diz "eu sei como você se sente em relação ao luto" (chamado por ele de "autopiedade exagerada" no episódio "Babylon"). Harry Crane recebe as felicitações por seu bebê, que está prestes a nascer de Hildy, seu caso na primeira temporada ("Nixon vs. Kennedy"). E há um breve retorno de Glen, o estranho filho de Helen Bishop, que se muda para a casinha de brincar no quintal dos Draper a fim de fugir dos planos que seus pais fizeram para ele, e também para salvar Betty.

O "fator nojinho" do relacionamento entre Betty e Glen chega ao ápice: não só ele tenta se esconder na casinha de brinquedo, como, ao ser descoberto, ele se mostra bem confortável na casa dos Draper. Sua declaração sincera para Betty ("Eu vim para resgatar você") é ofuscada pela bizarrice da relação como um todo. Pelo menos as fantasias do garoto com Betty são facilmente explicadas por sua idade e a vida doméstica instável. Contudo, a motivação de Betty não é assim tão simples. Ela gosta da atenção dele, pois lhe dá segurança (e nenhuma chance de traição), mas, como adulta ela deveria buscar esse tipo de afirmação em alguém com idade *próxima* à dela. A dona de casa até engole o remédio amargo da vida adulta e liga para Helen Bishop vir buscar o filho perdido, mas não sem antes dar ao menino uma camisa de Don para vestir, acentuando a desconfortável faceta "brincar de casinha" da tarde que os dois passaram juntos. Se o terapeuta dela abrisse seus arquivos para o fantasma de Freud, tenho certeza de que o mestre diria que ela herdou mais do que a tendência a derrames do pai, mais precisamente algo na linha da atitude edipiana feminina.

Na vida, heranças geram perdas e lucros, mas para os fãs da série ter atenção aos detalhes é sempre lucrativo.

A FILOSOFIA DE *MAD MEN* — GENE HOFSTADT: "Ele não tem ninguém! Não se pode confiar numa pessoa assim."

FATOS DA ÉPOCA: Antes de Don ocupar seu lugar, Paul Kinsey diz à namorada, Sheila, que quer ir à Rocket Fair na Califórnia antes de "enfrentar o Mississipi com aquelas pessoas gritando e, talvez, levar um tiro".

No caso Boynton vs. Virgínia, a Suprema Corte dos Estados Unidos declarou que viagens interestaduais segregadas pela cor dos passageiros eram inconstitucionais. Esse marco regulatório apenas revelava o racismo profundo que estava entranhado no país, mais especificamente no sul. O Congress of Racial Equality (CORE) decidiu testar a nova lei organizando viagens inter-raciais usando linhas de ônibus estaduais. O diretor do CORE, James Farmer, inaugurou a primeira "Viagem da Liberdade" com sete negros e seis brancos em dois ônibus que deveriam cruzar os estados de Virgínia, Carolina do Norte e do Sul, Geórgia, Alabama e Mississipi, com a parada final em Nova Orleans, Louisiana.

No dia 15 de maio de 1961, em Anniston, Alabama, mais de cem membros da Ku Klux Klan atacaram e espancaram os Viajantes da Liberdade. Os manifestantes incendiaram o primeiro ônibus e seguraram as portas para que ninguém saísse. Um policial do Alabama disfarçado, que estava com o grupo, puxou o revólver e liderou os viajantes para fora do veículo Greyhound, ajudando todos a escapar enquanto o tanque de gasolina explodia.

O segundo ônibus, um Trailways, sofreu ataque semelhante, sendo que o membro do CORE e editor de revista Jim Peck recebeu agressões tão fortes que precisou de mais de cinquenta pontos. Peck entrou com um processo contra o FBI, alegando que eles sabiam do plano da KKK para atacar o ônibus e não fizeram nada para impedir, descumprindo a lei Boynton vs. Virginia. Antes de morrer de um derrame, ele ganhou a causa.

Há muito conhecido como defensor dos direitos civis, Kennedy não ajudou os Viajantes da Liberdade de imediato. O governo pediu um "tempo para deixar a poeira baixar" após os ataques e tachou os Viajantes de "não patriotas", pois a viagem de ônibus (e quem estava nelas) envergonhou os Estados Unidos internacionalmente. O então procurador-geral, Robert Kennedy, declarou à época não "acreditar que o Ministério da Justiça dos EUA possa ficar do lado de um grupo ou de outro em disputas sobre direitos constitucionais", apesar de a lei da Suprema Corte ter aprovado as viagens interestaduais não segregadas.

IMÓVEIS DE MANHATTAN: Enquanto viviam o luto pela perda de sua herança, Pete e Bud repassaram os gastos excessivos do pai. "E todo aquele dinheiro que ele doou ao Lincoln Center?", Pete pergunta. "Pegue-o de volta."

O Lincoln Center for the Performing Arts (uma área de quase 66 mil m² ladeada pelas avenidas Amsterdam e Broadway e pelas ruas West 62nd e West 65th) era um instituto de renovação urbana liderado por John D. Rockefeller III e Robert Moses na década de 1960. Um complexo de edifícios composto por vários centros culturais (incluindo Metropolitan Opera House, Alice Tully Hall, Vivian Beaumont Theatre, Walter Reade Theater e Avery Fisher Hall) e projetado por vários arquitetos (Max Abramovitz, Eero Saarinen, Gordon Bunshaft, Pietro Belluschi e Wallace Harrison), o Lincoln Center funcionou como epicentro de manifestações artísticas em Nova York desde sua origem, em 1961.

Entre as instituições culturais sediadas lá, estão o Jazz at Lincoln Center, a Julliard School, o New York City Ballet, a New York City Opera e a Filarmônica de Nova York.

O Movimento pelos Direitos Civis nos Estados Unidos – O livro "Jesus and the Disinherited", de Dr. Howard Thurman, e sua influência sobre Martin Luther King

O espectro da agitação civil assombra *Mad Men* de modo sutil. Além de Sheila, namorada de Paul Kinsey, os personagens afro-americanos ficam à margem no aparentemente "civilizado" norte, mas sua presença periférica é sempre perceptível. Seja na forma da empregada dos Draper, Carla, tentando em vão oferecer conselhos conjugais à patroa ("Six Month Leave"); o ascensorista da Sterling Cooper, Hollis, e seu luto silencioso pela morte de Marilyn Monroe (no mesmo episódio); ou a empregada da família Hofstadt, Viola, dando rápido apoio maternal, porém carinhoso à Betty, após o derrame sofrido pelo pai ("The Inheritance"), os personagens são sempre mostrados como atenciosos e carinhosos, embora relegados a posições servis.

A imagem de Nova York como luz cosmopolita norte-americana é enfatizada em *Mad Men*. O sul dos Estados Unidos era um caldeirão borbulhante de ódio racial e represálias violentas, mas isso não necessariamente significa que o norte tratava afro-americanos e outras minorias de suas casas e de seus escritórios como iguais. Matthew Weiner faz bem ao nos lembrar de que, enquanto o começo da igualdade racial ocorria nos estados ianques, os brancos que moravam e trabalhavam por lá se beneficiaram da desigualdade que prevalecia.

Embora a discriminação sexual e a política de desigualdade de gênero estejam em primeiro plano, o roteirista da série sempre ficou de olho nos direitos civis e forneceu lembretes sobre este crescente movimento. Quem diz que as histórias posteriores envolvendo personagens afro-americanos são uma resposta às críticas deveria lembrar-se da primeira cena no episódio-piloto. Nela, Don tenta descobrir o motivo da preferência do garçom negro por determinada marca de cigarros quando é interrompido, grosseiramente, por um garçom branco que pergunta se Sam está incomodando ("ele é meio falador às vezes"). Se o papel dos afro-americanos não era uma questão principal, por que Don puxaria papo com o garçom e impediria seu colega preconceituoso de acabar com a conversa?

O movimento pelos direitos civis teve um líder carismático e passional no Dr. Martin Luther King Jr., um homem que pregava a não violência como resposta à opressão violenta. À medida que o movimento vai entrando em *Mad Men*, o espectador passa a perceber as forças que conspiraram para criar esse ideal revolucionário. Entre muitos inspiradores, destaca-se um cujos escritos formam um canal direto entre o Dr. King e a cultura de protestos não violentos de Mahatma Gandhi. O filósofo e teólogo Dr. Howard Thurman começou uma "peregrinação da amizade" através do Ceilão (atual Sri Lanka), de Burma (atual União de Mianmar) e da Índia em 1935 e escreveu sobre suas experiências e sua apreciação do cristianismo em 1949. O relato de Thurman sobre os ensinamentos de Cristo em meio à adversidade da opressão e da resposta não violenta a tal opressão foi tão marcante que King leu o livro várias vezes ao longo da vida. E, embora os ensinamentos e a contribuição de Thurman para inspirar a vida do líder possam não ser muito conhecidos, isso fica claro tanto na índole pacifista de sua campanha como no fato de que o livro carregado por King no dia de seu assassinato era *Jesus and the Disinherited*, de Thurman.

Howard, filho de Saul e Alice Thurman, nasceu em Daytona, Flórida, um ano antes do amanhecer do século XX. O pai morreu de pneumonia quando Howard tinha 7 anos e a mãe passou a sustentar a família (que incluía dois irmãos de Howard) lavando roupa e fazendo faxina para moradores brancos da Flórida. Como resultado, a avó foi responsável por boa parte da criação dele.

Ex-escrava que morou e trabalhou numa plantação em Madison, Flórida, até a Guerra Civil norte-americana, Nancy Thurman passou sua profunda crença espiritual ao jovem Howard. Uma de suas tarefas da infância era ler trechos da Bíblia para a avó (que tinha ótimo conhecimento do livro apesar de ser analfabeta), particularmente os evangelhos e salmos que ela tanto amava. Só mais tarde, Howard perguntou a avó por que ela o orientou a jamais recitar as epístolas de Paulo para ela (com exceção de Coríntios 13: "Ainda que eu falasse as línguas dos homens e dos anjos, e não tivesse amor, seria como o metal que soa ou como o sino que tine.") Ela explicou que, nos cultos realizados na plantação, o pastor evocava a primeira carta de Paulo a Timóteo ("Todos os servos que estão debaixo do jugo estimem a seus senhores por dignos de toda a honra, para que o nome de Deus e a doutrina não sejam blasfemados," 6:1) como evidência de que o sofrimento dos escravos nas mãos dos senhores era vontade de Deus. Depois de libertada, Nancy nunca mais quis ouvir as palavras do apóstolo Paulo.

Embora Howard tenha escapado do sofrimento da escravidão, ele conhecia muito bem a brutalidade da ignorância. A Ku Klux Klan dominava a política de Daytona e das áreas vizinhas à Flórida, o que significava que espancamentos, linchamentos e incêndios eram uma ameaça permanente aos afro-americanos daquela época, tornando o contato com brancos sempre perigoso e, por vezes, mortal. Quase tão traumático quanto as frequentes crueldades feitas por brancos extremistas testemunhadas por ele era a eterna *ameaça* de violência, capaz de fazer os homens ou mulheres mais decididos tremerem, que dirá um garoto sensível e ótimo aluno como o jovem Howard Thurman.

A dedicação aos estudos funcionou como um alívio do ambiente abafado pelo ódio. Ele se mostrou muito promissor na escola e chamou a atenção de um certo James Gamble, sócio da Procter & Gamble, chefe de uma família do norte dos EUA que passava férias em Daytona e foi responsável por uma das poucas e primeiras experiências positivas que Thurman teve com brancos. Com apoio financeiro fornecido por Gamble, o jovem frequentou a Florida Baptist Academy em Jacksonville e se formou no ensino médio com ótimas notas, chegando a ser orador da turma. Essa distinção ajudou Thurman a conseguir uma bolsa na respeitada faculdade Morehouse College, onde estudou muito e com afinco, sendo o primeiro da turma em 1923. Em seguida, estudou no Rochester Theological Seminary (um dos dois estudantes negros aceitos a cada ano no seminário), onde interagiu regularmente com brancos e, para seu espanto, foi tratado pelos colegas como amigo e irmão em Cristo.

Em 1929, após um breve período como pastor em igrejas e um semestre de estudo com o teólogo quacre Rufus Jones, Howard ministrou aulas sobre autoestima relacionada aos ensinamentos de Jesus tanto na Morehouse, onde se formou, como no Spellman College. Três anos depois, a Federação Mundial de Estudantes Cristãos o convidou para visitar a Índia numa "peregrinação de amizade". A oportunidade de conhecer a terra exótica que era sede de uma fé como o hinduísmo intrigava-o, mas ele não aceitou a oportunidade de imediato, por não querer parecer um embaixador em nome do cristianismo imperialista norte-americano. A religião e o país eram vistos dessa forma internacionalmente, tanto pela subjugação dos negros nos Estados Unidos como pelos trabalhos missionários de conversão em outros países. Uma vez convencido de que o objetivo da viagem era estimular a comunicação aberta entre diferentes crenças e que havia a possibilidade de conhecer o renomado ativista Mahatma Gandhi, Thurman concordou com a aventura.

A preocupação com a recepção na Índia se mostrou acertada: embora ele e seus companheiros de viagem tivessem encontrado apenas civilidade ao longo da turnê de palestras, muitas conferências pós-seminário com professores e alunos giravam em torno da visão incompreensível de um acadêmico afro-americano falando em nome de um cristianismo famoso por ter sido construído sobre seus antepassados (sensação aumentada pelo fato de a Índia ainda estar enfurecida com o domínio britânico). Não foi preciso enfrentar apenas problemas teológicos: os anfitriões deram ao téologo e à sua esposa lanternas para que eles colocassem na cabeceira da cama, de modo a verificar se havia escorpiões na área antes de ir ao banheiro durante a noite. Além disso, a quarentena de um companheiro de viagem devido à escarlatina ameaçou sabotar as conversas com alunos até ficar decidido que tais discussões seriam realocadas para um local ao ar livre e que as partes ficariam uma de frente para a outra, em lados opostos da rede numa quadra de tênis.

O ápice da viagem foi uma audiência com Mahatma Gandhi, líder internacionalmente conhecido do movimento pela independência indiana. Thurman tinha muitas perguntas a fazer ao "pequeno homem marrom", que foi o pioneiro no uso da *satygahara* (avanço das mudanças políticas por meio da desobediência civil e total não violência), mas acabou descobrindo que Gandhi tinha ainda mais perguntas. Ele queria entender especificamente por que escravos afro-americanos convertiam-se ao cristianismo e não ao islamismo, sendo que a primeira era a fé dos senhores de escravos que confirmava a desigualdade social, enquanto a outra não diferenciava os homens em termos de adoração. Antes de partir, Thurman perguntou a Gandhi o que ele considerava o maior obstáculo para espalhar a mensagem do cristianismo pelo mundo. A resposta foi resumida e divulgada por anos como um conciso adesivo de carro ("O problema com o cristianismo? Os cristãos."), mas a frase parece fiel ao espírito de suas declarações e — juntamente com as leves acusações de traição por ser um negro pregando uma religião "branca" — levou Thurman a considerar os ensinamentos de Cristo e seu possível impacto na fé e liberdade para os afro-americanos.

Em *Jesus and the Disinherited*, o Dr. Thurman argumentou que a vida que Jesus provavelmente levou como integrante das massas, tendo as "costas colocadas contra a parede", contribuiu muito para a religião professada por ele e ainda associava seus ensinamentos à situação dos negros nos Estados Unidos (bem como dos marginalizados de todo o mundo). O téologo analisou a vida de Jesus como um *outsider* — um judeu pobre sem a proteção da cidadania romana — e observou que sua reação à violência e à opressão não era uma tentativa de se igualar em força com seus inimigos, mas de responder com paz. Thurman descobriu que uma reação violenta contra a violência não só fortalecia os opressores, como também corria a alma dos oprimidos. Amar o inimigo era um ataque ao poder e ao status deles por si só.

A publicação do livro mostrou aos afro-americanos uma nova forma de abordar o cristianismo e forneceu a base para o movimento pelos direitos civis. O Dr. Martin Luther King Jr. releu o livro várias vezes durante os boicotes à viação de ônibus Montgomery em 1955, e a viabilidade do protesto não violento proposta pela obra — começando por Gandhi e aprofundada na análise de Thurman que via Jesus como mais um na legião dos "pobres" e "deserdados" — claramente influenciou a luta liderada por ele.

A ligação entre Howard Thurman e Martin Luther King Jr., por sua vez, foi menos direta. Thurman conhecia o pai de Martin Luther King dos seus tempos de aluno na Morehouse College, mas sabia da reputação de King Jr. e chegou a encontrá-lo algumas vezes quando o jovem buscava seu Ph.D, mas só tiveram tempo para uma conversa aprofundada. Eles se conheceram quando King terminava o doutorado e visitou Thurman em casa, onde assistiram a um jogo de beisebol na TV. A tal conversa séria que tiveram foi em 1958, durante a convalescença de King depois de uma mulher delirante tê-lo esfaqueado com um abridor de cartas de 18cm num evento de autógrafos no Harlem. Thurman se referiu ao encontro como uma "sessão vibrante".

Eles nunca mais se viram. Muitas influências conspiraram para colocar Martin Luther King Jr. em seu caminho, mas basta olhar superficialmente os princípios básicos defendidos por ele para perceber que lembravam mais as palavras do Dr. Thurman do que quaisquer outras.

Ninguém menos que Dr. Walter Fluker, diretor-executivo do Centro de Liderança da Morehouse College, disse: "Líderes como King não surgem de um vácuo histórico. Há movimentos e personalidades que plantaram as sementes. Thurman é uma dessas pessoas que plantaram a semente. Na verdade, não acredito que teríamos Martin Luther King Jr. sem Howard Thurman."

2.11 THE JET SET [ALTA SOCIEDADE]

DATA DE EXIBIÇÃO ORIGINAL NOS EUA: 12 de outubro de 2008
ROTEIRO: Matthew Weiner
DIREÇÃO: Phil Abraham

> "Aos cansados do mundo, aos entediados com os drinques,
> eis uma dose hipodérmica de alegria destilada."
> Cholly Knickerbocker, 12 de maio de 1955

Don e Pete chegam à Califórnia para a convenção aeroespacial. Don abandona Pete para se juntar a um grupo de integrantes da alta roda em Palm Springs. Quando seu pedido para se tornar sócio é recusado, Duck Phillips inicia uma fusão que lhe dará um título muito mais importante.

Os nova-iorquinos gostam de pensar que têm o monopólio do requinte. Sofisticação para os monarcas do Eastern Seabord é sinônimo de riqueza, mas, Knickerbockers à parte, eles não sabem nada de cosmopolitismo quando comparados ao estilo do velho mundo dos membros do "café society" internacional. Várias definições de sofisticação aparecem no episódio, mas fica implícito que a maior demonstração de graça social está em

235

como se reage a um comportamento inesperado, em vez de simplesmente se juntar a ele.

Os moradores de Manhattan se esquecem que a causa de sua sofisticação intelectual é puramente comercial. Trata-se de uma cidade empreendedora, feita para maximizar o comércio e o lucro, e quaisquer efeitos de equilíbrio cultural são subprodutos desta compulsão. Não é à toa que os europeus desprezam os norte-americanos, considerados vulgares, e acreditam que sua descendência espalhada pelo mundo e sua finesse de alfaiataria são o motor da verdadeira sofisticação (vide os sarcásticos narizes torcidos que Don recebe quando sugere que esses vagabundos de alta classe devem ser "sortudos").

Esse episódio também marca a primeira vez que o elegante figurino de *Mad Men* parece estranho e deslocado. Talvez seja o calor, mas Draper jamais pareceu desconfortável num terno cinza de flanela, especialmente quando ele encontra um grupo de ricaços vagamente europeus que, apesar de ter nomes como Willy, Joy e Rocci conseguem ensinar-lhe umas coisinhas sobre cantadas de bar sem esforço e gracejos superficiais.

Perdoe a rápida excursão pela etimologia, mas a palavra que é a raiz por trás de toda essa urbanidade descolada é "sofisma", a arte de fazer um argumento inteligente e plausível que, no fim das contas, é ilusório. Embora leve ao tipo de conversa vazia pela qual Gene Hofstadt multava seus filhos (ver "The Inheritance"), os encantos desse diálogo efervescente são difíceis de desprezar. Seja no elogio exagerado do jogo dos ricaços durante o jantar, chamado "Lugares" (que cita todas as cidades que eles já visitaram, imagina-se), ou na língua franca cansada da vida que eles usam para discutir planos de viagem ("Você não precisa de passaporte... A menos que queira nos seguir até Capri.") tudo isso pode irritar, mas este bando mal organizado de nômades distribui charme à vontade. Para aproveitar totalmente a "política de portas abertas" que lhes é oferecida pelo mundo, eles precisam receber bem a todos. E ninguém jamais se cansa de um bom e sociável interlocutor.

Enquanto isso, o resto dos sofisticados executivos-júnior que foram deixados para trás na Sterling Cooper ficou de queixo caído ao ouvir Kurt Smith assumir que é gay (como se o macacão de mecânico não fosse o bastante para diferenciá-lo no escritório). O choque dessa confissão funciona como um balde de água fria e o espectador não consegue evitar, e olha para o Sal, cujo caleidoscópio de emoções vai de descrença a admiração, passa ao terror e volta à descrença. Vantagem da visão retrospectiva à parte, é difícil acreditar que ninguém no escritório tenha percebido os lapsos ocasionais quando ele mostra seu gosto pelo que é "cor-de-rosa", especialmente na forma como ele arrulha para as rosquinhas pouco antes da revelação de Kurt ("Hummm... É de limão!"). Mas como isso foi antes da revolução sexual derrubar a Bastilha dos costumes sociais talvez não seja tão surpreendente assim que Harry Crane chame o jovem de "pervertido". O parceiro criativo de Kurt, Smitty, explicita suas tendências olhando lascivamente para Joan, que parece pronta a engolir o homenzinho de uma bocada só, mas protege o amigo alegando que ele é europeu e as coisas são "diferentes por lá". Smitty também ataca Cosgrove com um "Que foi? Vai dizer que ele é o primeiro homossexual que você viu na publicidade?". Sal parece querer se esconder dentro de sua rosquinha de limão.

Enquanto isso, Duck Phillips tenta entrar no mundo da sofisticação. Seu esforço no sentido de agenciar a venda da "agência de terceira linha" Sterling Cooper para um velho amigo publicitário de Londres exige um estilo próprio de sofisticação no qual é preciso gastar lábia para convencer cada um dos lados de que o outro é quem está interessado na transação. Duck acrescenta a advertência de que todos os membros da área de criação devem se reportar a ele (uma oportunidade de controlar Don), que passa a ser o chefe de Negócios Internacionais. A única maneira de Phillips criar coragem para arriscar essa tática é sair silenciosamente da linha: não só o álcool é o combustível que move o negócio da publicidade, como é muito mais fácil parecer agradável com um copo de Martíni na mão.

Como costuma acontecer, a série termina misteriosamente, com Don fazendo uma ligação de um apartamento em Palm Springs anunciando-se como "Dick Whitman". Chega a ser surpresa que a última cena dele seja uma imagem idêntica a da famosa silhueta da série? Só que, em vez de um braço direito vestido com um terno preto que se estica sobre o encosto de uma cadeira, vemos um braço esquerdo nu que se estica sobre o encosto de um sofá: Draper e Whitman, dois lados da mesma moeda.

A FILOSOFIA DE *MAD MEN* **— DON DRAPER:** "Quem são essas pessoas?"

FATOS DA ÉPOCA: O termo *jet set* é indicativo de sua época — Don e Pete comparecem a uma "Feira de Foguetes" para conseguir clientes e enfrentam o temor dos mísseis capazes de lançar múltiplas bombas nucleares ao toque de um botão.

Criado pelo colunista de fofoca Igor Cassini quando escrevia sob o pseudônimo "Cholly Knickerbocker" (o primeiro nome consiste numa versão sofisticada e com sotaque de "Charlie" e o sobrenome é cortesia de Washington Irving), o termo foi concebido para descrever um novo escalão que se aproveitou da inovação tecnológica dos motores a jato para sair pelo mundo. Um integrante dessa alta roda poderia voar para Paris a fim de ir a uma festa ou pegar o rumo de Monte Carlo para um jogo de bacará.

Cassini sabia sobre o que estava escrevendo, pois era uma migalha da realeza russa. A mãe era a Condessa Marguerite Cassini, cujo pai, Arturo, servira como diplomata ao Czar Nicolau II e o pai, Alexander Loiewski, também foi diplomata russo e adotou o respeitado nome da esposa (como o pai de Pete e a dinastia Dyckman). Enquanto era colunista para a rede de comunicação dos Hearst, Cassini teve incríveis 20 milhões de leitores no auge de sua popularidade. Nessa época, ele contratou uma jovem agitadora do Texas para ajudar nas pesquisas e a escrever essas missivas sobre os melhores da sociedade, uma mulher chamada Liz Smith, que seria a "Diva of Dish" do *New York Post* por mais de trinta anos.

Uma observação interessante: o irmão de Cassini, Oleg, era estilista e ganhou fama mundial por vestir Jacqueline Kennedy durante seu reinado como primeira-dama dos EUA.

VENDENDO O PEIXE: Pete Campbell fica tão assustado com os planos de guerra do futuro que faz Don rir.

"É a American Aviation Rocketdyne", diz Pete. "Não é uma piada."

A Rocketdyne desenvolvia e criava foguetes movidos a combustível líquido, incluindo o motor F1 utilizado nas missões Apollo, o Redstone que moveu os primeiros voos tripulados do projeto Mercury da NASA, e um dos estágios do míssil Minuteman III.

Se, como Draper declarou no episódio anterior, a esperança era apelar a congressistas que ajudariam a trazer contratos para seus estados, alguém deve ter feito um belo trabalho para a Califórnia nessa Feira de Foguetes, pois em 1965 a Rocketdyne empregou mais de 16 mil pessoas no sul deste estado norte-americano.

IMÓVEIS DE MANHATTAN: Kurt Smith se mostra muito entusiasmado por ter visto "o Bob Dylan" no Carnegie Hall. Projetado pelo arquiteto William Burnet Tuthill com uma fachada em terracota ao estilo da Renascença italiana e tijolos com manchas de ferro, o Carnegie Hall (881 7th Avenue) abriu na primavera de 1891 e manteve seu lugar como o centro da cena musical nova-iorquina desde então. As melhores famílias da cidade compareceram à noite de inauguração — não seria possível balançar um gato morto sem acertar num Whitney, Sloan ou Rockefeller — e viram apresentações da New York's Symphony Society e Oratorio Society com regência de Walter Damrosch e Pyotr Ilych Tchaikovsky.

O patrono do edifício, o milionário industrial Andrew Carnegie, já era um filantropo conhecido, mas foi estimulado a ajudar na criação deste esplêndido lar para as artes por sua jovem esposa, Louise Whitfield. O local foi lançado com o nome de "The Music Hall fundado por Andrew Carnegie", mas logo ficou conhecido por seu título atual.

Apesar de criada para mostrar o melhor da alta cultura — isto é, a música clássica —, a sala mostrou uma generosidade excepcional e serviu de palco para jazz, folk e música pop.

DRINQUE DA VEZ: Duck defende a venda da Sterling Cooper após beber avidamente um Gibson Martini que, na verdade, é igual a qualquer outro martíni, exceto pela cebola em conserva para coquetéis substituindo a azeitona.

ATORES CONVIDADOS — CONHEÇO ESSA PESSOA DE ALGUM LUGAR. . .

Vários atores conhecidos atuaram longo da série, mas raramente era alguém com fama suficiente para ofuscar a trama ou parecer um ator convidado. Para os que não estão ligando o nome à pessoa, eis aqui uma prática lista:

ANNE DUDEK ("FRANCINE HANSON"): Suas atuações em Six Feet Under [no Brasil, *A Sete palmos*], *Friends, Desperate Housewives e Bones* fizeram dela um rosto conhecido, mas Dudek ganhou fama num papel fixo na quarta temporada de *House* como Amber, namorada do Dr. James Wilson, vivido por Robert Sean Leonard (e chamada de "Chata Ambiciosa" pelo rabugento Dr. House). Enquanto interpretava a vizinha Francine, que é praticamente uma irmã para Betty Draper, Dudek também atuou em Big Love [no Brasil, *Amor imenso*], do HBO.

ROSEMARIE DEWITT ("MIDGE DANIELS"): Antes de chegar à TV como a amante moderna de Don na primeira temporada, DeWitt teve atuações de um episódio só em *Sex and the City* e *Law & Order: Special Victims Unit*; fez papel coadjuvante em *A Luta pela esperança*, de Ron Howard, e interpretou uma das principais negociadoras de reféns na breve série do canal Fox chamada *Standoff*. Depois de Midge Daniels, DeWitt coestrelou o sucesso de crítica *O casamento de Rachel* (com Anne Hathaway) e garantiu um papel fixo como irmã de Toni Collette na série do Showtime *United States of Tara*, de Diablo Cody.

MELINDA PAGE HAMILTON ("ANNA DRAPER"): Ao contrário da crença popular, Melinda não interpretou a prostituta de perna de pau que tinha um caso com Tony em *Família Soprano*, mas fez várias aparições em séries como *Nip/Tuck, Numb3rs, Everwood, Desperate Housewives* e *Ghost Whisperer*.

COLIN HANKS ("PADRE JOHN GILL"): Hanks é provavelmente o nome mais conhecido a ter um papel em *Mad Men*, embora seja mais pelo sobrenome famoso. Apesar de ser filho de Tom Hanks, Colin seguiu carreira como um ator "operário", tendo aparecido na minissérie *Band of Brothers*, e em séries como *Roswell* e *The O.C.*, além de papéis nos filmes *Correndo atrás do diploma, King Kong*, de Peter Jackson, *Sem vestígios* e *A casa das coelhinhas*. Pai e filho apareceram juntos na tela pela primeira vez em *A mente que mente* em 2008, com John Malkovich.

240

2.12 THE MOUNTAIN KING [O REI DA MONTANHA]

DATA DE EXIBIÇÃO ORIGINAL NOS EUA: 19 de outubro de 2008
ROTEIRO: Matthew Weiner, Robin Veith
DIREÇÃO: Alan Taylor

> "Quando eu era menino, decolava numa carruagem de nuvens cruzando o mar nos meus sonhos... Dizem por aí "Conquiste o mundo, mas a você seja verdadeiro, ou conte suas glórias como se fossem coroas de flores num crânio vazio"... Não são apenas palavras. É verdade."
> Henrik Ibsen, *Peer Gynt*

Draper visita uma velha amiga, o que leva à revelação de mais detalhes sobre sua vida após a guerra. Apesar da ausência de Don, Bertram, sua irmã Alice e Roger votam a fusão. Peggy consegue a conta do Popsicle e analisa o seu status no escritório. O casamento de Pete começa a ceder sob o peso da infertilidade e das intromissões do sogro.

A luta pela identidade se assemelha a navegar por águas turbulentas. Às vezes pode ser necessária uma longa jornada para encontrar seu verdadeiro eu e seu lugar no mundo. Don se envolveu numa viagem desse tipo ao longo de toda essa temporada e, embora ele pareça concordar com a crença do personagem criado por Ibsen em *Peer Gynt* quanto a ser verdadeiro consigo mesmo, o publicitário parece ter percebido só agora que isso leva às águas desconhecidas da autodescoberta.

Bertram Cooper pode ter razão quando cita o ditado japonês "Um homem é a sala onde ele está" ("Nixon vs. Kennedy") e, ao contrário de Draper, Cooper está na sala de reuniões para discutir a venda da Sterling Cooper, uma decisão tomada com sua irmã Alice e Roger Sterling. Alice é a única preocupada por não ter a opinião de Don sobre a venda. ("Eu gostaria de saber o que ele acha... ele é muito inteligente"). Roger acredita que o ganho financeiro obtido servirá de compensação por ele não ter sido consultado e Bert lembra, ainda, que a participação societária de 12,5% faz do diretor de criação um sócio matematicamente irrelevante (embora sua presença passe a ser muito relevante após a venda...).

Don também pode ser identificado pelas salas em que não está. Sem dizer uma palavra sequer, ele desapareceu do escritório na Sterling Cooper, do quarto no Roosevelt Hotel e também de sua casa no subúrbio. Embora as pessoas próximas ao publicitário se preocupem com o sumiço, ninguém fica exatamente surpreso. Afinal, ele é um mestre do desaparecimento, e a ironia está no fato de sua característica mais conhecida não representar segredo para ninguém. Don pode parecer perdido, mas está rumando para um destino certo ao longo de toda a temporada. Ele segue a cópia de *Meditations in an Emergency* que pôs no correio no primeiro episódio (ver "For Those Who Think Young") até a Costa Oeste dos EUA para encontrar sua "primeira" esposa, Anna Draper. Frustrado pelo acidente que impediu sua viagem anterior (ver "The New Girl"), ele finalmente consegue responder ao canto da sereia e chegar ao mar. "Posso sentir o cheiro do oceano", diz ele com um olhar de imensa paz.

Na verdade, chega a ser chocante vê-lo tão confortável na casa de Anna — seu pedido sem cerimônia para tomar banho e deitar, relaxado, na varanda assim que chegou ou sua disposição para consertar preguiçosamente o pé quebrado de uma cadeira. Este último ato remete a uma cena em "A Night to Remember", quando Betty reclama de uma cadeira instável que o marido não conserta e posteriormente desconta a raiva despedaçando a mobília. A facilidade com que ele ajuda Anna em casa de um jeito que não faz pela esposa é inquietante e estranha para um homem que

242

tem medo de ter cometido tantos erros com a companheira que pode não consegui-la de volta.

Por meio de flashbacks, aprendemos que Don e Anna se descobriram semelhantes em suas feridas mútuas. Eles buscam estabilidade em meio a uma miríade de pernas quebradas — de Anna e da cadeira desequilibrada — e só parecem ser capazes de ter vínculo um com o outro. Don se mostra quase envergonhado por admitir ter contado a Anna fatos nunca revelados a Betty, mas em vez de expressar preocupação ou surpresa ela o tranquiliza ao dizer que não é preciso dizer tudo à esposa. Com tal visão cautelosa da intimidade, talvez não surpreenda que a Sra. Draper não tenha se casado de novo ("Eu o coloquei para fora", conta ela a Don, "Embora senhoras como eu não devessem ser exigentes").

A sutil alusão a *Peer Gynt* no título do episódio e a música tocada pelo jovem aluno de piano da Anna ajudam a dar importância a essas questões filosóficas. Henrik Ibsen fez a peça poética *Peer Gynt* — sobre um jovem que sequestra a ex-namorada que está prestes a se casar e foge para as montanhas, onde encontra toda sorte de criaturas da floresta em sua busca pelo autoconhecimento — para ser lida e não encenada. Mas quando surgiu o interesse em montar uma produção, Ibsen entrou em contato com Edvard Grieg para compor a música incidental *For the Hall of the Mountain King* [Para o Salão do Rei da Montanha], e *Peer Gynt Suit* é uma das músicas mais conhecidas de Grieg, fato que causaria imensa dor ao compositor, que escreveu: "Compus algo que fede a estrume, tão ultranoruguês e autocentrado que eu literalmente não suporto ouvi-la, embora espere que a ironia se faça sentir."

A intenção de Ibsen com a peça era satirizar "tudo que é de temperamento insípido, sentimental ou febril" na Noruega. O próprio personagem é um homem com "pendor para contar histórias e uma paixão dominante pelas mentiras" que, no curso de sua busca por identidade, encontra o Velho da Montanha e o Rei dos Trolls. O rei personifica o que o escritor via como a insularidade míope da Noruega, uma santificação de tudo que ocorre dentro de suas fronteiras. O que é estrangeiro ou novo se mostra suspeito e indigno de confiança.

Don é um homem tão gyntiano que, durante sua busca por si, também encontra seu rei da montanha, que, na verdade, é uma rainha. Anna não o julga nem a seus atos, e parece acreditar, assim como o rei troll, que só vale a pena acreditar no passado, daí a crença de que Don não precisa contar "tudo" a Betty.

Entre a aventura paralela com os ricaços e a viagem para ver Anna, Don chega a um ponto no qual sabe o que quer, mas não tem certeza do que o aguarda quando voltar desta jornada. Independentemente disso, ele finalmente chega ao oceano na última cena do episódio, onde mergulha, submerge e se transforma, ao que parece, no segundo homem da série a surgir "recém-batizado" ("Marriage of Figaro").

Outro elemento que lembra *Peer Gynt* é o tratamento dado as mulheres e o destino de Joan Holloway. Na peça, o personagem sequestra a ex-namorada, impedindo que ela se case, e a leva para as montanhas como um homem que retoma um bem, uma visão da mulher que não mudou muito da época em que a peça foi escrita, no fim dos anos 1860, para o início dos anos 1960. O relacionamento de Joan com o Dr. Greg Harris é fabuloso segundo todas as opiniões (e os relatos de Joan). O primeiro sinal de problema surge nesse episódio quando a tentativa de Joan de começar uma noite romântica não dá em nada ("Você está cansado... Deixe-me assumir o controle desta vez"), e o jovem médico não gosta da atitude avançada da noiva. O segundo sinal de dificuldade (e que indica o quanto ele se sente inseguro em relação aos brilhantes publicitários com quem Joan trabalha) surge quando ela apresenta Greg a Roger, que, inadvertidamente, dá a entender a intimidade que os dois tinham ("Pensei que você odiasse culinária francesa").

Tudo isso leva a um terrível incidente no escritório de Don, provavelmente considerado por Greg um interlúdio ousado em termos de fantasia sexual que envolve interpretação de papéis ("Prepare um drinque para mim, por favor?... Finja que sou seu chefe"), que se transforma num estupro brutal, ainda mais perturbador pelo local onde ocorre — no ambiente de trabalho, fazendo com que ela relembre o acontecido todos os dias — e o fato de ter sido alguém que ela amava e em quem confiava.

Pode-se imaginar Joan tentando se convencer do que o ocorrido não foi uma agressão, mas além dos danos causados por tal repressão ela também deve preocupa-se com o futuro; o estupro conjugal raramente ocorre uma só vez, sendo geralmente um elemento isolado de uma agressão mais ampla e de longo prazo.

A FILOSOFIA DE *MAD MEN* — DON DRAPER: "Venho observando a minha vida, ela está logo ali. E eu fico arranhando, tentando chegar até ela... mas não consigo."

FATOS DA ÉPOCA: Durante sua visita a Anna, Don encontra alguns homens sujos de graxa inclinados sobre os capôs de seus resplandecentes carros customizados, os *hot rods*. "Esse é um sedã 34?", Don pergunta. "Eu costumava vendê-los... usados."

Kustom Kulture é o termo usado para descrever a subcultura *hot rod* que surgiu na Califórnia ao longo dos anos 1950, envolvendo não apenas a construção de carros personalizados que leva ao amálgama veicular visto pelo publicitário ("dois Fords e um Buick"), como também quadrinhos, penteados, roupas, gírias e atitude. As curiosas pinturas e ilustrações dos ícones da Kustom Kulture Von Dutch e Robt. Williams simbolizavam o movimento *underground*, mas o personagem "Rat Fink" criado por Ed "Big Daddy" Roth era o verdadeiro ícone dessa cultura ao longo dos anos 1950 e 1960. Tudo isso se deve em boa parte a Stanley "Mouse" Miller, que capitalizou em cima do movimento "Weirdo Hot Rod Art", existente desde o fim dos anos 1940 usando técnicas de aerografia para pintar as camisetas que vendia nas feiras de carros customizados. Miller depois ganhou grande fama pelos pôsteres de arte psicodélica que criou no fim dos anos 1960, especialmente pelo trabalho feito para o grupo de rock Grateful Dead.

Não surpreende que Don Draper, que venceu na vida por esforço próprio, tenha se atraído por esta cultura que pegava carros que sobravam da linha de montagem, desmontava e os reconstruía de acordo com suas necessidades. De repente, o Coupe de Ville comprado anteriormente ("The Gold Violin") não parece mais o carro perfeito para ele.

VENDENDO O PEIXE: Peggy marca um golaço com seu slogan para o picolé Popsicle: "Pegue. Quebre. Divida. Ame." Os executivos da Popsicle gostaram do cartaz e acharam que a imagem da mãe quebrando o Twin Pops e dando aos filhos "parece familiar", no sentido de ter uma sensação reconhecível de "lar" que terá um apelo para muitas pessoas.

Ainda mais familiar aos consumidores norte-americanos de suco no palito deve ser o popular mascote Popsicle Pete, criado e desenhado por Woody Gelman e Ben Solomon nos anos 1940. O malandro ruivo Pete aparecia em histórias em quadrinhos, livros para colorir, anúncios impressos e comerciais de TV do produto, junto com seu companheiro, o pônei Chiefy. Os consumidores viram Pete pela última vez em 1995, quando se aposentou sem pompa ou fanfarra.

IMÓVEIS DE MANHATTAN: Hildy fica empolgadíssima quando anuncia ao executivo de contas Pete Campbell sua reunião com a agência de adoção Spence-Chapin. Ele não fica nem um pouco animado.

De um jeito ou de outro, a Spence-Chapin (410 East 92nd Street) atendeu às necessidades de crianças abandonadas desde o início de 1900. Várias creches independentes instituídas por Clara Spence, Dr. Henry Chapin e sua esposa se uniram em 1943 e, três anos depois, deram início a uma campanha que desafiava a ideia de que famílias afro-americanas não adotavam. Por meio de um trabalho continuado, com afinco e contando com o apoio de pessoas como Eleanor Roosevelt e a Sra. Jackie Robinson, a Spence-Chapin opera até hoje um dos mais respeitados programas que defende a adoção de crianças negras por afro-americanos no país.

DRINQUE DA VEZ: A irmã de Bert Cooper, Alice, que integra o conselho diretor, pede vermute doce enquanto discute a possibilidade de vender a Sterling Cooper para a Putnam, Powell & Lowe.

O vermute doce é o principal ingrediente para um Manhattan bem-feito:

1 dose (60ml) de bourbon
½ dose (30ml) de vermute doce
1 gota de angostura
1 gota de licor de cereja

Mexa bem junto com cubos de gelo, despeje num copo de coquetel e decore com uma cereja.

ROTEIRISTAS E DIRETORES FAMOSOS DE *MAD MEN*

Matthew Weiner sabe contratar bons profissionais para seu pequeno círculo de colegas criadores.

ALAN TAYLOR (DIRETOR): Veterano dos dramas televisivos de alta qualidade, Taylor já dirigiu *Homicide: Life on the Street*, *Oz*, *Sex and the City*, *Deadwood*, *Lost*, *Six Feet Under* [no Brasil, *A Sete Palmos*], *Roma* e *Família Soprano*. No cinema, dirigiu também o peculiar drama criminal *Palookaville* em 1995, estrelado por Vincent Gallo e William Forsythe.

TIM HUNTER (DIRETOR): Embora Hunter tenha dirigido várias séries de TV nos últimos vinte anos, ele começou fazendo filmes, e o mais memorável deles foi *Juventude Assassina*, uma história simples e perturbadora sobre alienação adolescente que recebeu muitos elogios quando foi lançada em 1986.

PAUL FEIG (DIRETOR): Um veterano de sitcoms pode não parecer a pessoa mais adequada para uma série como *Mad Men*, mas quando seu currículo tem comédias aclamadas pela crítica como *Arrested Development*, a amada *Freaks and Geeks* (criada por ele) e vários episódios de *The Office* a escolha não parece tão estranha assim.

RICK CLEVELAND (ROTEIRISTA): Ele escreveu oito episódios de *Six Feet Under* [no Brasil, *A Sete Palmos*], dois de *West Wing: Nos bastidores do poder*, e foi um dos quatro roteiristas responsáveis pela adaptação para o cinema do livro de John Grisham *O júri*, estrelada por John Cusack, Dustin Hoffman e Gene Hackman.

MARTI NOXON (ROTEIRISTA/PRODUTORA): Não só ela construiu uma sólida carreira na TV, tendo no currículo séries como *Prison Break*, *Grey's Anatomy* e *Private Practice*, como também pode se gabar entre os nerds por ter sido roteirista-chefe e produtora de *Buffy: A Caça-Vampiros* e *Angel*.

2.13 Meditations in an Emergency
[Meditações numa Emergência]

DATA DE EXIBIÇÃO ORIGINAL NOS EUA: 26 de outubro de 2008
ROTEIRO: Matthew Weiner, Kater Gordon
DIREÇÃO: Matthew Weiner

> "Nesta era atômica, é prudente estar preparado.
> O melhor conselho que seu governo pode lhe dar
> é Fique Alerta Hoje, Fique Vivo Amanhã."
> David Wiley, *If the Bomb Falls: A Recorded Guide to Survival*
> [Se a bomba cair: um guia de sobrevivência] gravado em LP

Don volta à Sterling Cooper, descobre a fusão e, apesar da riqueza inesperada da qual desfrutará como sócio, ele pensa em como será o futuro numa empresa liderada por Duck Phillips. Betty fica ciente de um evento familiar inesperado. Peggy diz a Pete a verdadeira natureza de seu ganho de peso há dois anos.

A ameaça de bombardeio causada pela Crise dos Mísseis de Cuba pairou sobre o outono de 1962 nos Estados Unidos, mas no mundo de *Mad Men* o que mais importa é a ansiedade que reina devido a petardos lançados em múltiplos alvos de Manhattan. A súbita investida vem tanto de tensões há muito gestadas como de outras mais recentes, mas todas atacam com precisão mortal. E se há um motivo para preferir a explosão de uma bomba H é que, se você estiver no ponto zero, não terá de se preocupar em sobreviver às consequências do ataque, andando pelos escombros. A vida diária não é fácil.

A fusão clandestina com a Putnam, Powell & Lowe segue adiante e os rapazes da Sterling Cooper confiam na telefonista Lois (ex-secretária de Don Draper) para obter informações a respeito. Harry Crane está consumido pela dúvida quanto à delicada "mudança de regime" e está mais preocupado com o resultado da fusão do que com o duelo entre Kennedy e Khrushchev (chegando a desligar o noticiário de rádio sobre a crise dos mísseis para dizer aos rapazes que achou canapés "dos bons" na geladeira). Mas a verdadeira bomba é o pavio longo que foi aceso pelo confronto entre Don e Duck. Phillips tem certeza de que pode vencer Draper devido à cláusula de não competição existente no contrato dele, mas, como aconteceu com Pete perto do fim da primeira temporada, Don enfrenta um inimigo que não pensou bem em seus atos. O constante refrão da "falta de contrato" do diretor de criação ao longo da temporada vem a calhar para Don, que pode se dar ao luxo de dizer aos novos donos da Sterling Cooper que uma agência liderada por Duck não contará com ele e que, "se o mundo ainda existir na segunda-feira, nós poderemos conversar".

O pavio que queima mais devagar é a conversa que Peggy e Pete finalmente têm. Embora a declaração dela esclareça os detalhes sobre o bebê de ambos (ela deu a criança para adoção e não para a irmã, que estava grávida na mesma época que Peggy), o tom da cena é estarrecedor e, preciso dizer, um tanto decepcionante. O diálogo simples quase parece uma confissão de novela (exceto pelo prefácio "Eu poderia ter tido você na minha vida para sempre") e soa deslocado numa série construída de forma tão elegante. Faz parte do *modus operandi* da série trazer informações à tona revelando personagens e trama de uma vez só, sem optar por uma recitação expositiva do que nós, o público, já sabemos. O objetivo máximo da cena consiste em chegar à reação aturdida de Pete, mas numa série em que é dada mais atenção a um olhar fugaz (especialmente entre os dois em questão — o olhar cruel de soslaio enquanto ela dança no P.J. Clarke's, o jeito tímido com o qual ela se desvia do olhar fulminante lançado por ele no burlesco Tom Tom Club), a verborragia desnecessária parece mostrar um grupo de roteiristas menos confiante no público do que nos 25 episódios anteriores.

Claro que alguns fãs da série argumentam que a importância da informação é tão grande que, se não fosse feita uma declaração direta, o fato poderia ser mal explicado ou levar a uma reação vaga por parte de Pete. Para que a cena funcione, é preciso deixar bem claro o que aconteceu à Peggy, sua decisão e a reação do Pete a tudo isso. E, sob tal perspectiva, a cena é bem-sucedida.

De igual importância é o pavio dos Draper. Don concluiu que quer sua família, mas Betty não tem tanta certeza. O efeito colateral da infidelidade dele é nocivo e, para complicar, ela descobre que está grávida novamente. Numa virada elegante, Betty se envolve num encontro amoroso anônimo digno daquele em que Bobbie Barrett ataca Don em seu carro durante a tempestade ("The Benefactor") enquanto ele fica com as crianças em seu quarto no Roosevelt. Num apelo emocionado por carta, Don escreve para Betty com arrependimento sincero. E no tipo de cena poderosa com o qual nos acostumamos a ver, ela o convida a voltar para dar a maior das bombas domésticas, especialmente para um casal em crise no relacionamento. Aqui vemos a outra face da moeda da cena entre Peggy e Pete, em que, em vez de um longo discurso, ouvimos duas palavras e um simples gesto. Don não pega a mão de Betty, mas segura a dele e está tão vulnerável que, apesar dos atos questionáveis cometidos por ambos durante a temporada, só podemos esperar que o casal aguente firme e sobreviva ao dia de amanhã.

Os dois casais representam um contraponto interessante. A cena entre Peggy e Pete é repleta de diálogos (a maioria por parte dela) enquanto a cena final entre Don e Betty é muito silenciosa (algo surpreendente para ele, um mestre da oratória). Quase todos ficam sem saber o que fazer, completamente inseguros sobre onde estão e para onde vão. Don e Betty contemplam a possibilidade de ter outro filho e seguir com o casamento; Pete senta em seu escritório às escuras, com a espingarda no colo. Apenas Peggy está tranquila, fazendo o sinal da cruz depois de rezar, sentindo-se limpa após sua confissão — ou ela deixou tudo o que aconteceu para trás e está seguindo a vida, ou os efeitos e ramificações da gravidez estão ocultos, esperando uma oportunidade para romper a barreira de seu comportamento supostamente calmo.

Mas nada disso importa, pois pelo menos um dos integrantes desse quarteto parece pronto para ter uma boa noite de sono.

A FILOSOFIA DE *MAD MEN* — **DON DRAPER**: "O mundo continua sem nós. Não há motivo para levar para o lado pessoal."

FATOS DA ÉPOCA: Don assiste ao pronunciamento do presidente Kennedy em cadeia nacional sobre o desenvolvimento da questão dos mísseis soviéticos em Cuba. "Ao receber as primeiras informações preliminares concretas sobre esse assunto na manhã da última terça-feira às 9h", disse o presidente Kennedy, "ordenei o aumento de nossa vigilância."

A informação foi obtida no domingo, 14 de outubro de 1962, e passada ao Conselheiro de Segurança Nacional McGeorge Bundy na segunda-feira. O governo dos Estados Unidos sabia dos carregamentos disfarçados de técnicos e armas nucleares, enviados por Nikita Khrushchev dos portos do Mar Negro, já há algum tempo, tendo aumentado os sobrevoos de vigilância ao longo de praticamente todo o mês de setembro e da primeira semana de outubro. Khrushchev esperava que a subsequente campanha para o senado em 1962 e o clima inclemente da temporada de furacões oferecesse o disfarce perfeito para fazê-los escapar do escrutínio governamental e dos aviões espiões U2.

O plano funcionou até o dia 14 de outubro nascer brilhante e sem nuvens. Bundy recebeu fotografias ampliadas do sobrevoo na segunda-feira à noite, mas decidiu esperar até sua equipe produzir um relatório adequado antes de levar a situação aos cuidados do presidente. Como Arthur Schlesinger escreveu em seu livro *Mil dias — John Fitzgerald Kennedy na Casa Branca*, "Bundy achou melhor deixar o presidente ter uma noite de sono de modo a se preparar para a provação que estava por vir".

Assim, foi no café da manhã, de pijama e robe, que John Kennedy recebeu a confirmação concreta do arsenal nuclear acumulado por Khrushchev a aproximadamente 145Km de Key West, Flórida, na terça-feira, 15 de outubro. Os próximos 13 dias deixaram o mundo mais perto de uma guerra nuclear do que nunca.

Não foi relatado, porém, se o presidente conseguiu terminar o café da manhã.

IMÓVEIS DE MANHATTAN: Antes de sua traquinagem amorosa ao estilo Don Draper no escritório do gerente do bar, Betty se permitiu fazer umas comprinhas, chegando ao bar com uma sacola cor-de-rosa da Henri Bendel (talvez seja a janela da loja diante da qual ela observa seu reflexo).

Henri Bendel (712 5th Avenue) é um destino de compras elegantes para mulheres, que fornece o que há de melhor em roupas da moda, lingerie, cosméticos, acessórios e até alta gastronomia. Localizada na 10 West 57th Street até 1990, a loja era a meca das mulheres elegantes da cidade, além de ser famosa pelo evento "Open See", chamada aberta aos estilistas para que apresentassem suas mercadorias aos compradores da loja. Como resultado, a Bendel foi a primeira loja a importar roupas de Coco Chanel para os Estados Unidos.

A motivação por trás da ascensão de Bendel para as camadas mais altas da cadeia alimentar comercial de Manhattan foi Geraldine Stutz, que assumiu a presidência no fim dos anos 1950 e liderou uma imensa reforma do primeiro piso (lembra a história de Rachel Menken, não é?), criando uma "Rua de Lojas" em formato de "u" e prevendo a filosofia comercial de loja-dentro-da-loja que estava por vir.

Segundo a jornalista Grace Mirabella, "era uma loja editada como uma revista".

DRINQUE DA VEZ: Pete Campbell parece calmo quando a equipe da Sterling Cooper corre para sair do escritório, todos apavorados com a perspectiva de uma chuva de bombas H. Talvez ele seja mesmo tranquilo ou então foi o uísque de 12 anos Glenlivet Scotch que bebeu. De qualquer forma, Campbell vai precisar da bebida quando terminar sua conversa com a Peggy.

A Glenlivet não foi a primeira destilaria de Tomintoul, Escócia, mas foi a primeira a receber uma licença oficial para produzir bebidas alcoólicas em 1824. O Excise Act de 1823 resultou na erradicação de centenas de destilarias ilegais na região, o que deixou o fundador George Smith numa ótima posição em 1934, sendo o único fornecedor de uísque na área.

252

Uma textura macia e um equilíbrio quase perfeito de sabores frutados e florais caracterizam esse *single malt* de 12 anos. Quando misturado com água, as notas florais se destacam, atenuando as especiarias, mas não há muitos em *Mad Men* que ousariam diluir seus uísques.

ANTES DA STERLING COOPER — LIVRO RECOMENDADO: "MEDITATIONS IN AN EMERGENCY", DE FRANK O'HARA

> É fácil ser bonito; difícil é parecê-lo.
> Frank O'Hara

Segundo todos os relatos, Frank O'Hara fazia amizade facilmente. E, mesmo que seu calor humano e consideração pelos outros fossem constantes, o Frank que uma pessoa conhecia poderia ser diferente do que outra pessoa conhecia. Um colega marinheiro do USS Nicholas falaria do operador de sonar que lia constantemente o jornal comunista norte-americano *Daily Worker*. Já um colega de Harvard (como o companheiro de quarto Edward Gorey) se lembraria de um estudante de música sério, louco para virar pianista de concertos. Já os benfeitores do Museum of Modern Art falariam de um homem delicado que trabalhou na recepção antes de ser promovido a Curador Assistente de Exposições de Pintura e Escultura. Os leitores da *ARTnews*, por sua vez, poderiam recordar as reflexões passionais e pessoais do editor-associado O'Hara sobre o movimento expressionista abstrato da época. E se você estivesse no círculo que formava a florescente cena boêmia de Nova York nos anos 1950 e 1960, evocaria o retrato de um convidado volúvel, encantador e incansável.

Contudo, há um paradoxo no fato de O'Hara ser mais lembrado como membro atuante da New York School of Poetry, grupo de escritores totalmente de vanguarda (composto por John Ashbery, Kenneth Koch, Barbara Guest e Alice Notley, entre outros) que explodiu as convenções da forma. Não há dúvida de que seus poemas liberam o coro elástico de imagens contraditórias e estrofes irregulares, porém, mesmo ao se associarem a um estilo coloquial, essas características escondem a habilidade de um artesão e certo afeto pela estrutura. Além disso, ele traiu sua exigente elegância técnica em prol de uma abordagem aparentemente tímida para a poesia, que parece mais um hobby do que uma vocação. O'Hara arranjava tempo para escrever entre outras demandas — trabalho no MoMA, idas ao cinema, concertos e, principalmente, festas — e escrevia em surtos rápidos, sem muito tempo ou vontade de revisar.

Apesar de tudo, as cartas urgentes que compõem *Meditations in an Emergency* revelam a profundidade e a riqueza de seu legado poético. Inexplicavelmente reflexivos e apressados, cínicos porém ingênuos subprodutos enferrujados da Revolução Industrial infectados pela mesma alegria maníaca que os inspirou, os poemas de O'Hara pintam Nova York como um personagem, correndo precipitadamente de um determinado momento rumo à possibilidade sem fim contida no próximo ("beneficiando-me de algumas lembranças/da infância ao esquecê-las"), um reflexo de sua crença de que os poemas devem falar da "única verdade... cara a cara".

O imediatismo do presente e as reflexões em primeira pessoa sobre Nova York (e identidade) que povoam *Meditations in an Emergency* fazem Don Draper lembrar-se de um mundo que ele conhece e também de perguntas que faz. Não surpreende que o publicitário mergulhe no livro com um fervor quase religioso, como se esperasse encontrar as respostas enterradas entre as linhas. A cadência musical existente nos poemas de Frank O'Hara não é apenas resultado do seu primeiro amor. Embora o que O'Hara aprendeu no piano possa apenas permear sua escrita, a música transcrita por ele em poesia surgiu das ruas lotadas de Nova York. Ler os poemas de *Meditations in an Emergency* de uma só vez se assemelha a uma viagem ao longo de um trem do metrô de Manhattan, parando em cada pessoa para bisbilhotar o tipo de corrente subconsciente de pensamento puro que, suspeita-se, seja eloquente apesar da (ou em desafio à) educação ou criação. As observações solitárias têm um toque verdadeiramente informal que não se preocupa com uma leitura "poética" erudita. Em vez disso, cada linha segue o tom e o ritmo de um papo à mesa do café da manhã, cheio daquelas inflexões inatas que levaram o poeta Robert Pinsky a comentar sobre a conversa do dia a dia: "É como se cantássemos uns para os outros o dia inteiro."

W.H. Auden uma vez avisou a O'Hara sobre os perigos das "relações não lógicas" em sua poesia moderna e "surrealista". O velho mestre temia que ela apenas causasse "mera surpresa e, ao final, fadiga", mas na verdade o choque de imagens no trabalho de O'Hara é um engavetamento muito lógico de pensamentos e ideias, especialmente ao esboçar os detalhes de uma cidade como Nova York, uma exultante colisão de pessoas, culturas e filosofias em sua essência. Lidos em voz alta, os poemas de *Meditation* (particularmente "On Rachmanioff's Birthday", "A Terrestrial Cuckoo" e "Sleeping on the Wing") evocam uma resposta emocional sem base lógica, muito parecida com o expressionismo abstrato sobre o qual ele havia escrito na *ARTnews*.

Frequentemente O'Hara abordava seus poemas não apenas como um meio literário ou oral, mas também visual. Ele costumava se apresentar em festas, recitando poemas mais longos que, a maioria concorda, não representava o seu melhor trabalho — sequências espalhafatosas de pérolas da livre associação que se baseavam em seus vários interesses e atividades, em vez das odes essenciais a um homem universal porém singular. E o fato de cada poema na coletânea ter tamanhos diferentes de estrofe pode mostrar um paradoxo: os parágrafos inteiros de "Blocks" sugerem uma explosão de versos livres, mas após uma inspeção mais detalhada nota-se que eles são rigidamente construídos ("ela está atirando no ancoradouro! ele está pulando no rodamoinho!"). A organização formal de "To the Film Industry in Crisis" derrama sentimentos entre as linhas em arranjos arrítmicos e no começo ("Sue Carrol enquanto ela se senta pela eternidade no para-choque danificado de um carro / e sorri, Ginger Rogers com seu cabelo igual a uma salsicha / nos seus ombros confusos...").

O tema visual mais interessante em *Meditations* é o outono. Em "Poem: The eager note on my door...", "Les Etiquettes Jaunes", "The Hunter" e "Jane Awake", para citar alguns, folhas tão grandes quanto "pratos de torta" caem ou deixam o poeta aturdido com suas cores "mais brilhantes que grama na calçada!". A beleza da decadência está em toda Nova York, mas não consegue macular o amor inocente do poeta pela cidade. Nele, o outono toma o posto de manto metafórico da renovação outrora reservado à primavera. Não exige muito esforço amar o novo e fresco, mas é mais difícil guardar o mesmo amor por uma estação de declínio. Para reescrever uma frase de O'Hara, é fácil amar o belo; difícil é amar uma beleza desvanecente.

Dito isso, é alguma surpresa que Don Draper enfrente o declínio de seu casamento no outono? Ou que em "Meditations in an Emergency", quando Don finalmente se desculpa com Betty por tê-la desrespeitado e espera pela reconciliação, as folhas atrás dele explodam em cores "mais brilhantes que grama na calçada"?

A atração de Don Draper pelo *Meditations* e sua identificação com a obra ocorrem por vários motivos. O estilo coloquial de Draper escrever costuma ser citado, especificamente na primeira temporada (vide a avaliação de Roger Sterling em "Red in the Face"). O trabalho do publicitário é bem-sucedido em parte devido à acessibilidade de sua escrita e sua técnica de evitar confrontos. Isso mascara uma compreensão mais profunda não só dos produtos que vende, como de quem os compra e por quê. Da mesma forma, O'Hara tempera seus poemas com um vernáculo considerado por alguns básico ou vulgar e, por sua vez, fácil de desprezar. O poeta cortejava tal engano por parte da crítica (o fato de dar o mesmo peso cultural a James Dean e Rachmaninoff não ajudava), mas seus poemas resistem a uma inspeção mais acurada e revelam sua adesão a uma tradição clássica de estrutura e métrica que questiona sua filiação à escola de poesia vanguardista de Nova York.

Os dois baseiam seu trabalho numa verdade íntima e emocional. O'Hara pensava os poemas, em última instância, como uma expressão que ocorre diretamente entre o poeta e o leitor ("a única verdade é cara a cara", de "Ode: Salute to the French Negro Poets"). Draper ecoa o mesmo sentimento ao crer que nada funciona melhor na publicidade do que uma ligação direta entre produto e consumidor, sentimento sem sentimentalismo ("Você é o produto. Você, sentindo algo — isso é o que vende", de "For Those Who Think Young"). Dada a proximidade de ambos, não seria difícil ver Draper dizendo a O'Hara para escrever um "poema em prosa para uma batata frita" (Duck Phillips, "Meditations in na Emergency").

Mais difícil de imaginar seria ver esses dois esbarrando no cinema. Draper e O'Hara amam a sétima arte, a solidão quase religiosa e o senso de ritual do cinema, mas eles assistiriam a títulos completamente diferentes. O publicitário prefere filmes estrangeiros cujo intelectualismo gélido ou prazer emocional não estão disponíveis na produção voltada para o grande público dos Estados Unidos — eles apelam ao lado artístico do publicitário. Por outro lado, o poeta nutre um amor profundo e obediente pelos filmes de Hollywood e a celebridade gerada por eles, tendo um nível de adoração pelas estrelas que beira o exagero.

Isso nos leva a outra análise interessante: os dois têm inclinações sexuais tão diferentes quanto seu gosto por filmes. A heterossexualidade forte, porém silenciosa, de Draper está em desacordo com a homossexualidade silenciosa, porém evidente, de O'Hara, mas, mesmo aí, existem semelhanças. Há uma sensibilidade notavelmente gay na luta de Don em busca de identidade que os homossexuais no início dos anos 1960 entenderiam muito bem. E ainda mais parecida é a natureza secreta da vida dupla de Don, uma existência passada "no armário", em que as duas vidas exigem separação total e se informações de uma vida começam a vazar para a outra pode significar desastre para ambas.

O'Hara se colocou num universo artístico capaz de tolerar melhor um homem "não ortodoxo" como ele, algo que, sem dúvida, levava a uma tranquilidade e autoconfiança que o ajudava a fazer amizades facilmente. Don, por sua vez, mostra-se muito mais fechado. Se conseguir equilibrar os vários aspectos da sua vida, talvez Don Draper seja ele mesmo de novo (como nos versos citados do poema "Mayakovski" de O'Hara ao fim de "For Those Who Think Young").

APÊNDICES

COMO FESTEJAR AO ESTILO DE "MAD MEN"

Agora que os fatos importantes estão fora do caminho (Citações da Bíblia? Peer Gynt? Pensei que eu nunca mais fosse calar a boca), é hora de um pouco de distração. Aqui estão, para seu deleite, alguns artigos que irão ajudá-lo a viver ao estilo de Mad Men. Embora estes textos não sejam obrigatórios para a apreciação completa da série de TV, valem pontos extras (falem comigo depois da aula para saber os detalhes).

O conceito central desta fantástica série de Matthew Weiner — a publicidade como prisma para a turbulenta história recente dos Estados Unidos — é sedutor o bastante para estimular o vício de vê-la. Temperando a observação hábil e o comentário incisivo sobre política de gênero, sexualidade, injustiça racial, identidade, consumismo desenfreado, luta de classes silenciosa e ansiedade nuclear, eis que surge a revelação de um fato antropológico chocante: a década de 1960 era divertida! Desde que você fosse, em qualquer ordem: branco, homem, heterossexual, publicitário da Madison Avenue, dono de uma silhueta perfeita ou estivesse no limite da sociopatia (ah, Don Draper — quem disse que não existem mais heróis hoje em dia?).

Ainda mais impressionante que a misoginia casual e a fumaça de cigarro nos elevadores é a inclinação dos personagens da série a dar festas às quais eu gostaria de ir. Seja uma performance multicultural de Paul Kinsey

Montclair (com ou sem bebidas servidas no copo de geleia), uma reunião-zinha para ouvir discos de Miles Davis no *loft* de Midge Daniels no Village (com ou sem os "aperitivos" *beatnik*) ou um exótico e perfeito jantar dado por Betty Draper cujo tema é Volta ao Mundo (gaspacho *e* Heineken? Estou nessa), *Mad Men* sabe como receber bem e entreter seus convidados. Infelizmente, essa é a arte específica de uma cultura que quase se perdeu com o tempo, assim como a forma de dança maia que precede o twist de Chubby Checker em milhares de anos (Eu vi as pinturas na caverna... Ou inventei tudo isso).

Não tema. Apresento aqui, para que você seja o anfitrião de uma festa de sucesso, trechos de meu diário abordando o planejamento, a execução e a limpeza de uma festa no estilo *Mad Men* organizada por mim a fim de celebrar meus três anos de sobriedade (pelo menos é o que você deve dizer ao meu padrinho do AA caso ele ligue perguntando por mim).

CONVITES

Domingo, 8h45: Tive uma ótima ideia. Durante uma maratona de *Mad Men*, ocorreu-me que eu deveria dar uma festa temática: música, drinques, comidas, roupas da época... Serviço completo!

Segunda-feira, 2h17: O primeiro passo é o convite. Decidi distribuí-los pelo método dos anos 1960, então passei a manhã inteira tentando encontrar uma loja da Pony Express. O simpático homem da UPS que me atendeu desprezou meus conhecimentos históricos e disse que eu estava "errado em pelo menos trinta anos". Mesmo assim, defendi minha escolha de empresa para envio de encomendas e anunciei que estava ciente das regras do Marquês de Queensberry para a prática do boxe, mas jurei em silêncio consultar uma enciclopédia para conferir. Depois, cerrei os punhos e adotei uma postura de ataque para preservar o meu bom nome, mas quando afastei os pés o entregador desapareceu. Covarde.

Resolvi, então, me concentrar no convite propriamente dito. Pesquisei fontes e figuras disponíveis em meu programa de processamento de textos e consegui criar algo parecido com o trabalho gratuito feito por Peggy Olson para o baile "Uma Noite Inesquecível" da OJC no episódio "A Night

Festa de Mad Men*

*Traga Seu Próprio Gel de Cabelo

to Remember". Uma rápida verificação por imagens associadas à "dança" e a escolha da fonte Franklin Heavy Bold levaram a algo mais ou menos como a imagem acima:

Depois de adicionar os detalhes, tudo que eu precisava fazer era tirar umas centenas de cópias na máquina de Xerox do trabalho. O papel cor-de-rosa não foi difícil de achar, mas explicar ao meu chefe foi outra história bem diferente. Ele permaneceu imune aos meus argumentos sobre "coesão narrativa" — talvez eu devesse ter verificado antes para descobrir se ele tinha visto o episódio ou se pelo menos gostava da série. Mesmo assim, ele não me aconselhou a parar de fazer as cópias, a menos que você considere "pense no seu futuro nesta empresa" como uma ameaça.

Segunda-feira, 16h14: Após corrigir um erro de grafia (como é possível escrever errado o "creem" da marca Brylcreem?), fiz mais algumas centenas de cópias. O chefe passou por mim e perguntou o que era mais importante: uma festa idiota ou minha carreira.

Segunda-feira, 16h48: Fui demitido.

MÚSICA

Terça-feira, 11h45: Dormi mal ontem. Sonhei que a máquina de Xerox do trabalho ganhou vida, mordeu minhas mãos e cuspiu um aviso de despejo. Passei a manhã tramando um encontro "acidental" com meu ex-chefe com dois finais diferentes: dependendo do meu humor ou do tom da conversa, eu pediria meu emprego de volta ou bateria nas costas dele com um pé de meia cheio de moedas. Imaginei este último desfecho ao som de bossa nova e percebi que, para essa festa ser um sucesso, precisaria de uma trilha sonora arrasadora.

Decidi que a adesão rígida a gravações de época não era crucial, apenas um modelo a partir do qual deveria começar. Os clássicos são ótimos, mas algo que tenha um estilo parecido também vai funcionar. E uma trilha sonora de festa, assim como uma bela fita gravada ou um plano de vingança, exige atenção aos detalhes e à variedade.

Tive a sorte de viver boa parte dos meus 20 anos em lojas de discos, então passar horas preguiçosamente fuçando prateleiras de CDs faz parte da minha natureza. As compilações são a melhor aposta para uma reunião jovial, pois são variadas e não exigem múltiplas idas ao CD player ou colocar o bar em cima de meu aparelho de som. Isso não me impediu de tentar tal configuração em meu primeiro apartamento, mas depois que uma noite de bebedeira transformou meu aparelho de som num grudento porta-copos para cinco bebidas passei a usar coletâneas e uma mesa de compensado. E mantenho essas duas decisões até hoje.

A série Ultra-Lounge (Capitol-EMI) tem 28 discos com músicas modernas e organizadas por temas que conseguem encantar por sua habilidade e seu lado *kitsch* desde o lançamento em 1996 do CD inaugural, *Mondo Exotica*. De especial interesse são o *Leopard Skin Fuzzy Sampler*, o *Vegas Baby Sampler*, o *Tiki Sampler* e o *Bossa Novaville*. Todos contêm músicas de artistas que apareceram em episódios — Yma Sumac ("Nixon vs. Kennedy"), Jack Jones ("The Benefactor"), Julie London ("Indian Summer") — e outras que poderiam muito bem ter tocado na série (Sérgio Mendes, Martin Denny, Tito Rodriguez e sua versão para o tema de *Se meu apartamento falasse*).

Essas escolhas são ótimas, mas achei que o ponto de vista irônico da série merecia músicas que, da mesma forma, mantivessem um pé no passado e outro no presente, por isso incluí a série Verve Remixed da Universal Music.

Gravações feitas por lendas do jazz como Billie Holiday, Ella Fitzgerald, Dinah Washington, Astrud Gilberto e Jimmy Smith (entre vários outros em quatro coleções) foram dadas a DJs que as remixaram e conseguiram atualizar as canções sem sacrificar o espírito do original. Nomes famosos como dZihan & Kamien, De-Phazz, Rae & Christian, RJD2 (que fez o tema de abertura de *Mad Men*) e Lyrics Born fizeram um trabalho impressionante que soa tão natural num rave quanto num coquetel. Além disso, um segundo disco oferece as gravações originais das canções.

Terça-feira, 15h30: Minhas habilidades matemáticas básicas foram postas à prova para determinar quantos rolos de moedas encheriam um pé de meia. Mas surge a seguinte dúvida: comum ou de ginástica? São tantas opções que decidi tirar um cochilo.

ROUPAS E ACESSÓRIOS

Quinta-feira, 6h42: Ontem foi um dia perdido, pois fui tomado por uma estranha melancolia. Você consegue escrever "desemprego" sem "tédio"? Ao que parece, sim, mas levei cinco horas para chegar a essa conclusão. (Lembrete: a garrafa de absinto é apenas para emergências, por isso ela está guardada no estojo de vidro).

Homens menos corajosos poderiam deixar que 27 horas consecutivas de sono atrapalhassem uma grande festa, mas eu perseverei. Não é vergonha alguma admitir que essa resiliência envolveu minha pessoa rastejando pelo chão como um caranguejo, mas, enfim, consegui chegar ao computador para pesquisar a vestimenta adequada de modo a fazer essa festa ser uma brasa, mora?

Gostei da ideia de comprar algumas peças da coleção de Michael Kors. Ele captou as linhas esguias e os ternos elegantes dessa era antiga, mas a probabilidade de entregarem até sábado era remota. Tão improvável quanto a saúde de meu cartão de crédito Visa, já estourado com frivolidades, como comida e aluguel.

Já estava prevendo outra viagem à terra dos sonhos embebida em absinto, mas, em vez disso, arrumei coragem e me aventurei num bazar de caridade local. Não só o preço seria ótimo, como a chance de encontrar um terno aceitável era dupla: ou as roupas doadas poderiam vir de uma liquidação causada por uma morte na família de alguém (tomara!) ou os prósperos donos se cansariam dessa moda recente inspirada em *Mad Men* e se livrariam das indumentárias como fariam com um par de jeans desbotados.

Por menos que o valor de uma boa refeição (sem contar o vinho, a gorjeta e considerando que minha acompanhante rachasse a conta), consegui adquirir um paletó Kors com apenas uma fileira de botões (só tinha duas manchas), um par de calças largas, "pescando siri", uma ótima camisa branca (ótima para uma roupa usada, é bem verdade) e uma elegante gravata fina (com desenho de teclas de piano, mas nada que uma caneta para escrever em CDs e duas horas não resolvam!). Foi a única vez que saí da loja parecendo um velho e gostei!

Então, dei meia-volta e imediatamente entrei na loja de novo, não só por ter escorregado na calçada e machucado o quadril. Lembrei que festa de arromba dos anos 1960 precisa ter os copos perfeitos. E, em vez de pagar os olhos da cara por outra "homenagem", fui direto à fonte. Copos de Martíni e copos grandes com pé a um dólar cada são uma pechincha, não importa se os conjuntos estejam incompletos. Achar copos misturadores para coquetel foi mais difícil — não que eu não conseguisse encontrá-los, mas eram todos materiais promocionais de algum filme. Então fiquei na dúvida se o fato de preparar um Old Fashioned num misturador de *Coquetel* ou *Barfly* poderia atrapalhar a ilusão, mas pelo menos o último teria um aroma convincentemente atmosférico de "salão de bar" (e, pelo cheiro, deve ter sido usado por Bukowski quando JFK tomou posse). Fiz uma última parada na farmácia em busca do produto perfeito para o cabelo. Chamei um balconista e tive a seguinte conversa:

Eu: Meu bom homem! Procuro um produto para cabelo de estilo atemporal e eficácia de tirar o fôlego.
Jimmy: O quê?
Eu: Preciso de um creme elegante para que minhas madeixas tenham a aparência de uma era clássica e antiga. Um que domará meu penteado de forma confiável, mas sem deixar minhas madeixas eriçadas ao toque.

Jimmy: Não sei nada de coisas para botar no cabelo. Sou estoquista, não cabeleireiro.

Eu: E jamais o será, com esta atitude. Pode ao menos me dar uma leve sugestão?

Jimmy: Tente olhar ali no corredor três, ou então passe Crisco no seu cabelo.

Gostei da possibilidade de economizar, mas acabei optando pelo clássico Brylcreem, produto que atendia às minhas exigências e tinha um perfume agradável. Além do mais, precisei tomar apenas cinco banhos para tirar a gosma de meu cabelo, que atraiu atenção indesejada dos gatos da vizinhança.

BEBIDAS

Sexta-feira, 10h42: Sei duas coisas sobre álcool: a primeira é que ele me deixa atraente para o sexo oposto e a segunda é que não é possível ter uma boa festa sem ele.

Liguei para meu fornecedor de bebidas favorito e solicitei o tratamento completo, ao estilo *Despedida em Las Vegas*. Para os que não sabem (ou vivem onde isso é proibido por lei), não significa um serviço de luxo, com luvas brancas e tudo, mas uma oferta para fechar a loja, pegar um carrinho de compras e ter um surto de compras de cinco minutos, armado apenas de minha lista de convidados e um irrisório senso de autoestima. Utilizei um esquema simples de duas garrafas de bebida por convidado, mais uma taxa de contingência de vinte por cento.

Eis a breve lista do que é *absolutamente* necessário:

- Uísque Canadian Club
- Uísque Glenlivet
- Gim Beefeater
- Qualquer coisa que venha numa garrafa azul (Exceto Vidrex... Essa eu tive de aprender *na prática*)
- Telefone do hospital mais próximo

Sexta-feira 14h45: Com a bebida devidamente escondida num cômodo de tamanho adequado (leia-se: meu quarto), fui tomado por um pavor sorrateiro. Tudo estava no lugar para uma festança das boas e, ainda assim, eu me sentia despreparado. Peguei um copo de Martíni para ver se me lembrara de lavá-lo e me olhei no espelho: era um caipira idiota esfregando o copo do jeito que uma criança de 8 anos segura um picolé. Como eu poderia querer oferecer divertimento às pessoas se, como anfitrião, eu tinha o vigor de um funcionário banguela responsável por controlar o frágil carrossel num parque de diversões de cidade pequena?

Como não conseguia pegar o absinto devido às caixas de bebida que ocupavam o recinto (por que guardo aquilo embaixo da cama?), decidi corrigir minha postura caipira.

Após uma agitada pesquisa visual composta por *Sabrina*, os filmes do James Bond estrelados por Sean Connery e *qualquer filme* com o Cary Grant (menos *Um anjo caiu do céu* e *A canção inesquecível* — como assim um Cole Porter *hétero*?), eu estava pronto para colocar o estilo em prática. Julguei prudente escolher algumas poses que facilitariam uma boa conversa e ainda estimulariam a admiração de meus convidados, ou pelo menos me tirassem de uma situação constrangedora com graça e estilo. Eu as cito aqui para consultas futuras e como forma de homenagear as seis taças de Martíni que galantemente deram suas vidas enquanto eu praticava.

A Saudação: Não é tão importante se você for o convidado, mas é crucial para o anfitrião. Segure o copo de Martíni na mão que você menos usa: alguns gostam de segurar o bojo do copo; eu prefiro segurá-lo com os dedos de um jeito que lembra a saudação dos Vulcanos de *Jornada nas Estrelas* (quebrei dois copos antes de abandonar a ideia de segurar com apenas um dedo. Certamente impressionaria, mas havia o risco de ofender os convidados pelo dedo utilizado). Ponha a outra mão no bolso da calça, preferencialmente puxando seu paletó de uma fileira de botões de modo extravagante. Resista à vontade de coçar alguma parte do corpo, pois acabaria com sua imagem.

Quando um convidado chegar, despeça-se de seu atual parceiro de conversa com um leve meneio de cabeça e um sorriso (se este for o primeiro convidado a chegar, pense em entabular conversa com o cabide para guardar casacos — você vai ficar com fama de maluco, mas incansavelmente encantador). A mão sai do bolso para um empolgado aperto de mão ou para segurar o cotovelo de uma moça antes de cumprimentá-la com um beijo na bochecha. Pontue cada frase com um gole do drinque — além de mostrar que você é educado, ainda dá o tom para uma festa em que se bebe pra valer (você pode omitir essa etapa se estiver cumprimentando grupos de cinco ou mais pessoas).

O ponto de apoio: Um clássico que veio do hábito de se curvar para encostar o cotovelo no balcão do bar. Você quer mostrar um ar cosmopolita de interesse distante quando, na verdade, provavelmente está caindo de bêbado e precisa se escorar no único objeto fixo do local.

Como todos os clássicos, esse movimento está aberto a novas interpretações e eu acho que um toque pessoal pode fazer maravilhas num ambiente social. Consegui encostar o cotovelo num balcão de bar e usar a mesma mão para continuar a beber, o que deixa a outra mão livre para acender um cigarro de uma bela moça ou apagar as chamas caso eu ponha fogo na echarpe de seda da moça em questão.

Poseidon Encontra Prometeu: Ao tentar esse movimento de grande dificuldade, o primeiro instinto é usar uma das mãos para segurar a bebida enquanto a outra cuida do cigarro, mas, se aprendi algo com as etapas anteriores, é que ter a mão livre num ambiente social pode significar a diferença entre liderar a matilha ou ser devorado por abutres. Recomendo segurar o cigarro e a bebida com apenas uma das mãos, e é por isso que prefiro a pegada com os dedos separados no bojo do copo. Quem discorda pode fazer de outra forma, mas você realmente quer deixar uma chama acesa tão perto de uma poça de álcool?

Outras opções incluem manter o cigarro entre os lábios, pálpebras ou debaixo do braço. O canal auditivo pode ser um bom lugar para deixar o cigarro, mas seja inteligente em sua escolha. Tentei fazer isso uma vez e tapei meu único ouvido bom, o que me levou a perder a chamada para o jantar e a ouvir gritos históricos sobre um cigarro que está acabando e prestes a queimar o lóbulo de minha orelha.

A Manobra de Escape: Se um copo vazio de Martíni, um aspirador de pó desmontável, um nariz de Groucho Marx e uma pistola sinalizadora não conseguirem me livrar de uma conversa problemática, nada mais conseguirá.

O GRANDE DIA

Sábado, 5h42: É hoje! Enchi as tigelas com salgadinhos, os cinzeiros com restos de cigarros e o bebedouro com crème de menthe. Decidi manter um diário durante a festa para contar por que ela foi um sucesso tão grande! (Observação: o que escrevo a seguir é uma transcrição aproximada das anotações que encontrei embaixo do sofá, em forma de bolinha de papel, cobertas com o que imagino, e espero!, ser licor de menta.)

17h22: Acabei com dois jarros de Gimlet e usei a garrafa de água com gás para fazer uma lavagem nasal improvisada. Ninguém chegou ainda. Odeio gente.

18h27: Vinte e dois convidados já reconheceram esta como a melhor festa do ano. Amo! P.S: A saudação foi um estrondoso sucesso. Uma pessoa disse que eu parecia Ray Milland em *Farrapo humano*. Sinto-me lisonjeado!

20h10: A festa estava indo maravilhosamente bem até ocorrer uma catástrofe. Estava interpretando Peter Lawford no jogo de salão para descobrir se a morte de Marylin fora suicídio ou assassinato e justamente quando dei um falso álibi para RFK, meu ex-chefe apareceu. Ele viu um dos convites xerocados no escritório depois que eu saí (leia-se: depois que fui arrastado pelos seguranças) e achou que eu o tivesse convidado. Por que raios eu ia querer a presença dele? Mas acabei me vingando: preparei um drinque pra ele que *só* tinha refrigerante. Otário!

21h44: O ex-chefe que se tornou a alma da festa está oficialmente no topo da minha lista de pessoas mais odiadas. Isso exigiu uma grande reorganização da lista, na qual excluí o ator e jogador de pôquer Gabe Kaplan. Comecei a preparar meus Martínis com absinto. O que poderia dar errado?

21h54: Não consigo sentir as mãos.

22h17: O ex-chefe me tirou da sacada do prédio que, na verdade, era o alto da minha geladeira. A festa o declarou herói e ele conquistou a sósia da Joan Holloway usando meu movimento do Ponto de Apoio. Merda, onde está meu pé de meia cheio de moedas?

11h09: Percebi que minhas roupas estavam tentando me comer. A nudez me pareceu a melhor opção e isso acabou definitivamente com a festa. Enquanto as pessoas saíam de fininho, o ex-chefe me agradeceu pelos ótimos momentos, disse que me perdoava e que me esperava no escritório na segunda-feira. Ele abraçou a beldade curvilínea que fez um comentário depreciativo sobre minhas partes íntimas. Se eu tivesse um jeito de sair dessa situação constrangedora...

11h14: A Manobra de Escape *não* funcionou. Mirei mal o aspirador de pó e descobri tarde demais que não era desmontável. Em vez de me livrar de conversas estranhas, certamente causou outras conversas do gênero com o advogado da mulher curvilínea. Ah, tudo bem! Pelo menos tenho um emprego de novo.

Aí estão todas as etapas necessárias para dar uma festa de sucesso — exceto pelos prejuízos pessoais, processos e pela ressaca. Afinal, sucesso é algo relativo...

Acha que pode fazer melhor? São palavras fortes vindas de um tolo que está lendo um livro. Desafio você a fazer melhor (todos os convites para essas festas devem ser encaminhados ao meu padrinho do AA).

O PONTO DE ENCONTRO PERFEITO EM MANHATTAN:

ROTEIRO TURÍSTICO DOS LOCAIS MOSTRADOS EM "MAD MEN"

Uma cidade como Nova York pode impressioná-lo antes mesmo da chegada. A profusão de atrações disponíveis para seu prazer turístico é fascinante e maior do que qualquer período de férias permite conhecer. É melhor abordar a cidade com um ângulo específico em mente: histórico ou geográfico, por exemplo. Porém, é importante fazer o dever de casa primeiro. Decida o caminho antes de chegar, especialmente se tudo o que você sabe sobre esta metrópole incomparável veio dos filmes. Conhecida por suas entranhas surradas que conseguem ter lá seu glamour, há uma infinidade de descrições sombrias de Nova York, seja na câmera predatória de Alexander Mackendrik em *A embriaguez do sucesso*; *A morte passou perto*, de Stanley Kubrick, na década de 1950; os anti-heróis de *Um dia de cão*, de Sidney Lumet; ou a joia subestimada de Aram Avakian, *Cops and robbers*, que tem como pano de fundo uma Nova York mostrada como deserto econômico, existem evidências cinematográficas suficientes para fazer qualquer eventual visitante pensar duas vezes antes de viajar à cidade.

Já as representações glamourizadas de Manhattan a transformam numa brilhante terra das maravilhas outonal, palco de tribulações românticas agridoces que, de algum modo, nunca destroem as aspirações sentimentais das pessoas. Pode-se argumentar que Woody Allen é o principal responsável por essa visão de Gotham (*Noivo neurótico, noiva nervosa*; *Manhattan* e praticamente todos os seus filmes), e isso certamente veio de uma lista imensa de cineastas que escolheram situar seu filme no mundo criado por ele (*Outono em Nova York*, de Joan Chen, *Paixões em Nova York*, de Edward Burns, e *Sintonia de amor*, de Nora Ephron). Não está claro por que as visões da cidade oscilam tão desenfreadamente entre demonizadas e idealizadas, provavelmente porque ela é grande e complexa o suficiente para conter histórias dos dois pontos de vista e de todos os meios-termos entre eles. Para a maioria, vence a versão idealizada, e isso só pode ser resultado de uma visão global de Nova York como o lugar ao qual as pessoas vão para fazer seus sonhos se realizarem.

A Nova York apresentada em *Mad Men* é um sopro da cidade idealizada exibida em filmes como *Harry e Sally: feitos um para o outro, Bonequinha de luxo* e *Uma secretária de futuro*, embora mais restrita, mais interna. Essa apresentação condiz com uma série que diz respeito tanto à paisagem interna quanto à externa, mas a escolha também decorre de motivos econômicos. Recriar as casas e os escritórios de quarenta anos atrás custa caro, mas é algo possível. Por outro lado, o orçamento necessário para fazer uma cena de rua crível e completa, com figurinos e carros, evitando certos anacronismos visíveis, seria algo proibitivo.

Isso não significa que você assistirá a um episódio sem um retrogosto picante na boca (para que fique registrado, seria uma combinação de pretzel macio, vermute e exaustão). Um dos méritos de quem faz a série é o fato de a Nova York de *Mad Men* ser tão convincente — fato atribuído à cenografia e à decoração, sem dúvida, mas também importante é a forma como Matthew Weiner e sua equipe de roteiristas tecem a geografia da Manhattan de 1960 em cada episódio. Fica fácil acreditar que o grupo está indo ao Chumley's para um drinque depois do trabalho quando se percebe o quanto o lugar fica longe da Sterling Cooper (que fique registrado: são mais ou menos dez minutos de táxi, pegando a Park Avenue, cruzando a West 14th e virando na 6th Avenue).

Se assistir a Don Draper lançar seu tradicional charme no El Morocco ou afogar as mágoas existenciais no Larre's faz seus pés coçarem, primeiro consulte seu médico. Depois de ser liberado pelo doutor, sinta-se à vontade para usar esse itinerário de fim de semana elegantemente longo para descobrir a Manhattan que você vê nos episódios de *Mad Men*.

SEXTA-FEIRA

Os habitantes de Nova York que andam ou pedalam em Manhattan não costumam valorizar a vista da cidade. Para os não iniciados, não importa o meio de transporte escolhido: a primeira imagem da cidade irá revigorar seus sentidos e acender a imaginação. Pode demorar um pouco mais para quem viaja de ônibus, mas você pode se parabenizar pela aclimatação imediata que sente ao andar pelos ônibus da Manhattan Port Authority (pelo menos *metade* dos habitantes é maluca e, sim, sempre fede a lixo torrado).

Faça check-in em seu quarto do Roosevelt exatamente como o Don em "Six Month Leave" (na Madison Avenue com East 45th) e descanse. Você vai precisar! Resista à tentação de usar alguma das esteiras ou bicicletas ergométricas da academia que funciona 24 horas, e siga para o lounge da cobertura, apropriadamente batizado mad46, que tem uma vista incrível, além de serviço de bar. Porém, se você precisar malhar e quiser economizar tempo, um Benjamin Franklin bem colocado nas mãos de algum funcionário pode conseguir que bebidas sejam servidas na esteira da academia.

E por que não pensar num jantar cedo no P.J. Clarke's (915 3rd Avenue — visto em "The Hobo Code")? Se você quiser, pode ser mais tarde: a cozinha fecha às 3h da manhã e o bar, uma hora depois. De qualquer modo, o P.J. é conhecido por seus hambúrgueres (escolha "The Cadillac" se o seu coração aguentar bacon, queijo, cogumelos salteados e molho chili béarnaise), bar de ostras (incluindo o especial Friday Blue Point Oyster Po Boy) e serviço amigável. Aprenda com meu erro: *não* entre e exija em voz alta "o serviço completo, ao estilo Frank Sinatra". Quando fiz isso, todos ficaram em silêncio e os funcionários choraram a olhos vistos, mostrando que não só os nova-iorquinos têm coração mole, como também realmente sentem falta de quem dê boas gorjetas.

Se sua opção for jantar cedo, uma viagem de táxi de cinco minutos leva você do Roosevelt ao P.J. Clarke's, mas, pelo amor de Deus, você está em Nova York, então faça o caminho de vinte minutos a pé. Ande para o oeste na 45th Street e depois vá para o norte na direção da 54th Street. Se pegar a 5th Avenue indo para o norte, passará pelo Rockefeller Center (45 Rockefeller Plaza), pelo prédio da GE, (30 Rockefeller Plaza) e pela St. Patrick's Cathedral (460 Madison Avenue) antes de ir para o leste na 54th Street e norte na 3rd Avenue até o número 915.

Ou então você pode ir para a 6th Avenue (ou Avenue of the Americas) e passar pelo Radio City Music Hall (1260 6th Avenue) no caminho. Pode também aproveitar a oportunidade para visitar o Museum of Modern Art (11 West 53rd Street). O MoMA é onde Frank O'Hara trabalhou enquanto escrevia os versos que extasiaram Don Draper ao final da segunda temporada, *Meditations in an Emergency*. Aproveite para dar uma olhada nas pinturas e esculturas de vanguarda que O'Hara pode ter adquirido quando trabalhou no museu e se perguntar o que Don pensaria da escultura contraditória de Vladimir Baranoff-Rossiné *Symphony Number 1* ou da obra cubista *Still Life with Flowers*. Dependendo de sua pressa em chegar à mesa do P.J. Clarke's, você pode pensar na avaliação do Don antes — o museu fecha às terças, mas abre nos outros dias das 10h às 17h30, exceto às sextas-feiras quando fica aberto até às 20h.

SÁBADO

Precisa de um mergulho revigorante para começar o dia de hoje? Abra mão das afabilidades úteis do Roosevelt e dê uma caminhada de dez minutos até o University Club (local da tentativa de diálogo de Duck Phillips sobre a American Airlines em "Flight 1", West 54th Street com a 5th Street) para um rápido jogo de *squash* e uma sauna. Se Duck Phillips pode entrar, por que você não poderia?

Eu digo o motivo: o local é destinado apenas a sócios e o clube só aceita a fina flor do sangue azul nova-iorquino. Um rígido código de vestimenta exigindo terno e gravata está em vigor para os homens (a elegância é presumida para as damas, cuja entrada é permitida nos salões sagrados do clube desde 1987), e os sócios dizem que são orientados a usar a entrada de serviço caso cheguem vestidos para o *squash*. À tarde, passe pelo Carnegie Hall (154 West 57th Street) para assistir a um espetáculo. É improvável que você veja Bob Dylan, como Peggy e Kurt ("The Jet Set"), mas há matinês de sábado variando do jazz ao clássico, passando pela *world music*. É possível comprar ingressos no dia de qualquer show, mas o Carnegie Hall também oferece opções econômicas: ingressos com desconto (apenas para alguns eventos), descontos para estudantes e idosos (uma hora antes do início do espetáculo) e um programa de ingressos a US$10 aberto a todos (mas com disponibilidade limitada).

Você também pode marinar no glamour antigo apreciado por Don e Bobbie Barrett ("The New Girl") quando jantar no Sardi's (234 West 44th Street). Embora alguns pratos principais possam custar de US$30 e US$40 cada, o restaurante oferece um cardápio a preço fixo por cerca de US$50 que inclui aperitivo, entrada, sobremesa e uma bebida não alcoólica.

DOMINGO

É o último dia e você precisa de um ótimo bufê para reabastecer. Que tal o *brunch* mais exuberante de Nova York?

Por US$95 por pessoa, o Sunday Morning Brunch da Peacock Alley (mencionado em "Kennedy vs. Nixon") no Waldorf-Astoria (301 Park Avenue) se encaixa perfeitamente no quesito "exuberante". Você escolhe a comida em 12 mostruários temáticos dispostos ao longo do famoso Lobby Clock Tower; tudo ao som de um suave piano tocado ao vivo. Depois, basta caminhar dez minutos saindo do Waldorf=Astoria (vá para o oeste na 50th Street e siga para o norte da 50th até a 56th Street) para ir ao Henri Bendel's (712 5th Avenue; "Meditations in an Emergency"), o lugar perfeito para passar a tarde comprando roupas da moda, cosméticos, joias ou produtos para um "estilo de vida" de luxo. Conforme anunciado, é um "playground feminino para jovens estilosas", embora também seja um ótimo lugar para um cavalheiro achar uma vela branca com aroma de jasmim e gardênia. Sabe como é, para aqueles dias realmente difíceis.

Talvez o melhor lugar para terminar a visita seja o hotel onde você ficou. O Madison Club Lounge no Roosevelt tem refeições leves como o Black Angus Beef Kabobs e pizzas de massa fina. Além disso, é possível escolher a bebida num cardápio de Martínis de primeira qualidade. Não importa se você está lá para uma discussão provocante e divertida ("Hobo Code") ou apenas para ver as luzes da rua entrando no bar pelas janelas de vidro colorido, não há lugar melhor para encerrar seu período em Gotham. Não se preocupe, você vai voltar. Por ora, mergulhe nas cadeiras de couro macias e deixe que o revestimento decadente de mogno o envolva e lentamente transforme sua visão num ponto esbelto de onde sangra luz.

Mas isso pode ter acontecido só comigo... Depois do oitavo Sambuca Con Mosca.

Fontes

"71-1 (The Food and Drug Administration warned today...)." *American Medical Association's Historical Health Fraud & Alternative Medicine Collection*. 14 de janeiro de 1971.

Angelou, Maya. *Eu sei por que o pássaro canta na gaiola*. José Olympio, 1996.

Arendt, Hannah. *Eichmann em Jerusalém: Um relato sobre a banalidade do mal*. Companhia das Letras, 1999.

Arsenault, Raymond. *Freedom Riders*. New York: Oxford University Press, 2005.

Atlas, Riva D. "Bernard Geis, Celebrity Publisher, Dies at 91." *The New York Times*. 10 de janeiro de 2001.

Bailey, Blake. *A tragic honesty: The Life and Work of Richard Yates*. New York: Picador, 2003.

Blakeslee, Sandra. "Medical Devices; F.D.A. Warns Against Misuse of Electric Muscle Stimulators." *The New York Times*. 7 de abril de 1988.

Blumenthal, Ralph. *Stork Club: America's Most Famous Nightspot and the Lost World of Café Society*. Boston: Back Bay, 2001.

Bowman, David. "When Nudists Swung." *Salon.com*. 11 de abril de 2003.

Brantley, Ben. "Do You Speak Hollywood?" *The New York Times*. 24 de outubro de 2008.

——————— "Mourning a Child in a Silence That's Unbearably Loud." *The New York Times*. 3 de fevereiro de 2006.

Breslin, James E.B. *Mark Rothko: A Biography*. Chicago: University of Chicago Press, 1998.

Buckley, Michael. "Stage to Screens: Robert Morse of 'Mad Men'." *Playbill*. 29 de julho de 2007.

Burrows, Abe. *Honest, Abe: Is There Really no Business Like Show Business?* Boston: Little Brown & Company, 1980.

Byrne, Fiona. "'Mad Men' Star Jon Hamm on Smoking Clove Cigarettes." *New York Magazine*. 4 de setembro de 2008.

Carlson, Peter. "Another Race to the Finish." *The Washington Post*. 17 de novembro de 2000.

Chambers, Whittaker. "Big Sister is Watching You." *National Review*. 28 de dezembro de 1957.

Chan, Sewell. "The Mayor's Tall Tales." *The New York Times*. 4 de dezembro de 2006.

"Cigarettes vs. Lollipops." *Time Magazine*. 11 de dezembro de 1964.

Clausager, Andres Ditlev. "Ivan Hirst." *The Guardian*. 18 de março de 2000.

Coontz, Stephanie. "Feminine Mystique Revisited." *The Guardian*. 24 de agosto de 2008.

Dawdziak, Mark. "'Mad Men' Set is Robert Morse's Place to Hang Out." *The Plain Dealer*. 24 de julho de 2008.

De Bertodano, Helena. "Sex and the Octogenarian." *The Telegraph*. 25 de junho de 2003.

Diamond, Edwin; Bates, Stephen. *The Spot: The Rise of Political Advertising on Television*. Cambridge: MIT Press, 1992.

Dorrien, Gary J. *The Making of American Liberal Theology: Idealism, Realism, and Modernity, 1900-1950*. Louisville: Westminster John Knox Press, 2003.

Dunlap, David W. "New Team, Old Look for Saloon; P. J. Clarke's Changes Owners, Who Plan to Retain Atmosphere." *The New York Times*. 15 de fevereiro de 2002.

Dutch, Von, Ron Turner, Ed Roth, and Robert Williams. *Kustom Kulture*. San Francisco: Last Gasp, 1993.

Dwyer, Kevin. "Blasts From the Past." *New York Magazine*. 5 de junho de 2005.

Ebert, Roger. "Another Day in Paradise." *Chicago Sun-Times*. 26 de fevereiro de 1999.

Ed. Halliwell, James Orchard. *The Merry Tales of the Wise Men of Gotham*. London: John Russell Smith, 1840.

Egan, Michael. *Henrik Ibsen: The Critical Heritage*. London: Routledge, 1997.

Elliott, Stuart. "Pepsi shifts to a New Ad Agency." *The New York Times*. 17 de novembro de 2008.

Elsworth, Catherine. "Christina Hendricks: A Fine Figure of a Woman." *Telegraph UK*. 19 de janeiro de 2009.

Evans, James H. *We Have Been Believers: An African-American Systematic Theology*. Minneapolis: Fortress Press, 1992.

Ferguson, Russel; O'Hara, Frank. *In Memory of my Feelings: Frank O'Hara and American Art*. Berkeley: University of California Press, 1999.

Fitzgerald, Nora. "Chipless in Paris, L.A., N.D." *Adweek*. 18 de maio de 1998.

Freeman, Lucy. "The Feminine Mystique." *The New York Times*. 7 de abril de 1963.

Friedan, Betty. *Mística feminina*. Editora Vozes, 1963.

Goodrum, Charles; Dalrymple, Helen. *Advertising in America — The First 200 Years*. New York: Abrams Books, 1990.

Greenburg, David. "Was Nixon Robbed?" *Slate.com*. 16 de outubro de 2000.

"Greenroom with John Slattery." *The Charlie Rose Show*. 28 de julho de 2008.

Grimes, William. "Vincent Sardi Jr., Restaurateur and Unofficial 'Mayor of Broadway,' Dies at 91." *The New York Times*. 5 de janeiro de 2007.

Gross, Matt. "The Bowery." *New York Magazine*. 26 de julho de 2005.

Gross, Terry. "Get on the Bus: The Freedom Riders of 1961." *Npr.org*. 12 de janeiro de 2006.

Guthrie, Marissa. "From Ad Man to 'Mad Men'." *Allbusiness.com*. 21 de julho de 2008.

Hanson, Dian. *Naked as a Jaybird*. Taschen do Brasil, 2003.

Hantman, Melissa. "Helen Gurley Brown." *Salon.com*. 26 de setembro de 2000.

Harris, Bill. "'Mad Men' Star Plays Pitiable Jerk." *Sun Media*. 9 de outubro de 2008.

Henkel, John. "Sugar Substitutes: Americans Opt for Sweetness and Lite." *FDA Consumer Magazine*. Novembro–Dezembro de 1999.

Higgins, Dennis; Bernbach, William. *The Art of Writing Advertising*. New York: McGraw-Hill Professional, 2003.

Hogan, Phil. "The Interview: Elizabeth Moss." *The Observer*. 25 de janeiro de 2009.

Hollingsworth, Jan Carter. "Dr. Leila Daughtry-Denmark — A Life of Service to Children." *The Exceptional Parent*. Agosto de 2007.

Horowitz, Simi. "Vincent Kartheiser — 'Slag Heap' Play." *Backstage.com*. 30 de abril de 2005.

"How to Succeed in Business Without Really Trying." *Variety*. 1 de janeiro de 1967.

Ibsen, Henrik. *Peer Gynt*. Scipione, 1985.

Iley, Chrissy. "The Interview: Jon Hamm." *The Observer*. 27 de abril de 2008.

Irving, Washington. *Knickerbocker's History of New York*. Chicago: W.B. Conkey Company, 1809.

——————— *Rip Van Winkle, a Posthumous Writing of Diedrich Knickerbocker* and *The legend of Sleepy Hollow*. New York: P.F. Collier & Son, 1917.

Jamieson, Kathleen Hall. *Packaging the presidency: A history and Criticism of Presidential Campaign Advertising*. New York: Oxford University Press US, 1996.

"January Jones (Mad Men) Interview." *lastbroadcast.co.uk*.

Karni, Annie. "Private Clubs: Hideouts of the Rich and Shameless." *Page Six Magazine*. 18 de janeiro de 2009.

Knickerbocker, Cholly. "Cholly Knickerbocker says." *New York Journal American*. 12 de maio de 1955.

Lawton, Kim. "The Legacy of Howard Thurman — Mystic and theologian." *Religion & Ethics Newsweekly*. 18 de janeiro de 2002.

Lowenthal, David. *The Past is a Foreign Country*. Cambridge: Cambridge University Press, 1985.

Macy, Caitlin. "Gurley Talk." *The Village Voice*. 29 de julho de 2003.

"Maidenform Blushes." *Time* Magazine. 25 de abril de 1983.

Maynard, Micheline. "Reliving a 1962 Crash on 'Mad Men'." *The New York Times*. 4, de agosto de 2008.

McGrath, Charles. "Kate! Leo! Doom! Can it Work?" *The New York Times*. 12 de dezembro de 2008.

Morgan, Bill. *The Beat Generation in New York: A Walking Tour of Jack Kerouac's City*. San Francisco: City Lights Books, 1997.

Natividad, Angela. "Mad Men Hit Runway on Michael Kors' Dime." *Adrants.com*. 7 de julho de 2008.

Newman, Clayton "Q&A — John Slattery." *Amctv.com*. 14 de outubro de 2008.

—————— "Q&A — Robert Morse (Bertram Cooper)." *AMCTV.com*. 8 de setembro de 2008.

Nussbaum, Emily. "Square Peggy." *New York Magazine*. 20 de julho de 2008.

O'Brien, Michael. *John F. Kennedy*. New York: Thomas Dunne Books, 2005.

O'Hara, Frank. *Meditations in an Emergency*. New York: Grove Press, 1957.

O'Nan, Stewart. "The Lost World of Richard Yates." *Boston Review*. Outubro/Novembro de 1999.

Offit, Paul A. *The Cutter Incident: How America's First Polio Vaccine Led to the Growing Vaccine Crisis*. New Haven: Yale University Press, 2007.

Osterman, Jim. "Utz Lets Chips Fall MGH's Way." *Adweek*. 16 de novembro de 1998.

Ouzounian, Richard. "Musings on Mamet and Mad Men." *The Toronto Star*. 16 de novembro de 2008.

Perloff, Marjorie. *Frank O'Hara, Poet Among Painters*. Chicago: University of Chicago Press, 1998.

Plotz, David. "Helen Gurley Brown." *Slate.com*. 7 de abril de 2000.

Prato, Alison. "Some Like it Hot: Christina Hendricks." *Page Six Magazine*. 12 de outubro de 2008.

Prial, Frank J. "Énrico Donati, 99; Sculptor Considered Last of the Surrealists." *The New York Times*. 2 de maio de 2008.

Ravo, Nick. "Ivan D. Combe, 88, Marketer of Clearasil and Just for Men." *The New York Times*. 17 de janeiro de 2000.

Rochlin, Margy. "Those Were the Good Old Days? Hardly." *The New York Times*. 30 de setembro de 2007.

Rodman, Sarah. "Oh, *That* Guy." *The Boston Globe*. 17 de agosto de 2008.

Rooney, David. "Rabbit Hole." *Variety*. 2 de fevereiro de 2006.

Schlesinger Jr., Arthur M. *Mil dias — John Fitzgerald Kennedy na Casa Branca*, dois volumes. Civlização Brasileira, 1966.

Schuessler, Jennifer. "The Humane Flophouse." *The New York Times*. 10 de dezembro de 2006.

Schwartz, Ralph. "A Mill That Shaped a Nation." *Archaeology*. Novembro/dezembro de 1999.

Severo, Richard. "Igor Cassini, Hearst Columnist, Dies at 86." *The New York Times*. 9 de janeiro de 2002.

Shaw, Hollie. "Back to the Future." *The National Post*. 22 de agosto de 2008.

"Sicknicks, The." *Time Magazine*. 13 de julho de 1959.

Simon, Alex. "Christina Hendricks Drives 'Em Mad." *Venice Magazine*. Julho/agosto de 2008.

Sivulka, Juliann. *Soap, Sex and Cigarettes: A Cultural History of American Advertising*. Belmont: Wadsworth Publishing Company.

Somers, Christina Hoff. "Reconsiderations: Betty Friedan's 'The Feminine Mystique'." *The New York Sun*. 17 de setembro de 2008.

Stailey, Michael. "Interview: 'Mad Men' star Elizabeth Moss." *TVverdict.com*. 15 de julho de 2008.

Steinberg, Jacques. "In Act 2, the TV Hit Man Becomes a Pitch Man." *The New York Time*. 18 de julho de 2007.

Stern, Ellen. "Drawing a Crowd." *Playbill*. 27 de novembro de 2007.

Sullivan, Patricia. "Earl Mazo, 87; Richard Nixon Biographer." *The Washington Post*. 18 de fevereiro de 2007.

Thurman, Howard. *Jesus and the Disinherited*. Boston: Beacon Press, 1996 (reprint).

——————. *With Head And Heart: The Autobiography of Howard Thurman*. Orlando: Harcourt Brace & Company, 1979.

Tungate, Mark. *A história da propaganda mundial — Adland*. Cultrix, 2009.

Vallance, Tom. "Obituaries: Oleg Cassini." *The London Independent*. 20 de março de 2006.

Vic, Trader. *Trader Vic's Bartender's Guide, Revised*. New York: Doubleday & Company, 1972.

Walker, Nancy A. *Women's Magazines, 1940–1960: Gender roles and the popular Press*

Wappler, Margaret. "'Mad Men': All Together Now." *The Los Angeles Times*. 12 de outubro de 2007.

——————. "'Mad Men': Production Designer Dan Bishop." *The Los Angeles Times*. 28 de setembro de 2007.

White, Theodore H. *In Search of History*. New York: Harper & Row Publishers, Inc., 1978.

Wieselman, Jarrett. "'Mad' About Vincent Kartheiser." *New York Post*. 24 de julho de 2008.

Wilson, Benji. "Jon Hamm: Why Mad Men Was an Instant Star." *The Telegraph UK*. 14 de março de 2008.

Wilson, Eric. "Geraldine Stutz Dies at 80; Headed Bendel for 29 Years." *The New York Times*. 9 de abril de 2005.

Wise, David; Ross, Thomas B. *O governo invisível*. Civilização Brasileira, 1968.

Witchel, Alex. "Mad Men Has its Moment." *The New York Times*. 22 de junho de 2008.

Wolcott, James. "Miss January." *Vanity Fair*. Fevereiro de 2009.

Yates, Richard. *Disturbing the Peace*. New York: Delta, 1975.

——————. *Foi apenas um sonho*. Alfaguara, 2009.

FONTES NA INTERNET

"A Brief History of Kodak Slide Projectors." *slideprojector.kodak.com/archives.shtml*

"A Cup of Joe." *www.bbc.co.uk/dna/h2g2/A1300410*

"A New Waldorf Against the Sky." *www.oldandsold.com/articles08/waldorf-astoria-17.shtml*

"After Months of Anticipation — New Maytag® Repairman Announced. *investors.whirlpoolcorp.com/phoenix.zhtml?c=97140&p=irol-newsArticle_print&ID=980748&highlight=*

"Another Day in Paradise", crítica. *www.passionecinema.com/imdbphp/imdb.php?mid=0127722*

"Broadhurst Theater." *www.newyorkcitytheatre.com/theaters/broadhursttheater/history.html*

"Candid Camera." The Museum of Broadcast Communications. *www.museum.tv/archives/etv/C/htmlC/candidcamera/candidcamera.htm*

Cesarani, Professor David. "Adolf Eichmann: The Mind of a War Criminal." *www.bbc.co.uk/history/worldwars/genocide/eichmann_01.shtml*

"Chapter 36 — Cigarette Labeling and Advertising." *www.law.cornell.edu/uscode/15/ch36.html*

"Combe Inc." *www.fundinguniverse.com/company-histories/Combe-Inc-Company-History.html*

"Forging America: The History of Bethlehem Steel." *www.mcall.com/news/specials/bethsteel/all-bethsteel-c0p1,0,4389048.story?coll=all-bethsteel-nav*

Gribben, Mark. "The Giggling Grandma." The Malefactor's Register. *markgribben.com/?p=250*

"Hobo Code." www.hobo.com/hobo_code.htm

"Holy Innocents RC Church." holyinnocents.squarespace.com/church-history/

Horsley, Carter B. "The New York Athletic Club." www.thecityreview.com/cps/cps180.html

Kelly, Prescott. "The Automotive Century: Most Influential People — Ferdinand Porsche." www.autohistory.org/feature_6.html

"Immediate Trial — What is Immediate GIK?" www.immediatetrial.com/NewFiles/whatisgik.html

"Inventor Chester F. Carlson Biography." www.ideafinder.com/history/inventors/carlson.htm

"New York City Athletic Club." www.nyac.org

"P.J. Clarke's: History." pjclarkes.com/history

"Peak… or 'Peak-ish'?" Today's Inspiration. todaysinspiration.blogspot.com/2008/04/peak-or-peak-ish.html

"Penelope Hughes Baker Wade McGuire Cunningham."www.soapcentral.com/atwt/whoswho/penelope.php

Phillips, Irna. The Museum of Broadcast Communications. www.museum.tv/archives/etv/P/htmlP/phillipsirn/phillipsirn.htm

"Popsicle Pete." scoop.diamondgalleries.com/public/default.asp?t=1&m=1&c=34&s=264&ai=44693&ssd=12/6/2003&arch=y

"Rocketdyne Division." www.boeing.com/history/bna/rocketdyne.htm

"Scarred faces: Girl, Interrupted." www.themakeupgallery.info/disfigured/facial/girlint.htm. 18 de dezembro de 2005.

"Tanquerary." www.tanqueray.com/home/

"The Broadhurst Theater." www.shubertorganization.com/theatres/broadhurst.asp

"The Bunker Revisited." www.boweryboogie.com/2008/12/the-bunker-revisited.html

"The Defenders." The Museum of Broadcast Communications. *www.museum.tv/archives/etv/D/htmlD/defendersth/defendersth.htm*

"The Mad Men Guide to New York." *gridskipper.com/62605/themad-men-guide-to-new-york*

"The Man in the Light Gray Flannel Suit." *www.whedon.info/Vincent-Kartheiser-Mad-Men-Tv,23772.html*. 5 de setembro de 2007.

"The Roosevelt Hotel." *www.history.com/content/nyc/the-roosevelt-hotel*

"The Waldorf Astoria." *www.nyc-architecture.com/GON/GON017.htm*

"University Club." *www.nyc-architecture.com/MID/MID048.htm*

"Utz Quality Foods, Inc." *www.fundinguniverse.com/company-histories/Utz-Quality-Foods-Inc-Company-History.html*

"Waldorf=Astoria Hotel." *www.earthdocumentary.com/waldorf_astoria_hotel_new_york_city.htm*

"William Bernbach." Adage.com. *adage.com/century/people001.html*

"Winning Tradition." *www.snopes.com/politics/ballot/redskins.asp*

"Xerox 914 Plain Paper Copier." Smithsonian Institute. *www.americanhistory.si.edu/collections/object.cfm?key=35&objkey=191*

Este livro foi composto na tipologia Stone Serif,
em corpo 10/14.9, e impresso em papel offset 75g/m²,
e impresso nas oficinas da gráfica Markgraph.